SHOWHAND

餐饮营销掰哈论

徐文俊 著

CATERING
MARKETING

北京时代华文书局

图书在版编目（CIP）数据

餐饮营销梭哈论 / 徐文俊著 . -- 北京 : 北京时代华文书局 , 2024. 9（2024.10 重印）. -- ISBN 978-7-5699-5596-5

Ⅰ . F719.3

中国国家版本馆 CIP 数据核字第 2024S2C108 号

CANYIN YINGXIAO SUOHALUN

出 版 人：陈　涛
策划编辑：周　磊
责任编辑：周　磊
责任校对：李一之
装帧设计：甄　好　迟　稳
责任印制：刘　银

出版发行：北京时代华文书局 http://www.bjsdsj.com.cn
　　　　　北京市东城区安定门外大街 138 号皇城国际大厦 A 座 8 层
　　　　　邮编：100011　电话：010-64263661　64261528

印　　刷：鑫艺佳利（天津）印刷有限公司
开　　本：710 mm×1000 mm 1/16　　　成品尺寸：170 mm×240 mm
印　　张：22.5　　　　　　　　　　　字　　数：327 千字
版　　次：2024 年 9 月第 1 版　　　　印　　次：2024 年 10 月第 2 次印刷
定　　价：98.00 元

未来五年，可能有90%以上的餐饮企业要倒闭，请问你有什么能力可以让自己的企业在五年后存活？

五年后，
你的餐饮企业还在吗？

你不需要急着回答我的问题，请闭上眼睛，认真思考：你的餐饮企业有什么竞争力？2023年，新增餐饮门店数量大约是280万家，其中上半年新增约200万家，下半年新增约80万家。2023年，关闭的餐饮门店有多少呢？138万家。餐饮行业从业人员的普遍感受就是一个字：难！

为什么现在餐饮企业经营这么难呢？是经济增长放缓导致消费者消费意愿不足，还是餐饮门店数量太多导致竞争太激烈？其实，我认为，说"难"的人和说"生意不好"的人，他们面临的问题归根结底就是"经营理念"错了。我经常听"老餐饮人"说："生意一年不如一年，生意越来越难做。"其他行业的情况我不是很清楚，但是对于我深耕了13年的餐饮行业，我还是有一定了解的。从理论的角度来说，一家餐饮老店，在经营良好的情况下，应该开的时间越长，老客户就越多，经营状况越稳定才对。虽然很多餐饮企业的经营者感到生意一年不如一年，但他们还是坚持按照传统经营理念经营企业，认为只要自己把口味做好，只要用新鲜的食材，消费者自然就会满意。但是，他们忽视了一点：现在已经是2024年！

我们可以把21世纪以来餐饮行业的发展情况分为四个阶段，我们可以从这四个阶段看到现代餐饮行业经营变革的历程。

（1）传统阶段，2000年—2010年。在这个阶段，餐饮从业者只要勤快，大概率就能赚到钱，这是餐饮行业享受"超级红利"的阶段。

（2）团购阶段。2011年，"百团大战"开始，第一代"互联网+餐饮模式"诞生，很多传统餐饮老板思维固化，没有把握机会，觉得自己的生意很好，没必要做低价的团购套餐。2011年—2019年，只要餐饮从业者把握住团购的机会，基本上每天生意都很好。在这个阶段，很多初代"网红品牌"诞生了。传统餐饮企业经营者感到莫名其妙：自己用好的食材，提供好的服务，怎么就竞争不过那些用差的食材制作产品，卖98元套餐的"网红品牌"呢？

（3）付费营销阶段。2020年以来，其实整个餐饮市场的经营状况变得更好了，因为很多经营不善的餐饮企业在疫情期间倒闭了，而优秀的餐饮品牌生存了下来，能够在疫情期间扩张开店的新玩家也是优秀的餐饮市场玩家。2020年—2022年，很多优秀的餐饮品牌诞生了，大部分餐饮企业经营者也取得了不错的经营业绩。在这个阶段，只要餐饮企业敢于在营销方面加大投入，基本上生意都很不错。

（4）"后疫情"阶段。2023年，一大批新玩家入场，除了金字塔顶端的餐饮品牌活得不错，大部分餐饮品牌的经营情况都不乐观，很多经营多年的老店也濒临倒闭。我想，很多"老餐饮人"到现在都没想清楚为什么开了十几年的店生意会越来越差。导致这种情况的原因主要有两个：一是激烈的市场竞争导致极度"内卷"，包括"低价内卷""同质化内卷""营销内卷""场景内卷"等；二是传统餐饮经营理念已经无法满足今天的"新消费人群"的需求了。

我们回到前文提出的那个问题，请问：在2024年—2029年，你的餐饮企业有什么能力在这个竞争越来越激烈的时代存活下来呢？

你的餐饮企业将如何度过 2024 年—2029 年？

目 录

第三章　餐饮企业应该如何使用价格策略？

第四章　使用抖音做好餐饮营销

第五章　使用小红书做好餐饮营销

第六章　线下广告投放策略

第一章

互联网时代的
餐饮"新"选址策略

第一节　选址定生死

为什么这本讲餐饮营销的书籍，不先讲餐饮营销，反而先讲餐饮门店选址呢？大家现在在各类自媒体上经常看到的一个说法就是"选址定生死"。但是，今天是互联网时代，即使门店选址不是很好，难道不可以用流量来弥补吗？只要能够玩转流量，选址差一些也没关系，很多"网红餐厅"选址不是很好，可是其经营者非常善于获取流量，每天生意也非常好。现在，很多"新餐饮人"都有这种想法，觉得流量是餐饮企业运营的根本，甚至很多"老餐饮人"也觉得自己的企业生意不好，就是因为不懂如何玩转流量。但是，这是一个错误的理念，我下面用一个案例给大家进行说明。

一、选址改变生死

2019年，我认识了芈重山老火锅的马总，他那时在重庆开了两家店，其中一家上了"大众点评2018年重庆'必吃榜'"。那个时候，他的经营理念是：如果门店开在相对差的位置也没关系，可以通过好的口味、优质的服务积累老客户。不得不说，芈重山老火锅的管理、"内功"、口味在我了解的成千上万家火锅店里可以排进前三名。他的门店还上了"大众点评2018年重庆'必吃榜'"，在被誉为"中国火锅之都"的重庆入围"必吃榜"的难度可想而知。这足以证明马总对餐饮行业的理解是非常深刻的。但是，上了"必吃榜"的那家餐厅还是关门了。在那个时候，上"必吃榜"给餐厅带来的流量是非常大的，上了"必吃榜"，餐厅的经营者基本上就可以"躺赢"了。为什么那家门店还是会关门呢？后来，我们经过复盘发现，那家门店的位置太差了，如果那家门店不做营销的话，消费者很难到店消费。那个时候，马总的团队完全不懂如何营销和获取流量。2019年，我受邀去他的第二家门店参观，那家门店开在重庆狮子坪一个没什么人气的商场的二层。我问马总为什么会把门店开在这里。他的回答让我感到非常熟悉，大部分传统餐饮人和他的想法都差不多：因为租金便宜，场地有500多平方米，面积足够大，如果他能把营业额做大，那么利润空间很大。我接着问他：开在这么差的位置，如何获取客户呢？

我想，马总在当时根本没想过这个问题，他大概想通过打持久战，慢慢熬，做出好口碑，以此获取客户。但是，这样做一家店，没有十年八年是做不出来的，中间还存在很多不确定因素，他确定能熬出来吗？我想，敢在位置这么差的地方开店，马总的营销能力肯定很强。

经过细致沟通后我发现，他完全不懂营销。在这种情况下，这样一家餐饮店应该怎么经营呢？

从2019年5月开始，我为了打开自己在西南市场的知名度，在几乎不收费的前提下和马总合作，他们团队的执行力非常强，我们很快就取得了不错的成果，在大众点评上成为重庆火锅热门榜第二名，做到了狮子坪商圈"五榜"第一名（服务榜第一名、口味榜第一名、好评榜第一名、环境榜第一名、热门榜第一名）。这家店的月营业额从最初的30万元不断增长，7月份为80万元，8月份为90万元，9月份为100万元，可谓突飞猛进。当所有人都以为我们赚了大钱的时候，我们在算账后发现，居然没有赚钱！

当时，我非常纳闷，实际收入增加了这么多，不应该不赚钱。我们把主要经营数据逐项分析，如下表所示。

单位：万元

月份	营业额	折后实际收入	毛利	折扣成本	门店租金	工资	杂费	职工宿舍租金	水电费	营销费用	费用总额	净利润
7月	80	72	43.2	3.2	5	13	2	2	2	15	42.2	1
8月	90	81	48.6	3.6	5	14	2	2	2.5	17	46.1	2.5
9月	100	90	54	4	5	16	2.5	2	3	18	50.5	3.5

说明：1. 折后实际收入 = 营业额 ×90%；

2. 毛利 = 折扣后收入 ×60%；

3. 折扣成本 = 折扣后收入 ×40%（产品毛利润率为 60%）；

4. 费用总额 = 折扣成本 + 门店租金 + 工资 + 杂费 + 职工宿舍租金 + 水电费 + 营销费用；

5. 净利润 = 毛利 − 费用总额。

我相信有一定管理经验的餐饮人都可以从这个表格中看出问题：营销费用太高了，如果减少营销费用投入，应该就可以赚钱了。我们当时开完会也是这么想的，于是我们把营销费用降下来，每天投入的营销费用从5000多元降低到1000—2000元。神奇的事情发生了，门店的月营业额从100万元下降到了50万元。我们百思不解，不知道为什么在前一个月生意这么好的情况下，降低营销费用投入后，营业额会下降这么多。

其实，这里面有一个非常重要的概念："打卡性"。当时，"芈重山老火锅"这个品牌没什么知名度，这家门店又处于一个非核心商圈的非核心位置，如果只是靠自然客流量的话，这家门店每天的营业额最多就是几千元。我们唯一能改变这些劣势的方式就是通过大众点评等平台的流量获取客户。这家门店前三个月生意火爆的原因是流量做得大，有很多平时主要活跃在其他商圈的年轻消费者特地来"打卡"消费，一旦这家门店在大众点评上的排名下降，流量变小了，消费者就很难在网上看到这家门店了，"打卡"消费群体就几乎消失了。哪怕有很多消费者觉得这家门店的味道不错，但因为这家门店的位置相对较偏，也会导致复购率不高。当时，我们经过认真分析后也考虑过，既然如此，为什么这家门店不可以做半径2千米内的消费群体呢？但是我认为，这家门店很难做起来，因为如果现在确定的战略是做半径2千米内的消费群体，那么需要用大量时间慢慢熬出来，因为老客户是需要慢慢沉淀的。2019年底，我们深度复盘了这家门店的问题，总结以后我们认为，所有该做的措施都做过了，最大的问题在于门店的位置是没有自然流量的，完全靠线上引流吸引消费者的经营模式太累了，未来有机会的话，我们一定要找一个好的店址再尝试一次。

于是，马总最终决定关闭这家店，回到了他的大本营北京，他此前在北京待了20多年。

过了一段时间，马总打电话给我说，他在北京又租了一个店面，问我能不能再合作一次。我当时想都没想就答应了。马总问我合作的费用怎么算，我当时说，钱不重要，和他合作最重要，因为在重庆合作的时候，他们团队的超强执行力让我感到非常震撼，我认为这样的团队未来一定会一飞冲天。因此，我当时立即买票赶到北京，到北京后我去了马总新店所在的公主坟的城乡购物中心。刚开始，我在一楼找了一会儿没有找到，后来才知道他的新店在二楼。我花了十几分钟绕来绕去，总算找到了这家店。我当时问马总："为什么这个店要选择在这里？我们上次复盘的结果你忘记了吗？我们上次关闭门店很重要的因素就是缺乏自然客流量。这个地方我都找了十几分钟才找到，何况消费者呢？这样我们不是又要面对导致之前重庆的门店关闭的问题了吗？""老餐饮人"普遍存在的问题是：在哪里跌倒就从哪里爬起来，然后在那里又跌倒一次。

马总解释说，这家店是他的老乡经营不下去，低价转让给他的，他认为环境不用怎么改造，能够以很低的成本开一家店，感觉自己白捡了一个店面。既然马总已经盘下了这个店面，我们觉得还是要努力尝试一下。因为当时就要过春节了，所以我们决定等过完春节以后再大干一场。等我回南昌后没过几天，新冠肺炎疫情就暴发了。2020年3月，北京的餐饮门店可以开始营业了。这个店选址不好，公主坟也不是北京最好的商圈，自然客流量并不大，再加上疫情影响，这家店的经营难度可想而知。因此，我们当时的策略是"先打地基"。

2020年，餐饮门店在大众点评做营销还是能够享受到"超级红利"的。大众点评上有"霸王餐"活动，我们做第一期"霸王餐"活动，提供了3000份双人餐，用一个月积累了3000多条好评，只有1条差评。恰好当时餐饮市场也在慢慢回暖，我们当时因为有3000多条好评而在大众点评的榜单上脱颖而出。这家店复刻了我们在重庆开店生意最火爆时的情况，80%以上的客户都是通过线上流量获取的，生意红红火火，就是不赚钱！

我们在4月做了第二期"霸王餐"，又提供了3000份双人餐，通过赠送小礼物、做好接待流程等，我们快速积累了6000条好评，只有3条差评。这个时候，每天都有消费者排队等待用餐了。和此前一样，因为营销费用和活动费用过高，这家门店除了不赚钱之外，其他经营数据都很好。

我们在5月做了第三期"霸王餐"活动，这家门店此时已经有8000多条好评了，平时排队的人还不多，到了周末，排队的消费者至少有100桌。但是因为缺乏自然客流量，来这家店的消费者除了少部分老客户外，基本是"打卡"的消费者。我们到月底算账的时候发现，利润还是很少。

后来，我们深度思考为什么我们开店不赚钱。我们认为，主要原因是投入的营销费用太多了、折扣太低了，但是这家门店所在的位置让我们不得不投入较多营销费用并提供非常优惠的折扣。如果我们在一个相对好的位置开店，有较大自然客流量，再投入一定的营销费用，是不是可以取得理想的成果呢？

2020年7月，我们在"宇宙中心"五道口开了在北京的第二家店，这家店开业后，我们用同样的方法、同样的配方、同样的流程做运营，不同的是这家店"超级赚钱"。因为五道口商圈的客流量很大，再加上这家店选址还不错，我们通过营销使这家店在很短时间内成为大众点评北京排名第一的门店，自然客流量非常大，每天排队的消费者都超过200桌，非常夸张，能够让人感到震撼。

同样的方法、同样的配方、同样的流程，换了一个店址，经营效果差异竟如此之大。后来，因为有这套理念支撑，芈重山老火锅在北京火锅圈变得非常有名，10家直营店的年利润预估超过1亿元。随着芈重山老火锅在五道口、六道口、青年路等商圈的门店相继"出圈"，首先开业的公主坟店也从原来不赚钱的状态变为非常赚钱。其实在这个过程中，我们没做什么特别的事情，就是品牌被流量带火了，每一家门店都受益。

这就是好选址加好"内功"带来的效应，可以深耕一个城市的餐饮市场。

位置好的门店和位置差的门店的总客流量对比如下：

选址	位置好	位置差
租金	20万元/月	5万元/月
自然客流量	100人/天	20人/天
营销活动带来客流量	100人/天（每月投入10万元）	150人/天（每月投入15万元）
总客流量	200人/天	170人/天

从上表可以看出，位置好的门店和位置差的门店的每天的总客流量只

差30人，但实际的差距是难以估量的。因为位置好的门店在做完营销活动以后，消费者到店方便，所以复购率高。此外，因为消费者到位置好的门店比较方便，到店成本低，因此位置好的门店营销效果往往比较好。位置差的门店在做营销活动时，吸引的往往是来自城市各个区域的消费者，因为这些消费者距离门店较远，到店成本高，复购率很低。因此，位置差的门店在营销活动停止后，往往客流量下滑，再次做营销活动也很难取得理想的效果。

如果你的店选址好，当你把营销工作做好以后，会有很多自然流量。线上的自然流量大是因为商圈的流量大，你的门店在商圈的排名靠前，曝光度高，就会获取更多自然流量，更多自然流量又会让更多人点击你的门店的页面，又带来新的流量，形成一个良性循环，这样你就可以减少线上的营销费用投入，不需要持续疯狂"烧钱"就能获得流量。你的门店所在的商圈到店方便，可以提高客户转化率。当你的门店有很多人排队的时候，又可以吸引那些在线下寻找餐饮门店的消费者。现在的消费者的消费习惯是哪里人多去哪里，他们往往认为：这家门店有这么多人排队，味道一定很不错！因此，就算拿不到一线商圈的一线位置，你也要拿到一线商圈的二三线位置，商圈流量大，你的门店才有机会获得巨大的成功。

如果你的店选址不好，通过营销让门店火爆后，除非这家店持续"烧钱"，不然不能长期保持线上排名位居前列，因为商圈处于偏僻的位置，导致线上流量很难转化成线下的客流量，而且小商圈的线上流量较少，自然搜索量少，只能通过付费带来新的流量，这样会给餐饮门店的运营工作带来非常大的困难。况且，就算门店线下客流量大甚至排队，但是因为小商圈的客流量小，没有多少消费者看见门店有人排队，线下流量就白白损失了。

营销和选址是息息相关的，好的选址+适当营销=可持续赚钱，差的选址+营销=雪中送炭，很难持续发展。

但是，我们在生活中还是可以看到很多选址不好的门店生意非常好，这是为什么？

其实，这有点儿类似中彩票，总有人会交好运。

选址不好的门店获得成功的原因是多种多样的，很多店要么是开了10多年积累了很多老客户，要么是经营的品类非常符合当地人的口味，要么是老板维护客户的能力非常强……但这些都具有不确定性，其他人也很难复制他们的成功。现代社会，我们犯错误的空间非常小，也很少有人愿意花费大量时间慢慢熬，我们需要以高成功率的方式经营门店，力争做到"一击即中"。

现在，想要取得成功，我们按照公式进行经营就行了：好选址+好"内功"+好营销=成功。

二、承接能力决定输赢

2020年，我有一个朋友在上海淮海路上的某商场开了一家花胶鸡店。当时，花胶鸡这个品类已经在走下坡路了，热度不高。在一个人气不是很旺的商场的六层开店，租金不低，但是商场没多少客流量，这家店在没有营销的情况下每天的营业额也就是五六千元。因为花胶鸡这个品类本身没什么热度，再加上营销没做起来，商场也没什么自然客流量，所以这家店的经营状况非常艰难，每个月要支付10万元的房租，但营业额才20万元。

这位朋友接受了我们的建议，把餐厅经营的品类改成当时最火的茶冰厅，然后开始做营销。这家餐厅在调整经营方向后生意马上火起来了，很快成为大众点评上海全品类热门榜第三名，生意非常好，每天排队的消费者都有100多桌，月营业额从20万元猛增到100万元只用了两三个月。但是，因为经营这家餐厅的团队不是专业做餐饮出身的，面对客流量猛增的局面，这家餐厅在接待、承接、出品等方面都出现了很大问题。在大众点评上，这家餐厅的评分不到4.0，每天都会新增几条到十几条差评。

其实，在我们接手这家餐厅之前，这家餐厅的老板已经找了不少"专家"帮他做运营工作了，本身就是抱着寻找救命稻草的想法找我们的。在他们眼里，他们已经非常努力，做到百分之百付出了，但实际上他们做的这些事情，在专业的有"内功"的团队眼里都是很简单的事情。这家餐厅最大的问题和之前的芈重山老火锅在重庆的餐厅面临的问题是一样的，因为选址不佳，自然客流量每天只能给餐厅带来几千元的营业额，因此只能通过营销补救，而营销又需要投入大量费用，即使月营业额做到100万元还是没有利润，现在生意好起来了每天差评却非常多。

这家店的主要经营数据如下表所示。

单位：万元

营业额	折后实际收入	毛利	折扣成本	门店租金	工资	杂费	职工宿舍租金	水电费	营销费用	费用总额	净利润
100	90	54	4	10	18	3	3	3.5	15	56.5	−2.5

说明：1. 折后实际收入＝营业额 ×90%；

2. 毛利＝折扣后收入 ×60%；

3. 折扣成本＝折扣后收入 ×40%（产品毛利润率为60%）；

4. 费用总额＝折扣成本＋门店租金＋工资＋杂费＋职工宿舍租金＋水电费＋营销费用；

5. 净利润＝毛利 − 费用总额。

当时，让我们感到麻烦的事情是生意好起来了，但每天都会新增不少投诉和差评。我们很担心，一旦流量下滑，这家店可能就没有多少老客户来用餐了，复购率很低的话，生意肯定会断崖式下滑。流量不是万能的，随着差评、投诉增加，团队的承接能力又存在很大问题，就算设法让流量维持，评分太低也会带来很严重的影响。但是餐饮行业的流量不是今天想要就能有，明天觉得太多了就设法减少一些也没关系的。当今时代，一旦流量下降，很可能就要从0开始，之前付出的努力就全部白费了。这家店因为承接能力不足导致我们不得不设法降低流量，而在流量下降后，这家店的生意就变得非常惨淡。等我们重新把运营团队招聘好了之后，再去做营销却发现效果大不如前，这家店最终以倒闭收场。

当你的团队无法承接巨大的流量的时候，不要贸然去做营销，一定要在有了非常充分的准备之后再开始做营销。如果无法做好流量承接工作，那就相当于花钱买差评。

三、"打透"才有未来

如果你的团队没有超级好的"内功"，那就不要下场做餐饮，不要花钱做营销。既然做了营销，那就一定要"打透"，很多人就因为没有"打透"，做完营销后生意非常好，就没有继续做营销，结果在过了一段时间后，生意又回到了刚开始的不温不火的状态了。

2023年4月，我在做直播的时候认识了一位粉丝，他在杭州开了一个杭帮菜小酒馆，位置很不错，位于十字路口的转角。但是这家小酒馆所在的整条街几乎开满了小酒馆或者经营夜宵的大排档，竞争非常激烈。这条街上的门店大概只有不到10家不做餐饮，其他100多家都是餐饮店，竞争压力之大可想而知。其实在我看来，在这个店址做杭帮菜小酒馆，定位本身就有问题，但是这家小酒馆的老板刚刚投资300万元开店，让他重新调整定位显然不太可能。这个时候我就给了他一些建议，向他分享了"餐饮营销梭哈论"的打法①。

在我给他建议之前，这家小酒馆的月营业额在30万元左右。他的执行力很强，快速落地营销推广的策略，这家小酒馆很快成为杭州大众点评排名第一、美团排名第一，每个月新增好评数量约2000条，只用了一个月时间，营业额就从30万元猛增到90万元。

但问题随之而来，这家小酒馆的老板当时觉得生意非常好，整条街100多家餐饮店就他家有人排队，他就有了一种错误的认知，觉得自己的小酒馆会一直有人排队。

做餐饮营销有两种结果：

第一种结果是"夹生"。做完营销后，门店有一段时间生意很火爆，就停止了营销工作，不久后消费者就很难在网上看到这家店了。因此，过段时间，这家店又要做营销，如此反复做了几次后，我们就会发现，后面做营销的效果越来越差。

第二种结果就是"打透"。当第一阶段营销工作做完取得最好的效果的时候，一定要启动第二阶段营销工作，在流量最大的时候去做营销。可能很多人觉得这么做是浪费资源，流量大的时候，门店可能已经很难承接客流了，每天都有很多消费者因为排队时间太久不愿意等待而流失了。在这种情况下，门店不做营销每天也是顾客盈门，根本不需要继续做营销了。

为什么我说在生意这么好的情况下还要做营销呢？这就是"餐饮营销梭哈论"的精髓，一定要在天晴时修屋顶，要在流量最大、势头最好的时候开展第二阶段营销工作。在第二阶段营销工作做完以后，如果你想让你的品牌

① 本书中的"打法"是互联网用语，一般指策略、手段、招数、战术。

真正做到"打透"，那就还需要在第二阶段营销工作做完后势头最好的时候开展第三阶段营销工作。等三个阶段的营销工作做完，你的品牌就可以在只做基础性的营销工作的前提下保持生意兴隆了。芈重山老火锅现在能在北京"秒杀"其他火锅店靠的就是"打透"，而这家小酒馆的老板当时认为自己的小酒馆生意已经很好了，不需要做第二阶段的营销工作了。两个月后，这家小酒馆的月营业额从100万元跌到60万元，只是略有盈余。后来，这家小酒馆的老板在抖音、小红书上投入了很多营销费用，但生意始终没有起色。他现在悔不当初，只能慢慢熬着等待时来运转了。

为什么要开展三个阶段营销工作才能"打透"呢？现在已经是移动互联网时代了，信息碎片化的情况非常普遍。我经常问学员：你今天"刷"抖音了吗？请问你"刷到"的最后一条抖音短视频是关于什么内容的？别说最后一条内容了，很多人花了几个小时"刷"抖音后，放下手机很快就完全忘记看到过什么内容了。这种碎片化的信息占据了我们的大脑，对于我们记住某种事物是非常不利的。因此，餐饮门店做营销工作就必须做到让信息不断重复出现在消费者面前，在势头最好的时候继续投入营销资源才能取得最好的效果。因为通过互联网开展营销工作的餐饮门店本身就是一家"网红餐厅"，做推广的效果是锦上添花，在这个时候，通过三个阶段的营销工作，让门店的信息反复出现在消费者面前，消费者才能记住门店的品牌。

第二节　选址定打法

一、一线商圈一线位置的营销打法

餐饮商户在核心商圈的核心位置开店，营销方案的选择是多元化的，这样的店址本身自带很大的客流量。门店可以选择"慢打"，因为有足够多的自然客流量，不需要着急。如果门店的运营团队很成熟，有较强的承接能力，那么我建议选择"快打"，做到"狠打、打透、打穿"。

1."慢打"的营销方案

慢打
① 试营业7—15天，做基础数据；
② 5天后，在小红书、抖音上小范围做营销；
③ 美团和大众点评星级达五星后开始第二阶段营销；
④ 每月或每季度上新品时适当推广。
梳理营销卖点

"慢打"的营销方案大体上可以分为四个阶段。

第一阶段，门店要先试营业7—15天，主要目的是让团队做好磨合工作。新的团队运营新的门店一定会发生很多小问题，用7—15天让小问题全部暴露出来并将其逐一解决，这样才能在后续的运营过程中更好地服务消费者。门店的地址选择一线商圈一线位置的重要性在这个时候就体现出来了，一家新店在不做任何推广的情况下客流量靠的就是门店选址带来的自然客流量。门店在好的店址营业，每天都有很多自然客流量到店，这些自然客流量到店就提供了让团队磨合的机会。因为没有做任何推广，到店的消费者不会很多，门店的运营团队的工作强度肯定不会非常大，服务员和店长可以在这段时间与消费者进行一对一深入沟通，了解消费者对菜品、环境、接待流程等方面的感受。如果消费者提出合理的建议，门店的运营团队在这个时候可以立即进行优化；如果消费者对此次消费的体验感到很满意，门店的运营团队可以请消费者在大众点评上给门店做出一个基于真实感受的评价，这样就可以快速积累门店的基础评价数量。

第二阶段，在顺利度过试营业期后，门店的运营团队可以找抖音和小红书的达人[1]进行探店活动，一定要找近期有爆款作品的达人。达人到门店后，运营团队要和达人沟通门店品牌的核心卖点，是以性价比为中心做宣传还是以产品、食材为中心做宣传，或是以产品的"颜值"、品牌的故事（如非物质文化遗产等）为中心做宣传。在找达人进行探店前，运营团队一定要站在消费者的角度思考今天的消费者会对门店的哪些亮点感兴趣，切忌站在自己的角度考虑问题。很多餐饮人觉得自己门店出品的菜肴味道很好，就应该让达人宣传口味。这个观点是错误的，因为"口味好"是看不见、摸不着的。消费者无法通过视觉去感知口味，因此运营团队必须考虑通过可视化的方式呈现自己的产品。在这个阶段，运营团队适当找一些达人便可，因为门店选址好，在试营业期又积累了很多基础评价，所以基本上在这些达人进行

---

[1] 本书中的"达人"指活跃于互联网平台的某一个领域的专家，他们主要通过短视频和直播阐述观点，把自己的形象代入自己创作的内容中，将自己的形象生动地表现出来。

宣传后，门店的生意就会开始火爆起来。

第三阶段，一个月后，门店的客流量达到了高峰，这个阶段非常关键，"网红店"能够成为"长红店"的核心就是"超级内功"。很多"网红店"在生意火爆之后，产品问题、服务问题、接待问题等各方面问题全部暴露出来了，这样很容易让消费者获得很差的体验，给出真实的差评。如果门店没有能力承接这个阶段的客流量，那么等客流量高峰过去以后，随着差评增多，门店的生意就会越来越差。如果门店有"超级内功"承接高峰期的客流量，并且让这些真实的消费者体验很好，愿意做出好评，那么门店的生意就会越来越好。因此，门店一定要做好接待服务，让尽可能多的消费者对门店做出真实的好评，从而让更多还没到店并准备到店消费的消费者最终选择到店消费。如果顺利的话，门店在美团和大众点评的评分应该可以做到不低于4.8分。

第四阶段，门店在每月或者每季度都适当投入一些营销费用，邀请达人探店。因为选址好，所以门店投入营销费用的转化率就会比较高。消费者愿意从城市的非核心区域到核心区域消费，但是不愿意从城市的核心区域去非核心区域消费。很多消费者在网上看见门店推出的团购套餐还不错就会购买，但是核销率不高，这就是因为门店所在位置较偏，商圈人气不旺，消费者到店的意愿不强。如果门店每月、每季度都有新品研发出来，可以适当投放资源进行营销，让门店能够不断被消费者看见。

位于一线商圈一线位置的餐饮门店，本身就有较大的自然客流量，如果能借助互联网平台更好地展现自己，那真可谓锦上添花。"慢打"的核心是门店持续被消费者看到，不追求排队桌数很多，而是追求单店赚钱。控制产品品质，把握运营效率，稳住五星星级，这家门店基本就是一家非常赚钱的门店了。

2."快打"的营销方案

快打

① 试营业7—15天，做基础数据；

② 合理运用价格策略+"梭哈营销"；

③ "超级内功"稳住承接工作，做好评分；

④ 在生意最好的时候进行第二批"梭哈营销"；

⑤ "超级内功"稳住承接，持续做好评分；

⑥ 在第二批"梭哈营销"效果最好的时候进行第三批"梭哈营销"。

梭哈

"快打"的打法大体上有六个关键。

第一个关键是门店要先试营业7—15天。这样做的目的是让新的团队在新的门店进行磨合，并且把基础数据做好，把消费者体验做好，让消费者在美团、大众点评等平台上对门店做出真实消费后的评价，打好门店的"地基"。

第二个关键是合理运用价格策略，并进行"梭哈营销"。如果门店处于一线商圈的一线位置，那就不需要打折或者采用价格策略，因为门店所在的位置是自带客流量的；如果门店处于一线商圈的二三线位置，自然客流量小，门店的运营团队就必须适当运用价格策略吸引消费者，具体价格策略的定价取决于门店产品的毛利润率。

在制定价格策略以后，门店就要进行"梭哈营销"。"梭哈营销"需要准备充足的营销预算：在一线城市，"梭哈营销"的预算大概需要30万—50万元；在二三线城市，"梭哈营销"的预算大概需要15万—20万元；在四线及四线以下城市，"梭哈营销"的预算大概需要5万—10万元。门店的运营团队可以根据门店所在的城市准备相应的预算。"梭哈营销"的核心是如果门店有30万元的营销预算，就要全部花出去，重点是在短时间内快速投放。这样才能做到在短期内，消费者在主流平台上都能看到门店的信息，从而达到让消费者更容易选择门店的目的。在一二线城市，"梭哈营销"投入资源的主要平台为美团、大众点评、抖音和小红书；在三四线及其以下城市，"梭哈营销"投入资源的主要平台为抖音和美团；在旅游城市，"梭哈营销"投入资源的平台应当以大众点评和小红书为主，抖音、美团为辅。

第三个关键是门店运营团队的承接能力。如果在执行价格策略和"梭哈营销"后，门店的运营团队没有好的"内功"，承接能力不足的话，那么这家门店在未来几个月之内很可能就要关闭了。因为这样做是在花钱买差评，花钱让消费者在门店获得差的消费体验。任何营销活动带来流量都不是可以长期持续下去的，如果门店的运营团队能在有限的时间内给消费者提供好的服务，把各个平台的数据做好，那么在营销活动结束后，门店还是可以通过多个渠道的自然流量获取客户，因为任何一家门店都不可能一直依赖营销活动带来的客流量。能够承接住"梭哈营销"带来的客流量的门店，就能够由"网红店"变成"长红店"。承接不住"梭哈营销"带来的客流量的门店往往消费者体验不好，会有差评，那么在客流量下滑后，这家门店必然走向关闭的命运，哪怕门店的运营团队在后期调整好了"内功"再去做营销也很难做起来了。

第四个关键是做好"梭哈营销"。"梭哈营销"并不是让门店的运营团队把30万元的营销费用在一天之内全部用掉，如果这样做的话门店在抖音、小红书会因为大量内容同质化而被限流。举个例子，假设我从10月1日开始投放营销费用，我会把30万元的营销费用分三批投放。从10月1日到10月7日，我会把第一批10万元的营销费用投放出去，那么第一批费用投放出去以后，估计在10月10日前后客流量会达到高峰。这是一个很关键的时刻，我会在客流量最大、排队桌数最多的时候把第二批10万元的营销费用投放出去。很多餐饮人在这个时候会犯错，觉得自己的门店现在已经有几十桌甚至一百桌消费者排队了，有很多消费者到店后觉得排队时间太长不愿意等待就走了，如果在这个时候还投放营销费用，那不是有更多消费者到店后离开吗？是不是应该等到客流量下降一些以后再投放营销费用呢？这样就不会让客流量白白流失了。我相信大部分人都会有这种想法。但今天是信息碎片化时代，如果按照这个打法做运营，你根本无法把你的品牌"打透"，那么你会不断陷入流量危机之中。因此，我们应该换一种打法，在生意最好的时候，加大力度投放营销费用。因为在这个时候，你的门店已经是"网红店"了，本身具备一定流量，再投放一批营销费用后，你的门店的客流量会更大，你的门店的知名度会更高，这会让更多消费者知道你的门店。尽管可能有很多消费者因为不愿排队而离开，但没有关系，因为他在未来的某个时刻一定会来消费，这就是从众效应！营销工作一定要在生意最好的时候去做，一定要做到锦上添花，一定要在天晴时修屋顶。我们不能等到生意不行了再去做营销，因为在生意下滑以后再去做营销大概率是做不起来的！

第五个关键是做好团队管理。在第二批营销费用全部投放出去后，你的门店会成为商圈或者所在城市的热点，这也将考验门店运营团队的管理能力。此时，员工离职率往往会增加，因为你的员工与其他餐饮商户的员工的待遇相差不大，你的门店每天有几百桌消费者排队，每桌每天都会翻台十几次，门店的员工非常忙碌。当他们看到附近门店的员工每天都非常悠闲的时候，他们的心里肯定会有一些想法。在这个时候，门店的运营团队一定要安抚好员工的情绪，并备足人手，因为：

营销一开打，根本不能停，一停就归零！

很多餐饮人有很强的营销能力但是承接能力不足，这是不行的。承接能力是餐饮运营最重要的能力，提供让消费者满意的服务是整个门店运营的核心，如果门店的运营团队无法做好大客流量的承接工作，那么在客流量减少以后，之前付出的所有的努力就会几乎完全归零。在信息碎片化的今天，如果你没有把你的品牌"打透"就停下来了，那么过不了多久，消费者就会把你的品牌忘得一干二净。

第六个关键是投放第三批营销费用。在投放第二批营销费用后，客流量最大的时候，门店的运营团队就要开始投放第三批营销费用了。最后一批营销费用的投放工作非常重要，如果营销工作做得好，门店就会成为当地的"神店"；如果营销工作没做好，门店就是一家"网红店"。我建议第三批营销费用要准备得充足一些，有条件的门店应适当提高营销费用预算，因为在做过前面两轮营销工作以后，门店已经是"网红店"了，每天有几十桌甚至上百桌消费者排队，门店在美团、大众点评等平台上都有比较高的评分了，已经有了一个好的"地基"，再投放最后一批营销费用就可以达到最好的效果，客流量会非常大，抖音、小红书和大众点评等平台的转化率也会非常高。我们可以想象一下：在我们所在的城市有一个非常火爆的餐厅，我们在抖音、小红书、大众点评、美团上还能经常看到这家店，作为一位年轻的消费者，你难道不想去"打卡"尝试一下吗？

我给大家介绍一个案例，说明一家餐厅如何"打透"市场。

2023年4月，我在抖音做直播的时候认识了武汉遇南三的谢总，他在武汉一个相对偏僻的地方（位于停车场内）开了一家火锅店，面积大概只有300平方米。当时，我们一见如故，聊得非常开心，我投资了谢总的公司，取得了一部分股份。遇南三火锅店在4月份开始试营业，在试营业期间，我们没有做任何活动，就是接待门店周边的居民。因为我们提供了好的服务、好的产品，有正确的经营理念，遇南三火锅店在大众点评上获得了很多好评。这样，我们就完成了第一步"打地基"的工作。

当我们整个团队做好了承接大量客流的准备后，我们开始按照价格策略的打法推进营销工作。原价是212元的双人套餐，新客立减94元，只需要118元就能买到；原价是457元的四人套餐，新客立减259元，只需要198元就能买到。这些套餐的性价比非常高，我们当时卖了几千份套餐。我相信很多人会认为，以这样的价格销售套餐，我们肯定不赚钱，这样冲着低价套餐来的消费者都是"羊毛党"，一旦我们涨价，这些"羊毛党"就不会来消费了，我们这样做最后的结果肯定是亏本。

我们采取价格策略的根本原因是什么呢？因为遇南三火锅店的位置比较偏，没有大的自然客流量，但我们的策略是快速获得大客流量来配合我们实现"爆店"的目标，而快速获得大客流量确定性最高的方法就是价格策略。此外，我们销售这几千份套餐的目标并不是赚钱，我们的核心目标是让这些被价格策略吸引来的消费者以非常便宜的价格享受到非常好的服务、非常好

---

* 本书中使用了大量截图，其中部分文字和标点符号存在用法不规范的情况。为了保留原始材料，在不影响理解的情况下，我们尽量不对这些不规范的情况进行修改，请读者注意辨析，特此说明。——编者注

的环境和非常好的产品，让他们拥有非常好的体验，从而让他们发自真心地在大众点评上写下他们的真实评价！

我们发自真心地给客户提供非常优质的服务，让遇南三火锅店快速积累了几千条好评，成为全国为数不多的大众点评"城市七榜合一"的餐厅。

遇南三火锅店在大众点评武汉的七个榜单都排名第一，有了一支能够发自真心地为客户提供优质服务的"铁军"，还拥有几千条消费者实际消费后给出的真实好评。当遇南三火锅店在大众点评的评分达到4.9分后，我们开始在抖音和小红书做营销推广，结果遇南三火锅店的生意一下就"炸裂"了。2023年5月，我们就把对面的铺子盘了下来，整个门店有62张餐桌。从6月开始，遇南三火锅店每个月的营业额都是三四百万元，创造了武汉餐饮界的奇迹。现在，武汉的餐饮人没有不知道遇南三火锅店的。

很多人会怀疑：难道一个小店一个月营业收入做到三四百万元就这么简单吗？难道没有什么独门秘籍吗？

其实，遇南三火锅店的位置并不出众，甚至可以说很差，我们的成功公式就是：价格策略+"梭哈营销"+"超级内功"=武汉火锅"顶流"。

二、一线商圈二三线位置的营销打法

在每个城市，一线商圈一线位置的商铺都是有限的，而且这样的好位置，房租和转让费都非常高。如果想在这样的位置开店，投入的成本是非常高的。很多餐饮人会选择在一线商圈的二三线位置开店，虽然这样的位置自然客流量不是非常大，但是商圈的人流量非常大，如果能把营销做起来，那么因为房租便宜，利润也是非常可观的。我相信这是绝大部分餐饮人期待的事情，但是在这样的位置开店，一般人是很难做起来的。根本原因是运营这样位置的门店，对门店运营团队的营销能力的要求是非常高的。如果门店运营团队的营销能力弱的话，在这样的位置开店会非常困难。因为一线商圈的二三线位置自然客流量较小，如果门店运营团队的营销能力较弱，那么门店从哪里获取客户呢？慢慢熬或者慢慢等吗？我们要知道，老客户是需要时间积累出来的，老客户也是从新客户转化而来的，那么门店从哪里获取新客户呢？

在今天这个快节奏的时代，在今天这个不确定性强、复杂多变的时代，大部分人是没办法沉下心来慢慢熬的。就算你真的愿意慢慢熬，但随着周边新开业的餐厅越来越多，市场竞争越来越激烈，价格战越来越难打，你根本没有机会慢慢熬、慢慢做了。

如果你的门店位于一线商圈的二三线位置，那么你一定要好好学习，提高自己的营销能力，因为只有营销才能让你在门店位置不好的情况下，在不断"内卷"的市场中赢得自己的一席之地。

在一线商圈的二三线位置的门店，想要做好营销工作，需要做好以下八个重点。

一线商圈二三线位置门店营销工作的重点

① 预留充足的资金做营销，解决自然客流量不足带来的问题；

② "超级内功"，包括场景、"高颜值"产品、运营能力和绩效奖罚机制；

③ 试营业15—30天积累基础数据；

④ 适当运用"价格策略"+"梭哈营销"；

⑤ 稳出品、抓运营、攒好评；

⑥ 以"网红"新品制造话题，配合"梭哈营销"；

⑦ 以评分检验运营成果；

⑧ 狠抓复购。

　　第一个重点是准备充足的资金做营销。在一线商圈二三线位置开店的餐饮管理者一定要重视这一点，预留充足的资金去做营销，以解决门店位置先天不足带来的问题。一线商圈一线位置的门店每个月的租金可能是20万元，每天有几千人乃至上万人从门店前经过。一线商圈二三线位置的门店的月租金可能是3万元，每天只有几百人或者上千人从门店前经过。一线商圈一线位置的门店可能花5万元做营销就可以吸引大量消费者到店消费，天天排队。如果一线商圈二三线位置的门店也只用花5万元就可以吸引大量消费者，那些每个月要付20万元租金的老板不是都成冤大头了？

　　对于一线商圈二三线位置的门店来说，既然线下的自然客流量不大是无法改变的事实了，那么门店的运营团队就一定要想明白，门店的主要客流量要在线上获取，因此运营团队一定要预留充足的资金用于营销。我见过很多关闭门店的餐饮老板都会犯一些致命的错误，比如舍不得花钱租位置好的门店，总喜欢找房租便宜的商铺，但是舍得在布置环境方面花钱，一张桌子几千元、一把椅子几百元、墙面和地面都用很贵的材料，装修花了几百万元。我问他们："环境这么好的门店，准备投入多少钱做营销？"他们往往会试探着问我："5万元够吗？"我们要知道，如果没有投入资源做营销宣传门店的话，那么即使门店装修得非常好消费者也不知道。大部分传统餐饮老板舍得在硬件上多花钱，却在营销上舍不得多投入。

第二个重点是修炼好"超级内功"。因为门店所在位置的自然客流量不大，一线商圈二三线位置门店的消费者大多数是在线上获知门店信息的，这些消费者甚至可能占到店消费者总数的七八成。相比于生活在门店周边的长期客户来说，这些通过线上获知门店信息的消费者对于服务的要求往往更高，稍微有些不满意的地方就会给门店差评。因此，门店的运营团队一定要有"超级内功"，"超级内功"主要体现在以下四个方面。

（1）场景。未来的餐饮品牌或者是"大网红店"一定是"重设计"的。"重设计"不一定是在装修上花费很多钱，但一定能够提供好的"消费体验"。

（2）"高颜值"产品。"高颜值"产品并不是流量入口，任何一款"高颜值"产品都有被看腻的时候，因此餐饮商户需要具备持续推出"高颜值"产品的能力。我知道很多餐饮人并不具备持续研发"高颜值"产品的能力，想要解决这个问题，最好的办法就是"借鉴"。我们可以借鉴一线城市的奶茶"爆品"，借鉴其他行业的"高颜值"产品。我们要在借鉴其他餐饮商户的"高颜值"产品的基础上进行优化，在优化后，我们甚至可以不卖而是赠送给消费者，比如消费者发一条关于门店的朋友圈或抖音短视频就赠送。因为"高颜值"产品本身是自带流量的，所以消费者为了获取"高颜值"产品，往往愿意配合门店做宣传。

（3）运营能力。门店的运营团队客观评估自己的运营能力是否合格的最好的方法，就是充分参考大众点评和美团的评价体系。很多餐饮人害怕消费者对门店做出差评，但是如果我们能换个角度考虑问题就会明白，消费者在消费后做出真实的差评对于门店的运营团队来说不是一件坏事。如果门店的运营团队真心希望好好运营门店，希望能找到问题并不断改善问题，持续优化门店的运营工作，那么差评就是一个很好的发现问题的窗口，消费者一定是在消费的过程中有了不满意的体验并且没有得到合理的解释才会做出差评的。大众点评和美团的评价体系是评价门店运营团队运营能力的一个非常重要的参考指标，可以改善店长或服务员习惯性为自己犯的错误找各种借口的问题。我见过很多餐饮人都对自己的运营能力感到满意，然而他运营的门店在大众点评上的评分还不到4.0，这难免贻笑大方了。

（4）绩效奖罚机制。如果一家门店七八成的客流量都是来自线上的话，那么这家门店的运营团队必须在开业时就制定合理的绩效奖罚机制，否则难免会发生不同部门互相推脱责任的情况。即使是同一个品牌，不同的门店也应该有不同的绩效奖罚机制。

大众点评、美团平台奖惩制度（评分奖励）

门店级别	月营业额（万元）	评分奖励门槛	目标	奖励标准（分数）	岗位分配比例	奖励标准（小分项）	惩罚标准（红线）
A类门店	超过120	≥4.7分	稳定门店评分	<4.8分：总分上涨0.1分，奖励5000元；≥4.8分：总分上涨0.1分，奖励10 000元（数据截至每月最后一天凌晨2点，未达15天，发放50%奖励金额） 4.8分持续3个月，额外奖励10 000元	店长20%；前厅经理10%；厨师长10%；客服经理10%；普通员工50%	小分项（服务、环境、口味、食材）每项每涨0.1分，奖励2000元（数据截至每月最后一天凌晨2点）	总分下降0.1分，处罚2000元；小分项（服务、环境、口味、食材）每项每降0.1分，处罚500元 门店警告，不做处罚；封店一次，罚款10 000元
B类门店	90—120	≥4.7分		<4.8分：总分上涨0.1分，奖励3000元；≥4.8分：总分上涨0.1分，奖励8000元（数据截至每月最后一天凌晨2点，未达15天，发放50%奖励金额） 4.8分持续3个月，额外奖励5000元			总分下降0.1分，处罚1000元；小分项（服务、环境、口味、食材）每项每降0.1分，处罚500元 门店警告，不做处罚；封店一次，罚款10 000元
C类门店	50—89		提升门店流量				
D类门店	低于50						

大众点评、美团平台奖惩制度（评价奖励）

门店级别	月营业额（万元）	评价奖励门槛	目标	奖励标准（评价）	岗位分配比例	备注
A 类门店	超过 120	月差评（三星半以下）不超过 4 条	控制差评数量	截至每月最后一天，当月新增差评数为 0，奖励 5000 元；当月每增加 1 条差评，处罚 100 元	店长 50%；前厅经理 20%；厨师长 20%；客服经理 10%	
B 类门店	90—120					
C 类门店	50—89	月差评（三星半以下）不超过 5 条				
D 类门店	低于 50					
平台运营部	—	—	有效删除差评	联系客户处理差评，每条 50 元；通过平台申诉处理差评，每条 50 元		处理客户投诉，500 元以内可以免单或邀请客户再次到店体验；500 元以上需要履行审批手续

第三个重点是试营业半个月以上。位于一线商圈二三线位置的门店最好能有15—30天试营业时间。将试营业时间设置得比较长有两个目的：一是让门店运营团队磨合的时间更长，避免在正式营业后犯低级错误；二是有更多时间去积累基础数据。在试营业期间，门店的客流量不会非常大，门店运营团队就可以用更高的标准接待消费者，让消费者在用餐后发自真心给门店做真实的评价。

第四个重点是适当运用"价格策略"＋"梭哈营销"。对位于一线商圈二三线位置的门店来说，因为选址不佳，所以在营销方面必须采取适当的价格策略，不然一家新店开在人流量不大的位置，消费者凭什么特地跑来用餐？凭什么购买门店的菜品？价格策略是位于一线商圈二三线位置的门店获取流量的"敲门砖"。门店的运营团队切忌自我感觉良好，觉得自己出品的菜品味道非常好，根本不需要KOL[①]，也不需要打折。有些所谓的专家声称，打折促销的策略不是好选择。但是，当你自己在一线商圈二三线位置开店的时候你就会发现，如果你想要快速打开局面，迅速提高门店的知名度，最有效的方式只有两种：一是门店在互联网平台上因为排名靠前而获得很大的流量；二是门店有几百桌消费者排队。这两种方式都需要适当运用价格策略才能实现。在制定价格策略后，门店的运营团队要把门店所在地能找的可以提升流量的渠道都找一遍。我认为最好的办法是找小红书和抖音上的KOL，让他们到店体验，然后宣传门店信息，快速构建门店的流量池，让更多人了解门店、看见门店，让广大消费者知道有这么一家店看起来很不错，想找个时间前去"打卡"。

第五个重点是"稳出品，抓运营，攒好评"。在执行"价格策略"和"梭哈营销"后，门店会有一定的客流量，基本上是一家有上百桌消费者排队的门店了。在这个时候，门店运营团队最重要的工作就是"稳出品，抓运营，攒好评"。在消费者少的时候，大部分门店都能保证菜品的品质是稳定的。但是当你忙得不可开交的时候，你还能保证你的门店菜品的口感不出问题吗？当你的门店有上百桌消费者排队的时候，你确定等待了几个小时的消费者的焦躁的情绪能得到安抚吗？在这个时候，你需要给门店配备两个非常重要的角色。

第一个角色是门口"高质量"的迎宾人员，他也许是一个身高185厘米看起来很阳光的大帅哥。当消费者在门口排队的时候，他可以给消费者送果盘、送饮料，也可以亲切、友好地和消费者沟通交流，以幽默的方式"缓解消费者因为长时间排队产生的情绪波动"，让消费者在进店消费之前拥有好的心情。我们可以想想看，一家在前期靠网络流量火起来的餐饮店，如果消费者在情绪很差的时候进去用餐，哪怕他享受到了美食和优质服务，他也很难

---

① KOL（Key Opinion Leader）是"关键意见领袖"，指在某一领域拥有很高的影响力和粉丝数量的人。

对这家店给出好评，并且极有可能给出差评。因此，在门口负责接待消费者的人需要具备高情商、高智商。考虑到差评会对餐饮品牌造成极大的负面影响，接待人员的人力成本是一笔非常划算的投资。

第二个角色是门店里面的"惊喜官"。"惊喜官"的工作核心是让消费者在用餐期间因为门店各种因素导致的负面情绪得到释放。各种因素包括：消费者觉得菜品不好吃，消费者觉得用餐不愉快，等等。所有让消费者感到不满意的地方，哪怕根本不是门店本身的问题，"惊喜官"都必须妥善处理。为什么我们需要如此"卑微"地服务客户呢？因为每一位餐饮人都应该发自真心地服务好每一位消费者，因为消费者是我们的衣食父母！一家在刚开业时依靠网络流量而生意火爆的门店，在相当长的一段时间内还是需要借助网络流量才能保持生意火爆的状态。门店的运营团队必须发自真心帮助消费者解决所有问题，而不是因为害怕差评导致评分下降影响转化率才服务消费者。只有发自真心帮助消费者解决问题，消费者才能发自真心对门店的服务感到满意。因此，"惊喜官"需要"特权"来解决各类问题，以免因为请示老板和店长而错过解决问题的最佳时机。

第六个重点是以"网红"新品制造话题，配合"梭哈营销"。如果你没有一支高效率、高能力的研发团队，请你先学习、"借鉴"其他餐饮商户的"网红"产品。如果今天你做的是人均80元以上的餐饮市场，我建议你借鉴一些新品奶茶，比如某"网红"奶茶店最近主推的一款新产品，你可以借鉴这款新产品，因为这家奶茶店肯定在投放营销资源推广这款产品，价格一般在10—20元。你可以给每一位到门店消费的客户赠送一杯近期非常火爆的"高颜值"奶茶。我相信客户一定愿意配合你提出的请他发朋友圈、短视频，并在网络平台上给出真实评价等一系列要求。我想一定会有人说赠送奶茶会导致成本增加，如果向每位客户都送一杯奶茶的话，假设一杯奶茶的成本是5元，一天赠送300位客户，那么一天的成本就要增加1500元，再加上需要安排两位员工做奶茶，两位员工的工资一天也得400元，那么赠送奶茶的成本就要接近每天2000元了。请你思考一下：你一个月花6万元用于向客户赠送奶茶，这样投入的收获是每天能有300条朋友圈、短视频帮你做宣传推广，还能收获若干条真实评价，你认为这6万元花得值吗？我建议你不仅要舍得花6万元赠送奶茶，还要接着做营销、不断推出新品、不断免费提供超出客户期待的饮料、不断投放营销资源让潜在客户知道你的门店在做这件事情。这样做的核心目的就是让你持续获得流量。

第七个重点是以评分检验运营成果。"网红"容易"长红"难，很多餐饮店可以通过价格策略加上大力度投放营销资源让生意火爆起来，很快就有客户排队用餐。但是，很多餐饮店的生意在火爆一两月之后就不行了。"网红店"与"长红店"之间差的就是"超级内功"。如果你的"内功"好、产品好、服务好，从而让消费者有很好的用餐体验，你通过营销吸引消费者到店消费后，如果消费者觉得这家店很不错，就会大大提高消费者复购的可能性。就算消费者生活在离门店比较远的地方，再次来消费不是很方便，你也可以请他在线上留下一条真实的评价。当这些真实的评价累积到一定数量的时候，就可以有效提升营销的转化率。

一家餐饮店的"内功"体现在什么地方呢？每位餐饮人都觉得自家店的产品口味很好，每位餐饮人都觉得自己的运营工作做得不错。我认为，评价餐饮店运营情况的标准就是大众点评、美团的评分，因为消费者的真实评价不会骗人。这个评分是理性而客观的。

第八个重点是"狠抓复购"。一家门店在有了很多桌消费者排队后，一定要设法提升复购率。复购率高则说明这家店的运营工作"做透"了，未来不需要投入很多资源做营销工作，只需要做基础性的营销工作就行了。如果一家门店的复购率不高，一直靠吸引新客户维持客流量的话，那么这家店早晚都会落入"流量死循环"当中，需要不停地做营销，否则"营销一停，生意清零"。

营销一停，
生意清零！

总结上述八个重点，其实整体也非常简单。一家门店在拥有好"内功"、好场景和好产品的基础上，配合"价格策略"和"梭哈营销"，持续做好流量承接工作，尽最大努力提升复购率，整套组合拳打下来，这家门店一定可以取得好的业绩！

三、社区店的营销打法

社区店的营销打法

① 一二线城市的社区店，以抖音做流量，以美团、大众点评评价做承接。

② 三线到五线城市的社区店，以抖音做流量，以美团评价做承接。

③ 五线以下城市的社区店，只做抖音和线下活动以及私域流量。

社区店的营销打法根据门店所在的城市而有所不同，大体可以分为以下三类。

1. 一二线城市社区店的营销打法

一二线城市的社区店可以在抖音上做营销提升客流量，然后请消费者在美团和大众点评上给出消费后的真实评价。在大城市，人们目前还是会习惯性地在大众点评和美团上查找餐饮店，但是随着短视频平台崛起，抖音也在加大力度布局本地生活板块。社区店的主要客户群体是在门店周边生活的消费者，前来"打卡"的消费者非常少。短视频平台的算法在推荐内容时与消费者位置关联度不高，比如我们在北京的北二环刷到了一条关于美食的短视频，可能这条短视频拍得非常好，但是那家店并不在北京的核心商圈，而是在东四环，我们多半会因为距离太远而放弃到店品尝的念头，哪怕这条短视频中的美食非常有诱惑力。有一些消费者可能在看完短视频之后点击链接购买门店的套餐，但是这些消费者到店消费的概率是很低的。社区店在抖音做营销，提升"确定性"和"转化到店率"的核心是"本地推"，我们可以选择在门店6千米范围内进行相对精准的曝光投放。美团和大众点评与抖音不同，大多数消费者在想去吃饭的时候，会打开美团或大众点评搜索餐饮门店，因此美团和大众点评的消费场景是"精准化"的，消费者打开美团或大众点评后的目的明确，在查找到心仪的门店之后会直接到店。社区店不适合做大规模营销，因为距离原因，即使投放大量营销资源，到店率依然不会很高。因此，社区店只适合在做好大众点评和美团平台上的基础运营工作后，借助抖音这个大流量平台进行"流量互导"。

2. 三线到五线城市社区店的营销打法

三线到五线城市的消费者大多习惯使用抖音和美团，他们较少使用大众点评。我建议三线到五线城市社区店的营销工作以抖音提升流量为中心，再以美团做评价体系。

3. 五线以下城市社区店的营销打法

五线以下城市（含县、乡镇）社区店的营销工作应当完全以抖音为中心，因为这些地方的客户很少使用美团和大众点评，而抖音是"下沉市场"最好的流量载体。因为城市体量小，竞争不激烈，城市范围不大，消费者今天在"刷"抖音的时候看到了一条非常棒的美食视频，如果消费者在大城市，可能会因为距离问题而放弃到店，但是如果消费者在小城市，骑一辆电瓶车十分钟就能到店，因而转化率较高。"下沉市场"的社区店只需要做好抖音平台上的营销工作，并且做好线下活动和私域流量即可。

第三节　未来的餐饮品牌的核心竞争力是什么？

请大家思考一下：未来的餐饮品牌的核心竞争力是什么？

是产品，是供应链，是人才，是管理，是赛道，是口味，还是营销？

我的答案是"城市核心商圈的位置"。

未来的餐饮品牌的核心竞争力是什么？

我相信，对于这个问题，大家会有不同的答案，人们会认为：餐饮行业的竞争一定是人才的竞争或是供应链的竞争。但是，请注意，我的问题里面有个非常关键的词语：餐饮品牌。我说的既不是餐饮单店，也不是小型连锁店，而是餐饮品牌。什么是餐饮品牌？我认为，只有足够优秀的餐饮企业才能算是真正拥有餐饮品牌。

无论是在北上广深，还是在其他城市，都有许多非常优秀的餐饮公司，这些公司在供应链、人才储备、管理、口味、营销等方面都很强，甚至很难分出高下。因为这些餐饮公司都是在激烈的市场竞争中生存下来的高手。

假设A餐饮公司在某个城市核心商圈的核心位置有五家门店，而B餐饮公司的门店都不在核心商圈的核心位置。我们可以试想一下：A餐饮公司今天开展一个新的餐饮项目，优秀的餐饮企业都不需要担心"内功"方面的问题，那么A餐饮公司也许能够在一夜之间快速扩张，在核心商圈的核心位置开出五家门店，这样的位置加上优秀的团队，A餐饮公司的品牌能够快速火爆，在很短时间内就成为这个城市餐饮业的焦点，快速建立自己的餐饮品牌。与之相对，B餐饮公司还需要先选址，再评估，经过一系列流程才能开店。这样，好的战机稍纵即逝。我们要知道，一线城市核心商圈的核心位置一般不会超过30处，而二三线城市核心商圈的核心位置一般不会超过10处。如果你今天手上有几家位于核心商圈核心位置的门店，你要开创新品牌，是不是有机会在短时间内成为你所在城市的超级品牌呢？

口味可以调整，管理可以学习，人才可以招募，供应链系统可以搭建，但是核心商圈的核心位置是不可学习、不可复制的稀缺资源。

关于选址的案例

2023年，成都的餐饮界有一匹黑马杀出重围。如果一位餐饮人准备在极度"内卷"的成都开火锅店，我相信大部分人都不会看好他。可是"冯校长老火锅"在短短一年时间里开了60多家店，并且持续位居大众点评热门榜前列，每天都有好几百桌消费者排队，特别"浮夸"的事情是深夜两点还有几十桌消费者排队。如果不是亲身体会，我也会觉得"冯校长老火锅"请了"黄牛"排队提升人气。

"冯校长老火锅"的创始人强哥是餐饮"老炮"，有成熟的连锁餐饮经营经验，可是如果你问他为什么"冯校长老火锅"这么火爆、为什么能够在最"卷"的太古里杀出重围，他会一本正经地说因为口味好、服务好等这些老生常谈的内容。直到2023年冬天，我去了一趟成都，才发现"冯校长老火锅"生意火爆的奥秘，主要就是三个"稀缺"。

第一，店址极度稀缺。未来成熟的餐饮品牌的核心竞争力一定是店址。对于普通的餐饮人来说，好的店址几乎是拿不到的，因为这些店址都掌握在大型连锁餐饮企业手上，根本不在房地产租售市场中。就算一个餐饮项目在这个店址没做起来，还有千千万万个项目可以做，但是核心商圈的核心位置是极度稀缺的。去过成都的人几乎都知道太古里商圈，那基本上是外地人来成都必去的一个商圈。外地人到了这个商圈后，几乎不可能去吃麻辣烫、盖浇饭、烤肉之类的菜品，因为这些在自己生活的地方都能吃到。外地人去了成都几乎都要吃火锅，"冯校长老火锅"的店址可以说是在"超一线"商圈的"超一线"位置，每天门口路过的人络绎不绝，绝对是超级好的位置。

第二，场景稀缺。整个太古里的火锅店都是"人民币玩家"，这些"人民币玩家"都有各自的装修风格，但是这些形形色色的装修风格对于见多识广的消费者来说都已经不新鲜了。"冯校长老火锅"反其道而行之，以"一破就火，一烂就爆"的场景打造了自己独特的风格。越来越多年轻消费者喜欢去那种破破烂烂的或者开在弄堂里"老破小"的老店，觉得这种老店的口味肯定很正宗。"冯校长老火锅"的场景就很符合消费者期待的消费场景，来成都就想吃正宗的火锅，而"冯校长老火锅"给消费者的感觉就是"冯校长老火锅"是正宗的成都火锅店。

第三，门店稀缺。在品牌还不够强大的时候，我建议餐饮人先进行"单店爆破"，把一个店做成"神店"后再去开其他店。强哥的策略很棒，用了一年时间把"冯校长老火锅"太古里店的口碑、流量做到最好，成为深夜两点都要排队的"超级现象级"门店。很多餐饮品牌在初期生意火爆后就禁不住诱惑，很快就开出很多店，结果就是流量还没有"打透"就被分散了。很多外地消费者来到太古里之后为什么不去吃那些连锁品牌的火锅店呢？因为那些连锁品牌的分店很多，所以大众化、不够稀缺。对于外地消费者来说，在自己所在的城市都能吃到的连锁品牌的餐饮店，为什么还要在成都吃呢？我去成都就希望吃自己所在的城市吃不到的具有成都特色的火锅。再加上"冯校长老火锅"火爆的势头，大家都喜欢去生意好、排队人多的店消费，这是消费者普遍存在的消费心理。"冯校长老火锅"的餐品和服务也确实非常好，消费者在品尝后，也往往会进行"消费者自传播"。

关于"餐饮选址"这一主题的内容，我已经阐述很多了，不知道各位读者看完后有什么感想。

选址与营销同样重要，而且密不可分。现在，餐饮门店的运营工作一定要追求"确定性"，而不能"自我满足"，更不能以"赌徒心理"运营门店。"确定性"最核心的因素就是好的地址、好的"内功"和好的营销。很多餐饮人说现在生意越来越难做，那是因为市场一定是遵守"二八定律"的，20%的人赚钱，80%的人亏钱。

如果一个餐饮人选择门店的位置是凭感觉、拍脑袋做决策，那么他亏钱也是理所当然的。如果你想成为20%的赚钱的人，那么请你一定要多看看"餐饮选址"这一主题的内容。

我们一定要做到：

少开店，
开好店，
开"爆店"！

第二章

品类不同，打法不同

第一节　"大餐饮"和"小餐饮"的营销逻辑

　　品类不同，打法一定是不同的。"大餐饮"（人均消费额70元以上）在适当投入营销资源后是可以获得高营业额的，通过高营业额获取高毛利，高毛利就能覆盖营销成本；"小餐饮"人均消费额往往只有二三十元，就算做了营销活动"爆店"后可能每天只有10 000元左右的营业额，很难去覆盖高昂的营销费用。

品类不同，
打法不同！

　　"大餐饮"的营销逻辑是可以通过营销解决客流量不足的问题。门店可以在选址相对差的商圈或者位置，通过投入大量营销费用投流[①]解决客流量不足的问题，如果门店的产品、服务、环境、食材等方面都不错，消费者认

[①] 投流是一种数字营销策略，旨在通过投放广告、优化网站、社交媒体推广等方式，实现推广品牌和提升销售额的目的。投流的核心在于精准定位目标用户，选择合适的投放渠道和方式，以最低的成本获取最大的收益。

可后是愿意到5千米甚至10千米外的门店消费的。

"小餐饮"的核心逻辑其实就是选址好，"选址定生死"的说法更适合"小餐饮"，因为大部分消费者不愿意去5千米之外的门店吃一碗盖浇饭或一碗麻辣烫，哪怕门店的营销工作做得再好或者流量再大，都很难让消费者有立马去门店消费的冲动。比如经营火锅、烧烤、大排档、烤肉等品类的门店，消费者在看到与门店相关的短视频或者笔记后，是愿意去门店"打卡"消费的，因为这些品类具备较强的社交属性。有的餐饮人可能会问："很多'小餐饮'的位置不是很好，为什么也可以活得很好呢？"

我劝大家千万不要有这种想法，非常危险，这是"幸存者偏差"。在每年的餐饮闭店潮中，倒闭的大多是"小餐饮"，而在这些倒闭的"小餐饮"中，大部分都是因为位置不好而倒闭的，只有极少部分"小餐饮"是因为不好吃而倒闭的。因为十几二十元的"刚需"菜品，从理论上来说，口味既不会非常差，也不会非常好。

"大餐饮"，
选址不好，流量来凑；

"小餐饮"，
选址不好，基本没戏。

第二节　"大餐饮"的营销打法："贾大娘"

餐饮行业的营销实务和其他行业都不一样，我听过很多关于营销的课程，我觉得这些课程的主讲人说得都非常棒。但我非常肯定，他们一定没有自己开过店，因为他们说的内容全是理论，道理都是对的，但就是无法落地。我认为，只有自己开过店才会明白餐饮是一个"即时消费"的行业。

2020年，我受邀在成都讲课。在讲课结束后，我在培训地点附近随便找了一个小餐馆吃饭，叫乐山跷脚牛肉。我当时觉得奇怪，认为消费者第一次看到这个店名的时候都不知道这是卖什么的，我就随便吃点儿吧。我吃了以后感到非常惊讶，因为我一直想做一个能够将中餐做成快餐的产品。有一定经验的餐饮行业的从业人员都知道，中餐是非常难以标准化的，厨师管理很难做好，也无法复制，中餐的餐品品质纯靠厨师的技术。但中餐行业是永不落幕的行业，不管其他行业如何"内卷"，还是有大量消费者需要吃中餐。

当时，我吃完跷脚牛肉以后觉得非常棒，跷脚牛肉的清汤适合全国各地消费者的口味，而爆炒菜品口感丰富，非常下饭。我点了一个爆炒腰花，足足吃了三碗米饭，而爆炒菜品就是提前将原材料腌制好，然后大火爆炒几十秒就能出餐，速度极快。只要你会颠勺，即使没有多少厨师工作经验也能做好这个产品。

我立马找到我的好朋友杨利伟——他是乐山本地人，餐饮技术"大咖"——带我去跷脚牛肉的发源地乐山考察，并且让他帮我解决技术方面的问题。2021年初，我们自创了一个品牌——贾大娘乐山跷脚牛肉。我们第一家店的选址工作耗费了近半年时间，而竞争对手当时已经有10家门店了。

2021年5月，我们的店在上海湖北路开始试营业了，因为有竞争对手在做这个品类，所以我们当时抱着"快打"的目的进行经营。我们于5月1日开始内部试营业，并没有接待任何客户，只是邀请了近1000位达人探店，从5月1日到5月10日，我们花了整整10天才接待完近1000位达人。5月8日，我们让部分达人帮助我们发布宣传视频。

5月11日，我们开始正式对外试营业，上午九点半门店的工作人员到店的时候，已经有很多消费者在门口等位了。"贾大娘"上海湖北路店一共有14张桌子，从5月11日开始每天线上排队的消费者不低于100桌。"贾大娘"上海湖北路店的营业面积为120平方米，每个月计算完折扣以后的实际收入为90万元到96万元，平均每天3万元左右，人均消费额约80元，平均每天每桌翻台14次。午餐时段，我们从上午十点半开始让消费者排队拿号，11点到下午3点营业；晚餐时段，我们从下午四点半开始让消费者排队拿号，下午5点到晚上12点营业，因为产品种类少，爆炒的菜品只有十几种，而且都是快速出品的，所以消费者基本是"干饭人"，来了就直接吃，吃完就结账。

这家小店让我体会到了"梭哈营销"的核心，因为店址位于湖北路，人流量偏少，但属于上海的人民广场商圈，因此在开店之初我的目标就非常明确，用"快打"形式，"快速打爆"，通过线上营销拉流量，用近1000位达人帮我在抖音上进行流量分发。在消费者到店后，我们在门口安排月薪15 000元每天只上班5小时的帅哥提供服务。他的核心工作就是端茶、倒水、送水果，安抚排队的消费者的情绪。我们还在店内单独配了一名机动人员，随时解决消费者在用餐时遇到的问题，让消费者可以方便地找人投诉，并且及时解决问题。通过这些措施，消费者基本上不会给出差评。外部流量做宣发，内部承接住流量，让真实的消费者写真实的评价，形成良性循环。

但是，考虑到当时上海已经有头部品牌，我们就放弃了开拓上海市场的念头，转而设法打开广东市场。

位置不好，必靠营销。一线商圈，二线位置，必须"快打"，开业火爆；"超级内功"，狠抓复购。

广州的"贾大娘"是我做过这么多次营销活动中给我感受最深的门店，让我对餐饮营销有了新的非常深刻的理解。

2021年10月，"贾大娘"在广州的第一家店开业了，营业面积有300平方米，在正佳广场正对面。这家店门口的人流量非常大，甚至可以说有些"浮夸"。

当时，这个店面的转让费是100万元，每个月的房租是22万元，建店成本约为400万元。这个投资额在我们当时开的门店中算是相对较大的。因为这个门店的房租很贵，所以我们的压力非常大。

在试营业期间，我们没有做任何宣传，想测试一下门店的自然流量，让团队快速磨合。结果因为门口的人流量实在太大了，在试营业期间，我们没有做任何促销活动和宣传，但竟然有消费者排队了。第一天试营业，在毫无征兆的情况下就出现"爆店"、排队的情况，让我们非常吃惊。因为后厨没有备货，前厅手忙脚乱，所以这家店在试营业的第一天就有了七八条差评。晚上开会复盘这个情况以后，我们连夜制作易拉宝放在门口限制客流量，这个场景在我们这么多年经营餐厅的过程中从来没有发生过。由此可见，位置对于一个品牌有多么重要。

当时，整个广州没有餐饮企业经营跷脚牛肉这个品类，因此我们这个店是比较稀缺的。我们店的门面和门头都比较大，还没开业就有很多博主在小红书上说很期待，想等这家店营业后前来品尝。

在试营业大概10天之后，我们的团队基本跑通了各项流程，我们开始准备做营销，但是我们又担心投入很多营销资源以后，客流量太大，我们团队承接不了，会让很多消费者给出差评，因此我们当时只花了5万元做营销。我们请了广州当地的腰部小红书博主，将5万元营销费用投放出去，结果第二天的生意就非常火爆，排队的消费者非常多，在大众点评上显示排队叫号在300—400桌。

< 　　贾大娘乐山跷脚牛肉（天河城店）

餐桌类型	等待桌数	预计等待
小桌（1-2人）	449 桌	大于 30 分钟
中桌（3-4人）	219 桌	大于 30 分钟
大桌（5-8人）	49 桌	大于 30 分钟

　　我们当时用了两款产品开展促销活动引爆门店的客流量，一个是超级绵绵冰，另一个是肥肠。超级绵绵冰是一款"颜值"非常高的产品，38元一份，我们店里的绵绵冰基本每天都会卖断货。

　　后来，我们干脆不卖超级绵绵冰了，把超级绵绵冰作为赠品送给消费者，每桌限送一份。只要消费者按照我们推荐的方式拍抖音视频、写小红书笔记，并且在大众点评上发布一条真实的用餐感受，就可以获得一份价值38元的超级绵绵冰。

我们店里的肥肠也是一款"颜值"非常高的产品，在小红书和抖音上的人气很高。肥肠的售价是59元一份，因为肥肠和辣椒的成本非常高，但是这基本上是每桌消费者都会点的产品。

我们把一款算得上桌桌必点的产品做团购，原价为59元一份，秒杀价为9.9元一份，平时售价为19.9元一份，每个账号限购一份，每桌仅限使用一张团购券。也许有很多餐饮人看到这里会不明白为什么我们要拿自己的爆款产品去做团购而且售价这么低。我们当时的想法非常简单，我们就是要给消费者提供具有超高性价比和超高"颜值"的产品，以此实现超高复购率和超大客流量。在正佳广场这么好的商圈这么好的位置，让消费者可以以人均80元的费用吃到非常好的产品，我们发自真心地给消费者提供好的产品和服务。

在肥肠的团购活动推出后，很多消费者被小红书、抖音、大众点评上关于我们店的肥肠的内容"刷屏"了。来我们店的消费者大都是年轻人，他们感觉占了很大的便宜，非常愿意主动分享我们店的信息。我们甚至不需要引导，很多消费者都会自发拍照，然后在社交媒体上分享。广州的"贾大娘"的营业情况让我第一次感受到，在一个好的店址开店，真的只需要适当投入一些费用做营销就能把流量引爆到极致。

2024年，广州和上海的"贾大娘"都已经关闭，这是因为产品不够优秀、我们自身没有好的"内功"，并且在管理方面也不够成熟。这导致"贾大娘"只能成为"网红店"而没能成为"长红店"。

"贾大娘"的经营情况让我对于餐饮行业有了真正的敬畏之心。很多餐饮人认为自己的门店现在生意不好，是因为流量不够或是因为自己营销能力不强。我以前会非常认同这种观点，我曾经认为只要有了流量，门店的生意肯定就会好。但是，"贾大娘"的流量非常大，为什么在经营一年后会逐渐走向倒闭呢？因为"贾大娘"没有"超级内功"，流量只是暂时的，一旦流量下降，而复购率不高的话，最终还是无法避免倒闭的命运。流量只能解决一部分经营方面的问题，而餐饮是一个影响因素非常多、流程非常复杂的"赛道"。我希望通过自己的真实经历给大家敲响警钟。

"贾大娘"上海湖北路店位于一线商圈的二线位置，我们适当运用"价格策略＋梭哈营销"用3个月收回了100万元的投资。我们的打法和策略也证实了成功"爆店"的可能性。"贾大娘"广州店是店址超级好的店，月租金22万元，投资300万元，我们用了10个月收回投资，那是真正的位于核心商圈核心位置的门店。门店位于好的位置，只需要配合好的营销策略，不需要投入太多营销费用就能"爆店"。如果你有"超级内功"，加上一个超好的位置，并且拥有战斗力强大的团队，我相信你的门店一定可以从"网红店"变为"长红店"！

第三节 "小餐饮"的营销打法：
"喜姐炸串"和"三大营南昌水煮"

一、喜姐炸串

作为喜姐炸串的营销顾问，我见证了喜姐炸串这几年的发展。2023年底，喜姐炸串推出新品"生炸大鸡腿"，3个月销量突破1000万份，单品销售额突破1亿元，引领小吃"赛道"掀起"大鸡腿风"。

从2019年在南京新街口开出第一家门店，到如今全国门店突破2000家，喜姐炸串先后推出酱汁臭豆腐、脆皮水磨年糕、喜姐掌中宝、香嫩大里脊、生炸大鸡腿等"爆品"。在这些"爆品"的背后，喜姐炸串做对了哪些事情呢？我们从视觉、产品、营销、组织能力四个方面出发，全面解析喜姐炸串从"网红"到"长红"的品牌发展之路。

1.视觉出圈

（1）产品包装：行走的广告牌。产品的包装和设计是消费者对于品牌的第一印象，"现象级"传播都要依托于消费者自传播。得益于醒目的"国潮风"包装设计，喜姐炸串在第一家店刚开业的时候，就在南京迅速走红，吸引了不少年轻消费者自发"打卡"、拍照、发朋友圈。在大众点评的评论区，很多用户仅仅拍了喜姐炸串的包装，其评论就获得几十万浏览量，最高浏览量达到178万。喜姐炸串在没多少钱做宣发的前期，靠着产品包装设计就获得大量免费流量，让喜姐炸串成为南京"爆火"的炸串品牌。

为了突出设计，喜姐炸串持续在包装设计上下功夫，联动新品及品牌IP^①，对包装进行创新，比如春天的樱花风包装袋、七时吉祥古偶IP手提袋、生炸大鸡腿包装等，通过提高产品"颜值"促进消费者自传播。

（2）门头设计：高品位是流量的敌人。砍掉"高品位"的品牌调性，和大众消费者打成一片。连锁餐饮行业作为大众消费品，招牌"辣眼睛"也没关系，一定要"吸睛"。喜姐炸串的"大红背景+亮白字体"，"简单粗暴"的门头设计非常抢眼。喜姐炸串在最显眼的红色背景上只留下"喜姐炸串"四个字，直接回答"我们是谁？""我们卖什么？"的问题，让消费者看一眼就能明白品牌的特点，最大限度降低消费者认知品牌的难度。

这正是喜姐炸串想要的传播效果，其思路是"好不好看不重要，但招牌一定要亮眼"，要成为"整条街最亮的仔"。门店的形象是免费又极为关键的营销媒介，传播效果比大部分线下广告好。很多餐饮企业的创始人在创业第一步就已经失败了，因为他们只注意了房租、人员工资等显性成本，而忽略

---

① IP（Intellectual Property）原意为"知识产权"，现在已经有所引申，指能够仅凭自身的吸引力，在多个平台上获得流量，进行分发的内容产品。

了餐饮行业最重要的成本：传播成本和品牌记忆成本。

2.超级产品才有超级流量

对于餐饮行业来说，产品永远都是经营的核心，无论包装设计、门头设计如何"吸睛"，要想长久经营下去，产品获得消费者认可才是最重要的。产品是持续获得流量的根本，好的产品是自带流量的。

喜姐炸串通过精选食材保证产品口味，通过"微创新"让产品具备差异化特点，通过供应链集中采购降低产品成本，从而像滚雪球一样形成自身的优势，做出能够让消费者尖叫的产品。

喜姐炸串的第一个"爆款产品"酱汁臭豆腐，选用产自绍兴的白色臭豆腐，与市面上的黑色臭豆腐区分开，加上每天现熬的酱汁，深受消费者喜爱，全国门店一天能卖出10多万份。

喜姐炸串2023年度的"爆款产品"生炸大鸡腿，售价仅为9.9元，一推出就引爆市场，中间数次断货，在短短3个月内，全渠道销量超过1000万份，单品销售额超过1亿元。生炸大鸡腿销售如此火爆的原因就是喜姐炸串顺应市场变化，把握住了消费者的需求。

在消费者追求性价比的当下，提高产品的价格竞争力，企业才有更多机会突围。想要做到低价高质，最重要的两点就是做好供应链管理和规模化发展，稳定且标准化的供应链可以帮助企业控制成本，而门店规模化发展则能提高销量，这是连锁餐饮行业中马太效应的真实写照。

　　"爆款产品"是连锁品牌生存发展的基础，消费者对一款产品总会有"审美疲劳"的时候，这就倒逼品牌拥有持续推出"爆款产品"的能力，才能持续获得消费者的喜爱。喜姐炸串通过组建超过50人的产品研发部，让30位产品经理开发产品，以"赛马机制"保证能够持续推出"爆款产品"。

　　3.营销：把握新渠道，探索新玩法，创作新内容

　　每一次流量平台更迭都是一次可以抓住"流量红利"的机会。从大众点评到抖音、小红书，喜姐炸串精准抓住了流量平台每一次更迭带来的"流量红利"，探索新玩法，创作新内容，讲好品牌故事。

　　以抖音渠道为例，喜姐炸串以内容营销为中心，刺激用户到店"打卡"、分享和裂变。

　　（1）扩大声量：头部达人"种草"、测评，提升品牌知名度和影响力。喜姐炸串与头部"网红"联动，通过"种草"提升品牌知名度和影响力。比如喜姐炸串在推出炸串盲盒新品时，邀请抖音粉丝超千万的艺人@小辣李嘉琦做新品开箱测评，后来喜姐炸串还邀请她担任代言人，把她欢乐、喜庆的形象与品牌进行关联。

　　在推广新品时，喜姐炸串联系梅尼耶、猴哥说车、痞幼、密子君等抖音头部"网红"，分别以剧情和新品测评的方式帮喜姐炸串"种草"。

　　（2）引流至门店：靠 KOC（Key Opinion Consumer，关键意见消费者）探店引流，展现真实场景。在邀请头部达人"种草"、测评后，喜姐炸串请 KOC探店，让消费者通过尾部"网红"和"素人"的视角了解门店，并刺激用户主动"打卡"、分享，实现裂变。

　　在抖音和小红书上，与喜姐炸串相关的短视

频和图文数量众多，小红书上带标签的笔记就超过 1 万篇，抖音相关话题的播放量超过15.8亿次。

（3）成交转化：直播变现。KOL "种草"+KOC "探店"的方式主要是让用户感兴趣，有到门店消费的欲望。有了这些流量后，喜姐炸串的变现动作主要靠"直播+团购"的方式吸引消费者线上购券、线下消费。

2022年，喜姐炸串在三周年庆之际开启了在抖音的第一场直播，标志着喜姐炸串正式入驻抖音平台。此后的一年时间里，基于产品和供应链方面的优势，喜姐炸串携手抖音生活服务平台，优化线上货盘，通过内容运营打造产品社交力，引爆消费者的关注力；依托平台IP资源，实现产品和多元消费场景绑定，将产品深度植入消费者的心智中；整合线上线下资源，打造"开学季""一起来看喜姐杯""一日店长""春日躺营季""就是要红，就是要炸"等创新直播间，且随着用户兴趣变化不断迭代直播玩法，成功实现"产品—内容—转化"的经营链路。以线上流量增长带动整体经营规模扩张，不仅单品"破圈"，品牌发展也是一路"喜事开花"！喜姐炸串四周年庆直播活动累计曝光超过3555万次，GMV[①]超过2000万元。

餐饮在本质上是一门流量生意，过去人们更关注"黄金地段"带来的集中性的线下流量，而现在线下用户的流量开始往线上迁移，并且是分散在各个互联网平台的。这就意味着以往靠一篇公众号文章、一篇探店笔记，让某位探店达人去店里拍一些视频并发布，餐饮商户就可以"长红"的单一的营销方式已经过时了。如今是全渠道营销，从小红书"种草"到大众点评"信任背书"，再到抖音的本地生活，餐饮商户全部要做。

4.组织能力：企业的核心竞争力

企业之间的竞争在本质上都是组织能力的竞争，一切创意、方案的制定

---

① GMV（Gross Merchandise Volume，商品交易总额）意为（一定时间段内）成交总额，包括未付款订单和已取消订单的金额，多用于电商行业。

与执行工作都是由具体的人完成的。对于连锁餐饮企业来说，人才管理主要包括三个方面：一是总部的人才培养机制；二是挑选合格的加盟商；三是门店的人才培养机制。

喜姐炸串通过不断打磨完善的单店盈利模型，把门店的运营流程做到足够简单，通过转战线上平台运营，复杂且专业的事情由总部统一运营处理，门店只负责做好基础的接待和客户关系维护工作，解决挑选合格加盟商的问题，让"小白"也能轻松上手。

一般来说，加盟连锁品牌的运营人员和门店的比例是1：10，而喜姐炸串的运营人员高达600人，全国门店数量为2000多家，比例达到远超行业平均水平的约1：3.5。

在产品端，前文已经介绍了喜姐炸串的产品研发机制，这保证了喜姐炸串拥有持续产出"爆款产品"的组织力。

在运营端，喜姐炸串在全国设立3个大区、11家分公司，运营队伍就近"赋能"门店管理，保证每一场线下活动完美执行和落地。

在数字化端，喜姐炸串在2022年搭建了50人的数字化队伍，打造专属喜姐炸串的数字化工具——喜管家，一站式解决加盟商的"全（加盟）生命周期管理"。在加盟商"全（加盟）生命周期管理"的基础上，喜姐炸串相继进行消费者"全（消费）生命周期管理"和内部员工"全（职业）生命周期管理"，最终通过系统管理大部分业务，让人与系统合一。

纵观喜姐炸串的品牌发展之路，虽然喜姐炸串是传统线下炸串品类的餐饮企业，但从流量入口到产品研发再到组织能力打造，喜姐炸串其实是在做同一件事——品牌数字化，以数字化营销为切入点，从消费场景、流量拓展、用户挖掘等维度，建立深层次的与消费者的情感连接，提升品牌整体价值。

二、三大营南昌水煮

2020年，我感受到了"地域性"餐饮品类的机会，越来越多餐饮品牌公司开始深入挖掘全国各地地域性餐饮品类，然后在一线城市经营这些品类。我当时头脑一热就想到了"南昌水煮"。"南昌水煮"有很好的视觉呈现形式，符合现在的流量传播的要求。"南昌水煮"其实就是麻辣烫的另外一种形式。麻辣烫是大品类，全国各地的消费者都喜欢吃，因此我坚定地认为"南昌水煮"肯定可以火起来。

不过，这个项目的运营过程非常曲折，我们在2021年12月找到了上海人民广场商圈福州路上一个营业面积有70平方米的门店，转让费用为40万元，建店成本为100万元。就在我们准备大干一场的时候，上海加强了封控措施，人民广场商圈的人气一直到2022年七八月份还没完全缓过来。我们再三犹豫之后还是决定放弃这个门店。100万元的投资打水漂了。随后，我们在杭州开出第一家"三大营南昌水煮"，杭州店的位置并不是特别好，杭州店的定位比较接近于社区店。我们在建店的时候经过分析认为，"南昌水煮"

是一个绝大多数消费者没有听过的品类，我们店的客单价只有30—40元，门店的营业面积只有40平方米，因此我们未来不可能投入太多营销费用，如何促进自传播是我们营销的重点。我们梳理出自传播的三个核心：

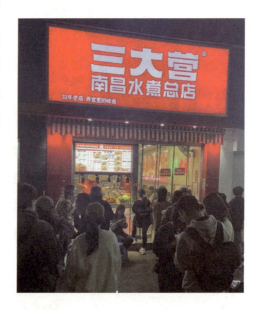

一是"明档视觉"；

二是辣；

三是产品多元化。

1."明档视觉"

我们把产品操作台布置在店门口，通过明档的形式展现操作过程，把门店的产品摆满、叠高，通过视觉呈现的方式展现产品卖点。"三大营南昌水煮"开在社区商圈，开业时就投入了3万元营销费用，40平方米的门店，20把凳子，客单价在40元左右，每天消费者都需要排队1小时以上才能用餐，每天实际营业收入在1万元左右。这种状态持续了半年以上，效果非常好。我们发现，在开业后通过短视频平台达人给我们拍"堆满"食材的场景，产生的流量非常大，因为很多人没有见过这种呈现形式。消费者对于"新奇特"的产品和呈现形式有巨大的兴趣，这就提升了短视频停留时间和评论、转发、互动数量，甚至有很多"大V"自己花钱来"打卡"。与"大餐饮"相比，"小餐饮"在营销方面是弱势群体，因为快餐的核心就是"刚需"，没有太多社交场景，所以"小餐饮"的流量打法最重要的一点就是"视觉呈现"。我们应当设法让"大V"通过短视频宣传形成"爆店"，再通过消费者随手拍摄，就可以促进自传播，进而形成源源不断的流量。

2.辣

我们可以把辣理解为"口感卖点"或"重口味"。从流量的角度来看，产品必须有成瘾性，必须有"爽"感，消费者在到店消费后必须有"写评价的关键词"或者是拍短视频的"素材"。但是很多餐饮店没有向消费者提供这些传播点，那么消费者吃完后感觉平平，只有所谓"好吃"，缺少流量话题，怎么会有自传播呢？

3.产品多元化

有很多出过大单品的头部品牌在2024年开始在大单品上做加法。无论是从易于操作的角度来看，还是从高效率出餐的角度来看，或是从控制成本的角度来看，大单品都有巨大的优势。可是现在的消费者就是"渣男"，他们"既要又要还要"。"小餐饮"提供多元化的产品，从经营的角度上来看，这给消费者提供了更多选择，并带来更稳定的复购率；从流量的角度上来看，每个新品都可以成为引爆流量的"导火线"！

"三大营南昌水煮"最终开了近60家店，在2023年下半年结束。从品牌连锁经营的角度看这个项目是失败的，但是从营销的角度看这个项目是成功的。我希望大家能够借鉴这个项目的优点，避开这个项目犯下的错误。"三大营南昌水煮"这个项目也给我上了非常生动的一课，让我知道应当对餐饮行业有敬畏心，苦练基本功，营销只是餐饮品牌成功的一个因素而已。

第四节 "新奇特"的"网红"产品

从2024年开始，餐饮行业出现"产品同质化"的现象。随着"短视频时代"开始，餐饮行业内部"信息差"越来越小。餐饮人以前可以靠好看的甜品、风味独特的小吃、"新奇特"造型的产品吸引流量或者作为新产品重点宣传，但是随着供应链越来越成熟、体系化，短视频流量透明化，大家的新产品都变得"透明"了。自己刚刚研发了一款有可能成为"爆款"的新产品，刚刚找达人、博主在短视频平台推广，但没过几天就发现很多同行都推出了这款产品，本想通过这款产品投流，实现"爆店"，现在大家都推出同质化的产品，产品没有稀缺性，也就没有流量价值了，这应该怎么办？

我给大家的建议是：一借二改三优化。如果你的公司是一家非常成熟的公司，有自己的研发部门，我建议你一旦研发出新产品，一定要让所有门店在同一时间推出新产品，公司快速投入大量资源进行营销，以大流量形成压倒性优势。这时，就算有其他品牌借鉴、模仿你的新产品，消费者也会认为你的新产品是正宗的。如果你不能通过营销告诉消费者你的新产品的话，基本上你的新产品就会变成别人获取流量的利器。甚至会有消费者误以为你研发的新产品是别人先研发出来的，因为你的新产品没什么流量、传播范围小，消费者的想法很简单：谁家的产品火爆谁家就是正宗的。

如果你的公司没有非常好的研发体系和研发能力，我建议你先借鉴别人的优秀产品。

借鉴其他城市的火爆产品，借鉴茶饮行业的火爆产品！

我们公司新媒体部门每周一上午是不处理日常工作的，从9点到11点，每个人都要用两个小时发掘小红书、大众点评、抖音、B站等平台上"新奇特"的产品或者点赞量非常高的产品，每个人都要找3—5款，并且做一个基础讲解，然后大家一起投票，选出2—3款"颜值"高、易传播、好操作的产品，然后把信息给我们的合作门店，让他们根据自己门店的实际情况决定是否上这些新款产品。

烤冰激凌的成本只有3元左右，操作简单，"颜值"高，特别受女性消费者喜爱。

冰糖葫芦的成本只有3—4元，可以提前批量做好。商户可以请消费者在朋友圈或者抖音分享商户的信息，或者在大众点评上收藏、"打卡"，然后赠送消费者一串冰糖葫芦。消费者喜欢这种不太常见的产品，会愿意主动给商户在大众点评上写评价、拍抖音视频等，进行一系列自传播操作。我们只需要付出几元的成本就能提升消费者对我们的好感，还能收获一条真实的评价或者短视频，真是一举两得。

❤️ 1.1万　⭐ 6528　💬 991

在春夏季节，我们推荐商户将"高颜值"、低成本的冰粉作为给消费者的赠品。

在秋冬季节，我们推荐商户将烤梨作为给消费者的赠品。

这些产品都是成本低、操作简单、具备烟火气，并且"颜值"和价值都很高的产品。同样成本都是3元左右，这比我们送给消费者一瓶矿泉水效果好多了。当我们想让消费者写出真实的评价的时候，这一招一定会有非常好的效果。

我认为，餐饮企业借鉴茶饮行业的产品其实效果往往更好、见效更快。现在，餐饮行业的营销水平大概是茶饮行业5年前的营销水平。中国诞生了很多茶饮巨头，他们对"颜值"的把控能力是非常强的，很多茶饮新品一面世就遭到疯抢，这离不开茶饮行业人员对于消费者的了解。特别是大品牌茶饮企业在推出一款新产品后，就会投放大量广告进行宣传，让广大消费者知道新产品，并且成功做好了"消费者教育"工作。如果你今天苦于没有可以吸引消费者的新产品，那你一定要记住一个词语：借势。

别人已经把这款产品的"消费者教育"工作做好了，并且这款产品的热度已经被炒起来了，很多消费者会排队购买这款产品。但是，只要消费者来我们店吃一顿火锅，我们就可以送一杯现在最流行、最火爆的奶茶。奶茶店是靠奶茶获利的，而如果我们经营的品类是中餐、烤肉、火锅、大排档等这样的"大餐饮"，我们完全有送一杯奶茶（大部分奶茶的成本在5—7元）的利润空间。这相当于我们花了几元就满足了消费者求新的心理，消费者自然会愿意帮助我们写出真实评价，或者发自真心帮助我们拍短视频等。奶茶店靠售卖这款"爆品"奶茶获利，我们则依靠这款奶茶给消费者提供舒心的体验，然后帮我们进行引流和传播。可能有很多人会问：消费者这样做是不是在给奶茶店做广告呢？其实，消费者的思维方式和商家的思维方式是不一样的，消费者的思维方式是：不管这款产品是谁研发的，也不管你提供的产品是不是正宗的，只要对消费者有利，那么在消费者眼中，你就是最好的。

第五节　场景化设计+"新奇特"产品+"超级内功"= 无限自然流量

　　近年来，餐饮人经常说"卷"，为什么大家都会感觉"卷"呢？因为做餐饮的人多了，"红利时代"结束了，以前躺着就能赚钱的时代已经一去不复返了。越来越多其他行业的优秀人才加入餐饮行业，他们让餐饮行业的"内卷"程度不断提高。

　　我有一个朋友，之前是设计师，设计了很多杰出的作品。他说现在设计行业很难做，他此前看了很多行业，觉得餐饮行业门槛低、从业人员水平低，有比较好的现金流，因此他决定进军餐饮行业。他的餐饮店开在上海，设计效果非常令人震撼，单店的投资额很大，据说那家店用的流星雨玻璃就价值近百万元。他本以为开在热闹的地方加上震撼人心的设计效果，他的店的生意一定能持续火爆，"秒杀"那些环境很差的餐饮店。

　　我再次见到他是半年后了，我询问他门店的情况，他说他的店开业三个月后就关掉了，装修耗费近千万元，连客户喝水的杯子都是定制的几百元一个的，在最后倒闭的时候，店里的物品都被作为废品卖给回收站了。我问他亏损后有什么收获，他告诉我开餐馆太麻烦了，流程太复杂、环节太多等一些无关紧要的问题。在我看来，他虽然交了近千万元的"学费"，但是依旧没有充分认识餐饮的本质。餐饮最核心的因素就是"吃"，在消费者吃得满意的情况下，如果餐饮店有好的场景或者是优惠的价格，那就能提升消费者对餐饮店的好感。很多有其他行业从业经历的人刚开始做餐饮的时候，往往认为餐饮行业从业者水平低，但他们往往会因为没有充分认识餐饮的本质而遭遇惨败。

通过这个案例，我想表达的是，场景只是消费者选择某家餐饮店的次要因素。

我有个学员，他曾经抓住了利用互联网做餐饮营销的"红利"。他的门店开在重庆，在2019—2022年经营得顺风顺水，他的秘诀就是不断研发"高颜值"新品，不断用短视频吸引消费者。重庆是全国排名靠前的旅游目的地，他们做好源源不断的游客的生意就行了。2023年，他所有门店的营业额都暴跌。我和他一起分析原因，主要有两点：一是短视频"红利"消失了，以前做短视频营销的人不多，现在大家都布局短视频营销，新增流量越来越少，竞争越来越激烈，而他在这方面并没有过人之处；二是他的店只有"网红爆品"，几乎没什么老客户。在有"流量红利"的时候，他曾说过，新客户很多，他们根本忙不过来，不需要老客户。如果他的门店的经营思路没有重大调整，我估计他的门店的未来经营情况并不乐观。

我前段时间去了一趟乐山，有一个朋友的朋友开了一家川菜店。那家店装修得破破烂烂，估计是自己的房子，门店的位置也很偏僻。我本来没有抱太大期望，可是吃完后，真的非常震惊，我很久没有吃过这么好吃的菜品了。我和老板夫妻聊了聊，老板做餐饮已经有20多年了，是资深厨师，以前在大型连锁餐饮企业工作，现在年纪大了，想回老家创业。他们开这个店已经三年了，本想凭着自己好的手艺，用时间换空间，慢慢做，想着时间长了就能积累很多老客户。他们不会做营销，只会做菜，但凡有一丁点儿瑕疵的食材他们都不用，真正以工匠精神经营这家店。可是这家店已经开业三年了，老板这三年基本没挣钱，主要原因就是客户不够多。现在他们已经熬了三年，基本是靠老客户带新客户来用餐，想挣钱的话估计还得再熬三年。

我相信与上述故事类似的情况每天都在发生，如何在2024年后开一家赚钱的店呢？有没有成功概率更高、机会更大的方法呢？答案是有的，"内卷"日益严重的情况促使餐饮人不断进步，也倒逼餐饮人更加全能。现在，做餐饮大概率成功的策略就应该是"好'内功'＋好场景＋好'爆品'"，好的"内功"可以解决复购率不高的问题，好的场景、好的"爆品"可以解决流量不够大的问题。

在深圳有一家店非常厉害，我个人认为这家店在2024年一定是全国火锅的标杆，它就是"长安亭院重庆火锅"。长安亭院重庆火锅打造了一个唐朝风情的场景，让消费者化古妆、穿唐朝风格的衣服吃火锅，让消费者更有代入感。身临其境的感觉让消费者主动拍照、拍短视频进行自传播，从而解决了流量问题，再加上好的产品呈现形式、好的摆盘造型、好的"内功"，让消费者消费得很"爽"。长安亭院重庆火锅在深圳这个竞争非常激烈的市场上不花一分推广费，在试营业期间就做到了大众点评星级达到五星，位居深圳全城美食热门榜第一名。

现在，在餐饮行业，单维度的竞争已经无法取得优势了。如果你只会通过营销获取流量，而不会通过持续迭代进行产品升级，也没有好的"内功"，你的复购率就不会高，就算你可以持续吸引新客户，但也终将面临流量下降的情况。因此，在未来取得成功的餐饮人一定是多维度、复合型的餐饮人。

第六节　餐饮新店开业的营销方案

"打透！打透！打透！"我在与餐饮人交流的时候，经常说"打透"这个词。从2024年开始，如果一家餐饮企业没有做到"打透"，那么这家企业的经营将面临一系列问题，需要持续做营销，不断和新店、老店一起"卷"，就是因为没做到"打透"。

"打透"一个城市，
"打透"一个平台！

当你"打透"了一个城市以后，你不需要投入太多资源做营销，消费者也能想起你来。成都有个品牌叫"五里关"，值得很多餐饮人学习借鉴。在成都这么"卷"的城市，做的又是火锅这么"卷"的"赛道"，可是"五里关"在短短四年内就成为成都"现象级"的火锅品牌，这是为什么呢？今天，在成都，其他火锅店的势能和生意都很难超越"五里关"，这是为什么呢？

当你门店数量不足以"打透"一个城市的时候，我建议你先打透一个平台。如果你是单店或者小型连锁餐饮企业，你要找到你的目标客户习惯使用的平台，让你的目标客户只要打开这个平台就能看到你的品牌，并且"重复、重复、再重复"，坚持半年以上，你才可以让你的品牌深入消费者心中。目前国内主流的餐饮营销平台是美团、大众点评、抖音、小红书，这些平台都有对应的使用人群以及地域情况。

一、大众点评的营销方案

在一二线城市，我建议餐饮企业的营销工作应该以大众点评为核心。有16个重点城市的消费者经常使用大众点评搜索与餐饮相关的信息，这些城市大众点评的用户活跃度比较高，如果你在这16个城市经营餐饮企业，一定要以大众点评为核心开展营销工作。这16个城市是：上海、北京、广州、杭州、成都、深圳、苏州、南京、重庆、西安、长沙、天津、三亚、厦门、武汉和无锡。

如果你在这16个城市开店，可以以大众点评为核心、其他平台为辅助，开展营销宣传工作。"大众点评"这个名字就已经说明这个平台是以真实评价为中心的，因此商户评分级别高、评价数量多是非常重要的。在商户的评分级别高、评价数量多以后，商户需要让更多消费者看见自己。

大众点评有一个商户的排名顺序（无法付费购买），就是热门榜。这个榜单非常重要，"点评商家千千万，只火热门那几家"，我们由此可知热门榜的含金量了。我们可以把热门榜单理解为商户排名，商户的热度越高排名就越高。在商户排名高了以后，如果商户评分级别高、评价数量多，消费者就愿意去消费，这样就会形成良性循环。大众点评的热门榜主要根据商户近期综合流量以及商户质量进行排序，影响热门榜最重要的三个核心因子是：

访客量、
交易量、
评价量。

在大众点评做营销，想要做到"打透"，需要做好以下六点。

"打透"大众点评的
具体落地方法论

第一，大众点评的"霸王餐"。商户做大众点评的"霸王餐"的核心目的是累积评价数量。当商户的评价数量积累到一定数量以后，消费者对商户的信任度就会提高。在两家商户各方面情况差不多的情况下，一家商户的评价数量是1000多条，另外一家商户的评价数量是5000多条，如果你是准备用餐的消费者，你会去哪家商户消费呢？

商户积累的评价数量是未来线上营销的一个壁垒，因为不管多么厉害的品牌都是从0开始累积评价数量的，而现在积累评价数量的难度越来越大。商户想要快速提高评价数量，最好的方法就是做大众点评的"霸王餐"。大众点评的"霸王餐"并不能帮助商户提升星级或评分，体验了"霸王餐"的消费者也不是一定会给商户好评的。如果体验"霸王餐"的消费者到店后并没有享受到好的服务，他们也会在免费吃了一顿饭以后给商户写一条真实的差评。这就是大众点评的特殊之处，这倒逼商户需要发自真心地给这些体验"霸王餐"的消费者提供好的产品和服务，让这些消费者给商户写出真实的评价。商户需要对自身的承接能力进行评估，确定做"霸王餐"的数量。

第二，大众点评的"笔记"。"笔记"就是用户打开大众点评后，看到的首页推荐的内容。笔记的内容是大众点评的核心竞争力之一，这是大众点评区别于其他平台的核心：垂直内容去中心化。大众点评还有一个功能对于增加笔记的流量可以起到辅助作用，那就是"高级推广通"。高级推广通是美团推出的整合平台大流量资源位，满足商户多场景营销玩法的广告产品。商户可以通过高级推广通投放营销费用，快速获得流量，实现品效合一。商户可以选择优质的笔记设置"场景精选"，根据推广目的精选大众点评的资源位，在门店3—9千米范围内进行投放，人群可以设置为"智选人群"或"自定义人群"，按照点击出价计费。商户一般可以同时设置两个推广计划，并且每个计划中包含2—5份笔记。在推广一天后，商户可以查看计划内的笔记推广情况，主要查看点击率的数据。一般来说，点击率在9%左右的笔记是合格的，在15%以上就算是优秀的了。如果笔记的点击率低于9%，商户就应该停止推广，替换笔记，按照"赛马机制"进行测试。在一周后，一个计划的笔记负责稳定吸引流量，另一个计划的笔记进行更新、迭代。关于大众点评的"笔记"，详见第81页的"专栏"。

第三，"橙V"折扣促销活动。大众点评有一种折扣促销活动，要参加活动的用户必须是大众点评的VIP，而用户想要成为大众点评的VIP，就必须每个月写4篇优质长文评价，因此大众点评的VIP基本上都是大众点评的资深玩家，做"橙V"折扣促销活动的核心目的就是让这些资深玩家来门店进行评价从而解决评价数量不足和质量不高的问题。

第四，奖罚机制。大部分传统餐饮人认为奖罚机制的核心指标是营业额、利润、工作时长等。但是在当今的互联网时代，餐饮企业管理者必须结合线上的实际情况考核团队的业绩，人会骗人，但是数据不会。大部分餐饮老板无法利用大众点评做出好的业绩的主要原因是思维没有转变。所有的方法论都不是餐饮企业经营的重点，餐饮企业经营最重要的因素是产品和服务。消费者今天到店用餐后很开心就愿意给商户写评价，帮商户做传播，让消费者发自真心感到满意是餐饮企业的根本目标。大众点评上关于商户的评价可以帮助餐饮人了解消费者的满意度。消费者给出的差评可以让我们反思，消费者找到我们的不足之处可以提醒我们及时改进，消费者给出的好评可以让我们更有动力做好产品和服务。好的奖罚机制可以激励店长、后厨、服务员、前台，大家拧成一股绳，齐心协力一起干，差的奖罚机制不仅无法落地，还会让大家推脱责任，比如服务员认为消费者不愿意写评价自己也没办法、后厨出餐太慢和自己没关系等。

具体奖惩制度可以参考第28页和第29页的相关内容。

第五，常规营销活动，包括常规的套餐，代金券，买单折扣，收藏、"打卡"赠小礼物等。

第六，付费推广。大众点评有一款面向商户的产品叫"推广通"，我强烈建议餐饮商户使用"推广通"，但是请不要认为付费推广就一定有生意，因为付费推广和生意好这两件事之间没有必然联系。曾经有一位我认识的做餐饮的"土豪"大哥，以为只要花钱就能解决问题，每天投入超过5000元做推广，但是他的店每天的营业额还不到1000元，这就是浪费钱。付费推广一定是在做好了上述五点以后再做的，"推广通"仅仅能起到锦上添花的效果。

在做好了以上六点之后，不管你在哪个城市开餐饮店，基本可以把大众点评"打透"。这六点可以帮助商户提升大众点评平台评价商户的核心指标：访客量、交易量和评价量。如果你有长期主义的精神并且执行力很强、目标坚定，那么我建议你把简单的事情重复做。其实"打透"一个平台并没有所谓的"惊天地，泣鬼神"的营销方案，就是把所有小事重复做好，这样你就能持续在这个平台上享受巨大"红利"了。

二、美团的营销方案

虽然美团和大众点评已经合并成为一家公司了，但这是两个不同的平台，营销方法不同，用户群体也不同。美团的用户群体主要来自"下沉市场"，也就是三四五线城市和县级市等，比如浙江诸暨、江西九江、江苏丹阳、贵州安顺等地。很多餐饮企业经营者会犯一个巨大的错误，在以美团的用户群体为主的城市经营门店，不在美团上发力做营销，而在大众点评上做营销，然后抱怨做营销没效果，这就是对平台的属性不了解。每个平台的用户群体不同，我们应该顺应平台的调性，而不要简单认为大众点评和美团是一家公司，千万不要认为随便在其中一个平台上做营销就一定有效果。这是一家公司的两个不同的平台！

美团比大众点评操作更加简单，也会更快有效果。因为美团拥有庞大的用户群体，你只要花一些心思做营销就能立即取得成果。在美团上做营销，餐饮企业经营者需要了解以下三个板块。

第一，团购。"美团"的名字已经告诉我们，这是一个以团购为主的平台。我建议大家合理优化自己的团购产品，尽量通过平台进行交易，给平台创造高交易额。团购可以分成单人餐、双人餐、四人餐和单品等。美团有一个人气榜，这是一个很重要的榜单，是根据商户上周的套餐、代金券以及商家券包的总销量评选出来的，人工无法干预。商户只能通过高销量、高核销量来提升排名。商户在这个榜单排名靠前的话，曝光度能够得到一定提升。

第二，评价。消费者在团购后，商户可以请消费者给出真实的建议、给商户留下真实的评价，因此商户需要有好的奖罚机制，发自真心服务消费者，让消费者留下真实体验后的评价。美团有一个好评榜，根据商户上周与评价相关的指标综合计算，评选出上榜的商户。我们可以将其理解为在一周中，哪家商户的好评数量最多、评价质量最高，谁的排名就最靠前。因此，餐饮企业经营者需要靠奖罚机制，让门店店长、服务员等工作人员发自真心重视消费者的真实评价。

第三，推广。美团的推广工作相对简单，最核心的就是"推广通"这款产品。商户只需要根据自身的实际情况调整"推广通"即可。我建议餐饮企业经营者去自己所在城市美团人气榜排名第一的商户感受一下，看看生意好不好，大概有多少订单是来自美团的。如果竞争对手从美团获取的订单比较多，那就说明你所在的城市使用美团的消费者比较多。你要先优化好自己的团购和评价体系，等自己各方面的数据都比较好，能够让消费者愿意购买商户的团购产品后，你就可以通过每周订单数量测算投入多少费用做"推广通"比较合适。我建议商户可以拿出周营业额的6%—8%投放"推广通"。投放"推广通"的原理也非常简单，商户只要在用餐时段出价，哪家商户出的价格高，哪家商户就"可能"排在最前面，被消费者优先看见。商户可以根据投入费用的走势图评估自己的出价是否合适：如果商户的预算是200元2小时，走势图显示商户在10分钟内就花完了200元，那就说明商户的出价偏高了；如果走势图显示200元在2小时内还没花完，那就说明商户的出价偏低了。商户在刚开始使用"推广通"的时候需要根据走势图的情况调整出价，等找到合适的出价后就不需要经常关注走势图了。

美团的营销工作可以理解为"双排名+付费"，当商户在人气榜和好评榜同时位居前列的时候，如果再加上"推广通"让消费者能够优先看到商户，排名第一的商户就会占据整个城市的50%以上的流量。这就是那么多餐饮企业经营者希望自己的商户排名靠前的原因。如果排名靠前就可以不投入太多费用做"推广通"，就相当于商户有一件宝贝。投入费用做"推广通"可以让商户得到大量曝光机会，而商户自己的宝贝就是"内功"，如果商户的"内功"不好让更多人知道了则会起到相反的作用。

三、短视频平台

在2024年以前，新开业的餐饮店把大众点评和美团两个平台上的营销工作做好，生意肯定会非常好。可是在2024年以后，餐饮行业的竞争会更加激烈，你在做营销的同时竞争对手也在做营销，如何通过更加稳妥的方式让自己的门店生意更好呢？答案就是"全域流量"。以前，商户只需要单点突破把某个平台上的营销工作做到极致就可以了。现在是"内卷时代"，商户应该在各个平台出击，哪里有流量，商户就要去哪里，消费者在哪里，品牌就应该出现在哪里。餐饮商户未来营业额的组成一定是多元化的。美团和大众点评是具有较强目的性的平台，消费者往往在准备吃饭的时候才会使用。2024年，社交媒体已经全面视频化了，短视频对于营销的作用越来越重要。虽然短视频目前在推送时还不够精准，但是它的流量更大，有更大的想象空间。

针对餐饮新店的营销打法，一般商家使用抖音进行推广的方式主要为以下两种：第一，找达人拍摄视频；第二，自己做IP拍摄视频。

从确定性的角度来说，我不建议商家自己做IP（准备许可加盟店的品牌除外），餐饮企业经营者应该把时间、精力用于研发产品、企业管理、组织搭建，做流量这件事情相对简单，拍摄优秀的短视频的核心其实就是找优质的达人拍摄优质的商户。我们只需要花钱就能找到优质的达人，而创始人亲自写剧本、拍短视频等需要花费大量时间，导致很多人忽视了产品和管理。

找达人拍摄，大体可以分为以下四种。

第一，找本地餐饮达人拍摄；

第二，找本地带货达人拍摄；

第三，找外地餐饮达人拍摄；

第四，找外地流量达人拍摄。

做营销推广之前，我们一定要问自己：我做营销推广的目的是什么？

目的不同，打法不同。
多问自己，想要什么。

如果你要在全国范围内快速"出圈"，让自己快速成为全国头部品牌，然后招加盟商，你就要快速造势。如果你的目的是这个，那么你就不要选择某一个平台做重点营销，而是要在所有平台邀请可以邀请到的全部达人，尽快投入所有资源做营销，争取把所有平台都"打透"。因为你要快速成为全国头部品牌，你就需要用"梭哈"的方式做营销，用大量资源抄近路、换时间。否则，你的竞争对手在餐饮领域深耕了十几年，你凭什么能在短期之内超越竞争对手呢？

如果你要做地域品牌，提升曝光度，那么你在前期可以不追求盈利，而是等后期再赚钱。在开业之初，你需要快速在当地"破圈"，建立一定的知名度。那么，你可以先找本地优质的博主（达人）拍摄视频，获取流量。在本地优质博主拍摄的视频发布后，如果你还有营销预算，你可以联系周边城市的优质餐饮博主，千万不要认为外地博主的粉丝都是外地的，来你所在的城市拍摄视频没什么用。这是一个错误的理念，原因有以下三点。

第一，短视频中包括地址和门店的信息，就会有一定本地流量推荐，平台会主动将短视频推荐给一些用户。

第二，短视频平台的核心是找到能够创造优质内容博主拍摄优质的内容，博主帮助商户创作好的内容是最关键的。

第三，你可以通过付费购买流量的方式解决本地流量不足的问题。你的投流的范围可以是你的门店6千米以内或者是你所在的城市，这样你的门店的信息就能被更多人看见。

如果你开店就是为了赚钱，你只想做一家利润高的单店，在短期之内没有其他想法，并且你的预算有限，无法承担高昂的营销费用，希望能有四两拨千斤的效果，那么你应该选择"价格策略+达人投放"。价格策略不是打价格战，不是低价策略，而是快速"爆店"、快速"爆破"的最有效的辅助手段。中国人做生意追求红红火火的场面，如果你的门店刚开业生意就很好，路过的消费者和周边小区的居民就都想去尝鲜，大家都喜欢热闹的场景。如果你的门店开业以后生意冷冷清清，哪怕你做的菜品味道很好，也会有消费者心存疑虑，思考为什么这家店开业以后没什么生意。但因为你的营销预算并不那么充足，不可能在很多宣传渠道做宣传。有很多理论派的"专家"在这个时候会说，营销不一定要花钱才有效果，有很多店没有那么多预算，他们的生意也很火爆，用钱砸出来的流量没什么，用最少的费用获得最好的效果才是营销高手。但是如果你真的开过店，只聊实战不聊理论的话，你就会发现，自古以来以少胜多需要天时地利人和，是概率极小的事情。难道我们开店要以"赌"的心态或者"靠运气"经营吗？在竞争如此激烈的餐饮市场，我们必须把握"确定性"，而一家新店最具性价比的营销方式就是在开业时采用价格策略，利用优惠套餐和活动吸引"看热闹"的消费者。"看热闹"的消费者多了，门店生意红火起来以后就可以吸引那些"走过路过"的真正可以带来利润的消费者了。我们要知道，做餐饮生意不可能在每一桌消费者身上都赚钱。特别是一家新店，没有积累，凭什么一开业就火，难道就凭你的菜品味道好吗？难道其他店的菜品味道不好吗？被价格策略吸引的部分消费者有可能觉得菜品味道好，以后在没有优惠的情况下也来消费。那些以后不会再来的消费者也给你创造了你想要的"热闹场景"。在你的门店有"热闹场景"的前提下，你再邀请达人探店，投入少量费用投流，就可以达到最佳效果了！

专栏　大众点评的"笔记"

○笔记的推送机制

　　大众点评的笔记是有流量池系统的，与小红书的流量池系统类似，主要根据笔记的互动情况评估是否要逐步给笔记增加更多大众点评的平台流量。大众点评会给一篇新的笔记一定初始流量，比如先推送给1000位用户，如果在这个基础上，笔记的互动情况比较好，有较多用户互动行为，那么大众点评的流量池就会给这篇笔记投放下一级流量池的流量，比如推送给10 000位用户。根据笔记的互动情况，大众点评会给笔记投放不同量级流量池的流量，因此带来的笔记的曝光量也会不同。用户互动行为主要是指点赞、评论、转发、收藏等。

　　在大众点评的流量池系统给用户推送笔记的同时，大众点评的标签系统会直接决定笔记被推送给哪些用户。标签系统会给一篇新的笔记打标签，给笔记打标签的主要依据是笔记的标题、笔记的内容、笔记的首图、笔记的话题、笔记关联的商家等。标签系统也会给不同的用户打标签，给用户打标签的主要依据是用户在大众点评上浏览内容的时长和互动行为，比如某位用户经常浏览火锅的内容，那么大众点评就会给这位用户多推送关于火锅的笔记。

　　大众点评会根据笔记的情况和用户的特征进行匹配，如果某条笔记的标签和某位用户的标签重合度高，那么这条笔记就很可能被大众点评推送给这位用户。不过，这个推送行为是有优先级的，大众点评会优先推送高质量（互动情况好）的与用户匹配的笔记。

　　因此，我们要清楚地了解大众点评的标签系统，才能写出标签明确的笔记。这样大众点评在给笔记打标签的时候就能更加准确，从而更加精准地将笔记推送给匹配的用户。

○笔记的优势

笔记有四个优势。

第一，流量精准投放。相对于抖音、小红书等泛流量平台，大众点评上的笔记与用户的匹配度更高，这和平台的属性有关。用户打开抖音或者小红书，可能只是随便看看最近有什么好玩的、好吃的，提前"种草"等。但是，大众点评是一个即时性平台，大多数用户打开大众点评的时候是想找吃饭的地方，因此相对精准，可以更好地给用户提供参考信息。

第二，展示内容可以影响用户决策。笔记可以关联门店、地点、品牌等，内容主题以推荐、"种草"、分享攻略为主。用户被笔记等原创内容吸引，需求被唤醒，情绪被点燃，进而引发收藏、评论、关注等行为，最终促成用户购买产品，并提高商户在线上的曝光量，提升品牌的认知度。

第三，发布笔记无须审核。笔记不需要经过大众点评审核即可直接被展示，因此商户能够以"量"取胜，通过笔记获得更多曝光量。

第四，无打分功能。笔记没有对商户打分的功能，不影响商户星级、评分、诚信，因此笔记是商户曝光、引流和引发收藏、点赞等互动行为的理想工具。

○笔记的合作模式

很多博主都会发布笔记，为什么有些博主的笔记没有流量而且转化率很低，有些博主的笔记有大量用户互动行为能够直接提升商户的营业额和热门榜排名呢？在"自媒体时代"，人们每天都会接收大量信息，你能记得你浏览的上一篇笔记的内容吗？我相信大部分人都是看完即忘的，博主发布的笔记要有让用户愿意"停留、观看、评论、点赞、转发，进而到店"的理由。商户可以从产品的呈现形式、"颜值"、环境等方面布局，找到让用户愿意"停留"的理由。商户不应该直接找粉丝量大的博主做笔记，而是先进行筛选，主要通过近30天笔记浏览量、任务作品、拍摄质量，适合发布视频笔记还是图文笔记等信息，选择适合商户的博主创作笔记。不同博主拍摄的图片、视频效果会差很多。

大多数商家会遇到一个问题，比如有些笔记在发布不久以后，用户互动行为的数据很好，突然一下数据就不增长了。这是怎么回事呢？大众点评的达人账号分为"点星"（报备）账号和"水下"（非报备）账号。

点星是大众点评旗下的达人营销平台，合作模式主要包括三种。

第一，定制合作模式。商户采用定制合作模式，面向单个达人，一口价结算，定制化程度高。商户可以自主联系心仪的达人或通过大众点评联系心仪的达人，定制化产出优质笔记，商户一般可以采用这种合作模式。

第二，无忧合作模式。商户采用无忧合作模式，通过大众点评联系，面向多位达人，一口价结算，省心高效。大众点评根据商户的需求招募一定数量的达人，促成合作，由达人产出优质笔记。

第三，招募合作模式。商户采用招募合作模式，面向多个达人，一口价结算。大众点评根据商户的需求招募达人，促成合作，由达人产出优质笔记。

点星的笔记会在大众点评的首页信息流、频道页、商户详情页、搜索、个人主页、话题页六大渠道分发，全面推送给用户。

与之对应，如果"水下"（非报备）账号营销属性过强的话，该账号发布的笔记会被限制推送量，也就是我们常说的"限流"。

第七节　老店翻新的实战打法

"短平快，快准狠"，老店的营销方法和新店的营销方法截然不同。老店经营时间长、老客户多，只需要做一些基础性的营销工作即可取得不错的效果。如果老店的经营者准备以大流量提升营业额的话，那么一定要"打透"。大部分人都会选择在这个平台投两三万元营销费用，在那个平台投三五万元营销费用，这样做的结果往往是钱没少花，但是效果并不明显。我把老店做营销叫作"唤醒"，在做营销之前需要准备做流量的"抓手"，常见的"抓手"依旧是符合品牌自己调性的"新奇特"产品。

如果你在一二线城市，你的门店营业面积较大，能做到比较高的营业额，那么你可以拿出自己能负担的最高额度的营销费用，在短期快速"轰炸"，一般以美团、大众点评、小红书、抖音四大平台作为营销的主战场。我还建议你适当增加一些特惠、折扣，可以以周年庆等名义给消费者提供优惠，因为你最好有一个好的理由给消费者优惠而不是直接打折。

你也许会问：如果不想提供任何形式的折扣，只想直接以内容为核心做营销行不行？这就要看你的门店的实际经营情况了，如果你的门店本身就有一定的客流量，只是想通过营销起到锦上添花的效果的话，那么不提供折扣也是完全可以的；如果你的门店需要依靠营销改变经营惨淡的状况，等着营销"唤醒你的消费者""唤醒你的品牌"，那么你就需要选择"适当的折扣+全渠道流量投放"的营销方式。具体的折扣取决于你的实际经营情况，如果你急于提升营业额的话，就可以按照自己能接受的最低折扣设置；如果你希望稳健经营的话，那么适当的折扣就可以了。

在这一套组合拳打完以后，你的门店的生意应该会快速火爆起来，适当的折扣会让你的门店客流量"爆满"，集中在四大平台投放营销资源会让你的门店的"势能"更加强大。在这个时候，你的团队就需要依靠多年累积下来的"内功"，做好大客流的承接工作。如果你的团队的"内功"相对较差，没有做好承接工作，那么冲着折扣来消费的消费者可能体验并不好，并且因为折扣而没什么利润，这些消费者在消费之后没有给你的门店带来优秀的数据和好评，这样的话你就白干一场。那些被你投放的内容吸引来的消费者可能在消费后感觉你的门店没什么特别之处，就不会产生复购行为，那么你辛辛苦苦忙活一场以后可能不仅没赚钱，还亏了好几万元。在失去了营销带来的流量以后，你的门店的生意就会回到从前的状况。

"内功"好的团队能够接待好这些冲着折扣来的消费者，服务好他们，让他们发自真心写评价、发小红书、拍短视频，从而让你的门店获取平台需要的"核心数据"，让你的门店获得平台支持，你的门店就有机会获得大流量曝光的机会，并且排名靠前。你的门店还能接待可以带来利润的消费者，提升复购率。"好的平台'数据'+利润客户+高复购率"，老店就可以起死回生，甚至王者归来！

第八节　2024年后，餐饮"内容营销"的实战打法

　　前文介绍了很多关于餐饮营销的"术"的层面的内容，但是如果你只会按照这套方法论做营销，而不知道为什么要这样做营销，那么就算你经营情况还不错，也不能算具有"确定性"，可能只是运气好。餐饮营销还有"道"的层面的内容，其中也有很多有趣的知识。如果你能悟透餐饮营销的"道"，那么在2024年后的餐饮市场，你做营销就会如鱼得水、大显神通。

　　为什么我反复讲2024年以后呢？因为在2023年以前，在短视频平台做餐饮营销相对来说比较简单，属于短视频平台有"流量红利"的时代，新开业的餐饮商户只要找一些短视频达人做宣传就有流量了。2024年以后，随着短视频平台"流量红利期"结束，找达人做营销的效果也将随之减弱，因此2024年以后的餐饮营销拼的是商户的真功夫、硬本领。

　　从2024年开始，你找短视频达人给你做宣传，竞争对手也在找短视频达人做宣传，那么这些短视频达人天天拍、天天发，他们的作用就逐渐弱化了。有些餐饮人会产生疑问：为什么我找短视频达人拍摄的视频没有带来多少流量呢？为什么我找短视频达人拍摄的视频有流量、有转发但是并没有让营业额增长呢？

　　其实，内容营销的核心是"转化到店"。营销的核心是传播，而传播的核

心是卖货。在当今的"自媒体时代"，消费者在社交媒体上看到各式各样的短视频，你必须找到一个让消费者愿意"停留、观看、评论、点击、转发，进而到店"的理由。这个理由一般包括以下三个方面：

稀缺场景；
"新奇特"产品；
文化载体。

一、稀缺场景

不知道从什么时候开始，门店的环境对餐饮企业经营工作的影响越来越大，众多门店各具特色的环境也让人眼花缭乱。特别是近几年的火锅"赛道"，把门店的环境"卷"出了新高度。

深圳的"长安亭院重庆火锅"的场景非常新奇，在火锅店里还原了唐朝的场景，并且加上了让消费者"换装"的环节。试想一下：你穿着唐朝的服饰在大唐盛世的场景里吃火锅，然后拍照、发朋友圈，是不是会让人感觉很特别？是不是会有很多人为你点赞？是不是很稀缺的体验呢？长安亭院重庆火锅的营销推广工作就可以以独特的场景为中心，吸引很多有个性、追求"新奇特"体验的年轻消费者。我们要知道，这个客户群体可是要让"手机先吃饭"的活跃的自传播用户。在餐饮营销中，最需要的就是消费者"自传播"，可是消费者凭什么帮商户自传播呢？在大多数情况下，消费者认为只是吃饭而已，又不是什么奇妙的事情，根本犯不着拍照、发视频。长安亭院重庆火锅就做到了，在这个稀缺的场景下，即使长安亭院重庆火锅基本没做营销但还是在开业八天后就成为深圳美食热门榜第一。大众点评深圳美食热门榜第一的含金量非常高，有些品牌花费几十万元甚至上百万元推广费用都没有到这个排名，就算砸钱成为排名第一，但也只能保持几天，排名就下滑了，而长安亭院重庆火锅则能保持很久。这是以少胜多、四两拨千斤的高级营销方法。

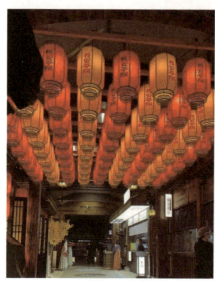

在大城市生活的消费者体验过很多漂亮的场景，看到过很多奢华的环境。不知道从什么时候开始，餐饮行业开始流行"一破就火，一烂就爆"的装修风格，商户以前装修动辄花费几十万元甚至上百万元，现在变成连墙壁都不装饰，直接展示墙体，再贴上几张泛黄的报纸，再高级一点儿的门店就会用毛笔自己写幅字。这种风格就是要展示特立独行的个性，别人都比奢华的程度，而我们就可以走"破烂风"的路线。

现在年轻的消费群体与其他消费群体的偏好完全不同，特别是在大城市长大的年轻消费者，他们从小就生活在物质条件优良的环境之中，很少看到这种场景，因此现在很多新一代餐饮人用"破烂风"布置餐厅，拍摄短视频发布以后，营销效果非常好。"破烂风"的核心其实也是"稀缺性"。如果你今天在小县城用"破烂风"布置餐厅，那么当地的消费者多半会觉得你没钱装修，而不是把你的门店当"网红店"看待。这就像你的奶奶看见你穿着有破洞的牛仔裤，晚上会悉心帮你把破洞一个个补起来一样。在预算不多的情况下，餐厅的装修风格并不一定要采用"破烂风"装修，也可以采用看上去是"老店"的风格。今天的消费者喜欢与众不同，他们会喜欢那种看上去开了十几二十年的老店，他们喜欢藏在弄堂里的"破旧"的"老店"，因为他们认为这样的店的菜品口味"正宗"而商业区的连锁餐饮店都是经过包装的。在小红书平台上，只要是一个上了岁数的慈祥老奶奶开在老弄堂里的店，稍微包装一下就能火爆，这也是"稀缺性"的一种表现形式。连锁餐饮店没什么人情味，消费者平时已经见过很多这样的店了，今天的消费者就喜欢这种"手工、传承"的感觉，因此我们也可以把自己的店做成干净、卫生的"老店"！

我发现了一个非常有意思的品牌"小耙蔡酸萝卜鱼火锅",这家店的环境还原了20世纪90年代鱼市大排档的场景,一店多景,举手拍照皆为景。今天餐饮消费的主力军是"90后"和"00后",他们没有见过烟熏肉,也没有见过挂起来的腊肉。当这些产品以明档的形式呈现出来以后,这些年轻的消费者就会感到好奇,他们就愿意拍照、愿意传播。

现在的年轻消费者对自己小时候吃过的辣条、大大卷都充满了怀念。今天的消费者去餐饮店不只是为了满足口腹之欲,还有社交、"打卡"等目的。在好吃的前提下,消费者希望能获得更多的情绪价值。作为餐饮人,我们需要用新视角、新思维和年轻消费者沟通,在他们的眼里,"颜值即正义"。

以上案例表达的意思其实很简单,在这个"流量过剩"的时代,大家都在做推广,如果你没有一个突出的点来呈现你的品牌,你凭什么能火爆呢?场景营销是我们做营销中的一个点,场景的风格应该结合你的品牌定位进行搭配。如果你的预算充足,你可以向长安亭院重庆火锅学习,将场景体验做到极致,让消费者拥有沉浸式的消费体验;如果你的预算不多,你也可以选择"破烂风""市井风"。不管你今天做什么风格的场景,都要从消费者的角度出发,想象一下你的目标消费者在这个场景下,是否愿意拍照、拍视频帮你做传播。营销的最终目的是促进消费者自传播,自传播是转化效果最好的营销方式。

二、"新奇特"产品

1. "新"

"地域性品类开始爆发!地域性品类开始爆发!地域性品类开始爆发!"重要的事情要说三遍。在以前,地域性餐饮品类的发展空间非常有限,在大众熟知的地域性餐饮品类中,人们对川菜、湘菜和粤菜的接受度相对较高,因此火锅、川菜都是非常"卷"的品类，火锅是餐饮的第一大品类。近几年，市面上开始流行地域性口味，比如海南的糟粕醋火锅和云贵的酸汤火锅，这种酸酸微辣的特别口感搭配海鲜类食材别有一番风味。糟粕醋火锅是海南美食的代表品类之一，酸汤火锅是云贵美食的代表品类之一，可是为什么此前这么多年，北上广深这些大城市基本没有这些品类的店呢？

在今天这个短视频爆发、自媒体盛行的时代，为什么经营糟粕醋火锅和酸汤火锅品类的品牌如雨后春笋一般疯狂开店呢？从传播的角度来看，同样的短视频博主以同样的拍摄手法拍摄视频，如果视频的主题是川味火锅可能没多少流量，而拍摄这种地域性美食流量就会爆发，这是什么原因呢？我们可以从下面三个角度分析原因。

（1）从消费者的角度来看。今天的年轻消费群体是一个非常有意思的消费群体。他们个性张扬，他们会"整顿职场"，他们敢于对抗不公平的事情，他们到时间就下班，并且会质疑加班的人。他们有"有趣的灵魂"，无拘无束，自由奔放。这些年轻消费者敢于尝试新鲜的事物，且生活在一个人人都是自媒体的时代，相比保守的"80后"和"95前"的"90后"，"95后"和"00后"更加热衷于小众文化。地域性美食最大的痛点就是"小众化"，它不是"上到老奶奶，下到小朋友"都可以接受的大众口味，而独特、小众的口味只能满足小部分消费群体的需求。在传统的纸媒时代，商户只依靠纸媒是难以找到这批"小众消费者"的，这就给地域性餐饮品类在信息传播方面带来了巨大困难。在人人都是自媒体的今天，传播变得简单、快捷，可能一条抖音视频就能有几百万乃至上千万的浏览量，因此从消费者的角度来看，地域性品类充满了机会。年轻的消费者热衷于"稀缺的产品"，再加上"人人都是自媒体"，能够爆炸式传播信息，因此可以让一个新的品类快速火爆起来。

（2）从市场的角度来看。今天是一个"流量过剩"的时代，也是内容同质化非常严重的时代，同质化的内容就不是稀缺的，真正稀缺的内容不是绝对"特性独立"的，而是在大众能够接受的前提下有一定稀缺性的内容。在刚开始的时候，经营糟粕醋火锅和酸汤火锅的商户很少，因此基本上只要你经营这些品类，你的店都能火爆，可是一旦经营这些品类的商户数量增加，不稀缺的小众品类的商户的营业额就会下降，除非你的店是在人口很多的城市。因此，从长期的角度来看，这些小众品类的生命周期不一定有传统大品类长。虽然传统大品类的特色并不鲜明，但消费群体庞大。小众品类的市场周期是根据从业者的数量变化而变化的。但不可否认的是，小众品类在传播方面具有"快、爆、广"的特点。其实，我们只要想明白其中的道理就行了，餐饮行业没有常青树，在目前的情况下，只有极少数品牌、品类能持续火爆，餐饮商家也符合企业生命周期规律，从成长期到成熟期，再到平稳期、衰退期，这是无法逃脱的。只要餐饮企业经营者在周期之内能快速达到自己的目标，就是成功。

（3）从产品的角度来看。在酸甜苦辣麻鲜香咸等味道中，酸和辣都是大众成瘾性口味。糟粕醋火锅和酸汤火锅并没有脱离消费者，而且属于火锅大品类中的细分品类，有社交属性，价格大众化，人均消费在100元左右，符合流行的餐饮品类的基本要求。

上面通过糟粕醋火锅和酸汤火锅这两个地域性品类分析了为什么地域性品类在今天的餐饮行业中更好推广，而且一推就"爆"，"新"这个词就能概括。媒体、时代、消费者、平台都需要换着花样呈现内容，虽然餐饮的本质是美食，是吃东西，但是也要符合获取流量的基本原理。

2．"奇特"

"奇特"是非常容易理解的，但是很多人会把"奇特"误解为奇形怪状、"博流量"和"博眼球"。其实，我们可以把"奇特"理解为符合今天获取流量的基本原理的呈现形式，或是符合今天消费者需求的产品呈现形式。

二三十年前餐饮行业流行的精美的摆盘方式也可以彰显自己的与众不同之处，从而卖出高价。每个时代都有不同的流量载体和呈现形式，但核心还是为了销售产品。因此，我并不认同那些打着"正道"旗号的餐饮人，他们认为做餐饮就是要做好吃的菜品，其他因素都不重要，都不是经营餐饮企业的核心因素。在"自媒体时代"人人都是信息传播的主体，菜品味道好是做餐饮的基础。如果今天还有人认为做餐饮只要菜品好吃就行了，那么我觉得他大可不必做餐饮了。

"奇特"并不是做一些"博眼球"的产品，而是要符合当下餐饮流量传播的规律。2020年，我品尝过一次楠火锅，被楠火锅的雪花冰震撼了。我认为大部分餐饮人都需要感谢或者"憎恨"楠火锅的一位联合创始人，因为他让很多执行力强的人获得了"红利"，他也加速了餐饮行业"内卷"的趋势，让很多传统餐饮人的门店的经营情况越来越难。他就是号称"餐饮狗头军师"的范迪。楠火锅当初的宣传口号是"五斤油一斤料"。说实话，我认为这个2C（面对消费者）的口号纯属自娱自乐，因为一位普通消费者很难准确了解几斤油几斤料才好吃，只有专业的"吃货"或者餐饮行业的业内人士才能理解这个口号，因此这纯属浪费钱。但是楠火锅推出了一款非常大、"颜值"非常高的雪花冰，雪花冰这种甜品在2020年还不流行，因此这可以算得上"王炸"级别的流量产品。很多消费者去楠火锅就是冲着雪花冰这款甜品的，这些消费者拍照发朋友圈就形成自传播了。

　　"高颜值"、高价值的"附属"流量产品帮助品牌解决了流量问题和消费者到店问题，商家还需要做的事情就是通过好的产品、好的体验、好的服务、好的味道让消费者感到满意，从而提升复购率。这就是"网红店"变成"长红店"的方法论，就是这么简单。当你的核心产品无法给你创造流量的时候，你可以利用附属产品创造流量。如果楠火锅一味去和竞争对手拼"几斤油几斤料"，就会陷入自娱自乐的误区当中。对于"00后"的消费者来说，"颜值即正义"。在范迪把甜品作为餐饮营销的利器之后，很多连锁餐饮品牌都模仿这种做法，以至于越来越"卷"，慢慢发展成甜品都不卖，而是赠送，因为一个"高颜值"的甜品的成本可能只有几元，但是吸引来的消费者可能消费几百元。随着竞争日益激烈，众多餐饮人从"卷"甜品到"卷"小吃，甚至"卷"蛋炒饭放十个鸡蛋，冬天"卷"烤红薯，夏天"卷"色彩斑斓的冰粉，"卷"一个月一种新品，每月不重样。那些认同范迪营销思路的餐饮人在"流量时代"获得了"红利"，而有些"老餐饮人"依旧认为，这些都是小伎俩，不是做餐饮的根本，做餐饮的根本就是好吃。

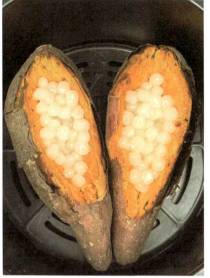

每个时代都有适合那个时代的独特的经商之道。只要是适合自己的情况，经营策略没有对错之分，也没有好坏之分。如果你认为本书介绍的方法是对的，那么你就坚决执行；如果你认为这些方法是错的，你也可以选择不予理会。聪明的企业家会吸收别人的优秀观点弥补自身的短板。2024年以后，可以被称为"后流量时代"，餐饮门店数量很多，"内卷"加速，低价产品大行其道。如果你没有采用一些符合时代特点的营销方法，还是按照以往的做法经营餐饮企业，那么你也许会遇到各种各样的困难。

当然，以上给门店带来生意的营销方法都只是第一步，餐饮真正的核心还是"好吃"，一切脱离了"好吃"的餐饮商户都是昙花一现，但你不能只是"好吃"，还要让更多人知道你的产品"好吃"。

三、文化载体

凡事一旦和文化沾边儿，那么它就会让人感到"高大上"，在"吃"这件事上也不例外。我们国家有很多美食是非物质文化遗产，还有一些老字号和历史悠久的品牌。如果我们实在缺少这方面的积淀的话，也可以自己挖掘一些卖点，比如"三十三年匠心传承""三代人的坚持""始于清代"等，借助这些宣传口号提升品牌价值，从而提升营销的转化率。这是有助于加深消费者对餐饮品牌认同的方法，只要你的宣传口号是真实的，你就应该"添油加醋"传播自己品牌的文化价值。我在2021年做了一个品类"乐山跷脚牛肉"，"乐山跷脚牛肉"就是非物质文化遗产，我们在策划推广期间，反复强调"乐山跷脚牛肉"是非物质文化遗产。其实，今天大部分年轻消费者都对"非物质文化遗产"的意思有一定了解，但是并不能完全说清楚。这不是重点，重点是你在传播自己的品牌的时候，要让消费者觉得你的品牌是"稀缺"的，你要给消费者一个选择到你的门店消费的理由。

我一直认为，餐饮老店倒闭是餐饮营销从业人员的悲哀。一家餐饮老店能够历经几十年风雨，必定有其存在的道理和优势，而今天的情况是有很多老店、老品牌因为不知道如何包装自己、宣传自己、展示自己而走向衰落，甚至倒闭，这非常令人惋惜和心痛。一家老店本身一定有很多积淀的经营优势，老店不需要"新奇特"，老店本身就是流量。只是大部分"老餐饮人"不知道如何操作，其实老店的营销核心就是"老"。所有推广渠道、推广内容都缺少展示这种经历几十年风雨的老店的故事。今天的消费者也非常喜欢这种故事，如果你是一位经营老店的老板，看到这本书，我发自真心希望你找到自己的门店跟"老"相关的卖点，然后通过自媒体去宣传。

内容营销的核心是创造优质内容，促进自传播并提高转化率。创造优质内容的步骤包括以下四步：

第一，通过场景呈现"品类文化"。在当今时代，餐饮商户都想把环境设计得更新潮、把空间设计得更新颖，希望通过场景彰显自己独特的个性。可现在是信息传播速度极快的时代，无论你把场景设计做得多么奇特，很快就会出现大批模仿者。一旦你的场景变得不再稀缺，你就会失去你的竞争优势。今天的消费者喜欢变化，餐饮商户今天可能凭借新奇的场景快速成为"网红店"，但如果一年后，消费者看厌了，餐饮商户该怎么办呢？难道要不断升级场景吗？

在当今时代，对于餐饮品牌来说，场景应该是"品牌文化的呈现载体"。所有的场景呈现形式都应该为品牌文化服务，我们不能为了追求极致的"网红"属性而忽视"文化展示"。餐饮品牌的文化应当不需要口述就能表现出来。很多餐饮企业的经营者带我参观他的餐厅，一路上介绍餐厅的场景设计的文化内涵。我往往要在听完详细介绍后才能理解，甚至在听完详细介绍后，我还是无法感受到其中的文化内涵。文化不是一种实实在在的东西，最好的表达方式就是"视觉"。

近几年，武汉出现了众多"超级网红店"。这些"超级网红店"要么有很多消费者排队，要么基本不需要投入太多营销费用就能位居当地热门榜靠前的位置。很多餐饮商户花了几百万元都无法取得这样的效果。我们团队在经过深度调研和考察后发现，这些"超级网红店"能够取得这么好的效果最关键的因素就是"自传播"。很多消费者在这些"超级网红店"消费后，在没有接受任何引导也没有拿到任何好处的情况下，自发拍照片、视频在社交媒体上发布，帮助"超级网红店"做宣传。很多餐饮商户试图以赠送礼品等方式引导消费者进行自传播，但消费者往往不愿意配合。我们团队在这些"超级网红店"门口排队等待就餐的时候和排队的消费者聊天，问他们为什么愿意花两个小时排队。消费者的答案基本都一样：因为"超级网红店"有特别之处，和其他餐饮商户不一样。那么，这些"超级网红店"到底有什么特别之处呢？其实，这些"超级网红店"的特别之处就是用场景把"品类文化""地域文化""当代美学"以恰当的方式表达出来。今天，餐饮商户是很难构建他人绝对无法模仿的场景的。"好吃"是餐饮商户的产品的基本要求。在"好吃"的前提下，如果餐饮商户能通过场景展现出独特的文化，那么在其他条件差不多的情况下，比起去满是霓虹灯的"网红店"，大多数消费者更愿意去有地域文化特色的"当代美学店"。当然，场景也分类型，"市井风"已经不具备稀缺性了，因为"市井风"的装修风格门槛较低，所以很多餐饮商户都采用这种风格。如果你没有很好的空间设计能力，我建议你不要选择"市井风"的装修风格。

在无锡，有一个餐饮品牌叫作"卿庭成都鲜货火锅"。它把成都的茶馆文化融入火锅店的场景中。今天，火锅店的场景已经无法只用"卷"来形容了，从"外太空风格"到时尚复古的"霓虹灯风"再到"市井风"，各种各样风格的场景让人眼花缭乱。火锅是成都的代表性美食品类，而成都的茶馆文化是非常稀缺的。人们只有在成都这样的城市才能感受到休闲、"巴适"的茶馆文化。卿庭成都鲜货火锅的经营者非常聪明，他们把成都的茶馆文化融入火锅店中，用"茶馆风"布置店面，并凸显茶文化的特点，将茶馆文化和店面的空间设计完美结合，让消费者有坐在茶馆里吃火锅的感觉。

　　卿庭成都鲜货火锅的大部分菜品都选用鲜货而不是冻品，在产品方面让消费者能有非常好的体验。这家店的生意的火爆程度非常"浮夸"，在试营业期间基本没有做多少营销宣传工作，门口就有消费者排队，拿到了无锡热门榜排名第一、美食榜第一，正式营业后基本每天都有几百桌消费者排队，几乎每天的营业额都超过10万元，取得了非常优秀的业绩。

　　在很多人抱怨火锅"赛道"特别难做、火锅店都在打价格战的时候，卿庭成都鲜货火锅的经营者另辟蹊径，找到了属于自己的蓝海。卿庭成都鲜货火锅不仅人均消费额在150元以上，而且从刚开业就持续火爆。从这个案例我们可以看出，只要我们结合大的文化IP，有稀缺的场景，我们就可以收获梦寐以求的自传播流量。

　　第二，具备地域性特色和稀缺性的"新奇特"产品，配合精细化投流。很多餐饮人都对"新奇特"产品很反感，他们往往认为做这些"花里花哨"的产品是没有前途的，餐饮产品的本质还是"好吃"，餐饮商户应当追求成为"长红店"而不是"网红店"。但是我们要明白一个道理：如果一家餐饮门店想成为"长红店"，那就一定要先成为"网红店"。如果你的餐饮门店不能在当今时代持续火爆，那么你凭什么认为自己的门店能够穿越周期成为"长红店"呢？"新奇特"产品不一定只有"花里胡哨"的呈现形式。我们也可以深挖具备稀缺性的产品，如果你做的是云贵川的地域性餐饮品类，你就可以去找具有云贵川地域特色的小吃，也可以去找与你经营的品类相关的具备稀缺性的产品。这些"流量产品"既要符合你的品牌的调性，又要具备独特性。这些"流量产品"的核心作用就是"吸引流量"。消费者可能会因为看见这些"流量产品"而到店消费，因为他们没见过这些"流量产品"，所以他们想尝试一下。也许有人担心，自己主要售卖的不是这些"流量产品"而是主营产品，消费者会不会在到店之后不点主营产品而只点"流量产品"呢？

　　这种担心是多余的，消费者到店后一定会点餐饮商户的主营产品。"流量产品"的作用就是吸引消费者到店，消费者到店点了"流量产品"后一定会点餐饮商户的主营产品。只要餐饮商户的主营产品好吃，消费者就会成为餐饮商户的忠实客户。这样，餐饮商户的复购率就可以逐步提高了。如果餐饮商户一直盯着自己的主营产品做营销，那就很可能落入"自娱自乐营销"的陷阱中，因为餐饮商户的主营产品是"好吃"的，而不是"好看"的。我们要记住："流量产品"负责"好看"，主营产品负责"好吃"。今天，把主营产品做"好吃"是餐饮商户的基本功，因此我不担心餐饮商户在这方面存在问题，我希望餐饮商户在确保主营产品"好吃"的基础上具备研发能够实现"爆店"效果的"流量产品"的能力。

如果餐饮商户经营的品类是江西菜，那就可以用江西小吃来做"流量产品"。"热罩子"等江西小吃具备很好的口感和视觉呈现效果。

我好像离不开南昌这家热罩子了！糯叽叽

老南昌人童年美好记忆之一就是热罩子了
随手买了几款 个人觉得真的很好吃！

花样还蛮多的：热罩子/米团子/冰糖糕/发糕/小米

♡ 1476   ☆ 426   ⊙ 68

如果餐饮商户经营的品类是广西菜，那就可以用酸嘢做"流量产品"。酸嘢口感好、制作简单，年轻人见了就想"打卡"。

上海新开的!! 终于也有了...!!!

我去我去!! 上海也有了...!!!
谁懂啊啊啊🥺🥺!! 辣椒芒果花!! 越吃越上头!!
酸酸辣辣的网湾蠢开胃!! 直是相见恨晚!!

 2736   1873 240

如果餐饮商户经营的品类是云南菜，那就可以用烤饵块做"流量产品"。

离开大理前，一定要吃完这8家再走!!
上个月抓住淡季的尾巴，跟朋友在大理逛吃了几天
📝总结下个人觉得值得去品尝的美食!!
✔野生菌火锅 (人均100r)
走进大理古镇看到最多的店应该就是野生菌火锅，我们
选了门口摆满鲜花绿植的这家 (花与菌野生菌火锅)，除

 5314   5745 131

如果餐饮商户经营的品类是火锅，那就可以用"高颜值"的饮品做"流量产品"。

如果餐饮商户经营的品类是烧烤、小龙虾等常见品类，那该如何选择"流量产品"呢？当餐饮商户无法用具备稀缺性的地域性美食做"流量产品"的时候，餐饮商户就应该设法借鉴市面上已经流行的"流量产品"，比如有"新奇特"造型、口味的奶酪、奶茶、雪花冰等。

　　我用一个案例来说明"流量产品"的巨大作用。2023年12月，有一位学员找到我，说他在杭州开了一家泰餐厅"兰纳小坞"，投资了160万元，工作日的营业收入通常只有1000多元。

　　我当时听了以后都不禁替他捏了一把汗，这么高的投资额、这么低的营业额，这么干下去，他很可能血本无归。我后来才知道，这位学员和他的妻子都没什么餐饮行业的从业经验，他们投入全部积蓄开了兰纳小坞，这样做的风险真的很大。他们当时每个月都亏很多钱。在听完我的线下课程后，他们按照我说的内容结合自己的理解制定并执行相应的方案，不断推出"流量产品"。兰纳小坞开在西湖景区附近，虽然位置很差（在一条没什么人流量的弄堂里），但是所处的商圈人流量非常大，只要有足够的流量，就会有很多消费者到店。这位学员的妻子研发了一款小蛋糕，"颜值"非常高。小红书上有多篇"爆文"都是以这款小蛋糕为主题的。兰纳小坞因此获得了巨大的流量。

　　这类小蛋糕好吃、制作简单、"颜值"高，适合经营各种品类的餐饮商户。

　　今天，小红书的流量非常大，可以用"疯狂"来形容，"数据一爆，立马排队"。他们夫妻对流量如此之大、见效如此之快感到非常吃惊。这位学员很靠谱，没有做甩手掌柜，勤勤恳恳地在前厅做好接待工作，承接到店的客流量，他的妻子在后厨紧盯出品。

　　在第一阶段营销工作做完后，他们夫妻靠强大的执行力承接了客流量。接下来，他们就进入了全新的世界。他们不断推出"爆品"，持续做好客流量承接工作，他们的兰纳小坞也从持续亏损濒临倒闭到生意火爆。2024年7月，营业面积仅为98平方米的兰纳小坞的营业收入超过了100万元，且继续保持稳步增长的势头。

看到这里，你还在犹豫要不要做"流量产品"吗？你对"新奇特"产品还存在排斥心理吗？

我们不要对抗时代的潮流，而要拥抱发展趋势、拥抱流量热点、拥抱年轻消费群体。在当今时代，大多数生意火爆的餐饮商户要么有好的文化载体、好的空间设计，要么有"新奇特"产品，以此吸引消费者。如果餐饮商户没有这些东西，只知道一门心思推广自己的主营产品，那么我只能祝福这些餐饮商户能在接下来的倒闭潮中幸存。

第三，修炼好"内功"。如果餐饮商户做的所有"花里胡哨"的内容脱离了好产品、好服务、好味道，那么餐饮商户最终一定会倒闭。餐饮行业的第一性原理就是"好吃、好吃、好吃"，"好吃"的证明就是复购率高。如果餐饮商户需要通过不断吸引新客户维持生意，那将很难发展壮大。

第四，重复以上三个步骤，持续做，坚持做！

第九节　高端餐饮的营销打法

对于人均消费500元以上的餐饮商户来说，前面介绍的营销方法都不适用。人均消费高的商户线上营销引流最有效的方法之一就是大众点评上星级和评分高。因消费场景不同，研发"新奇特"产品、发布短视频都不是这些商户最好的营销方式，在人均消费500元以上的商户消费的消费者多数出于商务宴请的目的到店，往往是中年以上的消费群体，他们最关注的因素是品质、环境和服务，而大众点评上评分高、差评少的商户就能吸引这批消费者。现在很多消费者往往喜欢看"差评"而不看"好评"，如果某家商户的差评中描述的内容是他不太关注的因素，那么他选择这家商户的概率就很大了。

试想一下，你有一件重要的事情，需要安排特殊的场合，因此你需要找一家高档餐厅用餐，你基本上会打开大众点评搜索符合你需求的环境和人均消费的商户。我相信你不会选择在大众点评评分为4.6分以下的商户去沟通对你来说非常重要的事情。这就是我们常说的"消费场景不同，营销打法不同"。

目前在所有与餐饮相关的平台中，大众点评依然是"精准流量搜索"的头部平台！也许很多做高端餐饮的老板都会有疑问：既然大众点评上的高评分对于商户来说很重要，那么高评分肯定来自评价数量和优质评价内容，人均消费500元以上的商户的目标消费者都是高收入用户群体，别说直接请他们帮忙写评价了，就算是送他们菜品，他们都不愿意帮忙写评价，甚至有些消费者因为年纪偏大连怎么在大众点评上写评价都不知道。因此，做高端餐饮的商户在大众点评上的评分是很难提升的。有什么办法能够成为高评分的商户呢？

有两种办法可以解决这个问题。

第一种方法是利用大众点评的"霸王餐"。"霸王餐"可以让经常写评价的大众点评的资深玩家在免费体验后写评价，他们不一定会写五星好评，但是你可以通过给他们提供好产品和好的服务，让他们发自真心写好评。中了大众点评"霸王餐"的用户群体做出的评价，对于提升商户在大众点评的星级和评分也许没有太大帮助，但是可以帮商户累积评价数量和优质的评价内容。

第二种方法就是吸引"种草官"。高收入用户群体不爱写评价，但是有一类人群非常爱写评价，这部分群体不是商户赢得利润的消费群体，而是给商户创造需要的数据的消费群体。很多商家对"种草官"比较反感，但是商户可以吸引他们到店，因为他们愿意花时间认真介绍商户，并给那些准备来商户消费的消费者提供攻略，向可以给商户带来利润的消费者"种草"！

第三章

餐饮企业应该
如何使用价格策略?

第一节　低价策略的危害

　　价格策略是商业交易中的一种定价策略，以吸引消费者购买产品或服务，价格策略通常采用的形式包括促销活动、打折销售等。商户运用价格策略的目的是通过降低价格提升产品的销量和人气。很多消费者通常对价格较为敏感，希望以更低的价格购买自己需要的产品和服务，这可以说是人类的天性。价格策略是所有销售方式中见效最快的营销方式，不仅可以加快消费者做出购物决策的速度，还可以给消费者带来愉快的消费体验。很多大型互联网公司早期的地推宣传工作都是依靠价格策略作为切入口的。

　　但是，很多餐饮人对价格策略嗤之以鼻，甚至恨之入骨。为什么行之有效的价格策略被运用于餐饮行业后就变成人人喊打的"过街老鼠"呢？在餐饮市场中，只要你采用了价格策略，就会被所谓的"专家"说成"自杀式营销"。2023年，新注册的餐饮企业高达318万家，注销的餐饮企业为139万家，2023年上半年甚至出现了"报复性开店"的情况。从总体来看，市场份额为5万亿元的餐饮市场基本没有发生太大变化，但是新进入餐饮行业的企业变得更多了。有很多由于各种原因退出其他行业后杀进餐饮市场的"小白"，认为现在做餐饮就是开一家店，坐在店里等客户上门便可赚钱。从2023年7月开始，大批餐饮商户的营业额开始下滑，相对好一些的商户的营业额下滑了10%—20%，有些商户的营业额甚至下滑了50%以上。餐饮市场受到整体环境的影响，一些餐饮企业在经营方面出现了一些困难，因此很多餐饮"小白"甚至很多餐饮"老炮"都开始用各种方法自救，其中的主要方法就是打折促销，原价200元的团购套餐只卖98元，这样商户虽然不赚钱，但是至少有人气。但是，商户隔壁的竞争对手看见商户售卖98元的团购套餐后生意火爆，竞争对手就推出仅售68元的同档次的团购套餐。因为大家都想生存下去，都想运用"低价策略"抢占市场。因此，从2023年下半年开始，餐饮行业出现了大量低价套餐，原价200元的团购套餐甚至只要39元就能买到。随着低价套餐的市场竞争逐渐进入白热化，越来越多的商家迫于无奈只能加入竞争，这导致很多优质的餐饮店的市场份额被推出低价套餐的商家瓜分，从而导致优质的餐饮店加入这场恶战，众多餐饮企业的经营状况极为艰难。那些刚刚涉足餐饮行业的"小白"就遇到如此激烈的竞争，因此很多经营不善的餐饮商户闭店。其实，将价格策略视为救命稻草的观点本身就是错误的。商户运用价格策略的目的应该是提升客流量和人气，是商户做营销的一种辅助手段。如果商户只是简单粗暴地采用低价策略而没有其他手段，那么商户的经营状况一定会越来越难。因此，价格策略本身是没有问题的，只是很多餐饮人不知道如何正确运用而已。

很多餐饮商户推出完全不挣钱的低价团购套餐，但是消费者在体验低价团购套餐后往往会给出差评。餐饮商户这样做很难取得理想的效果。

第二节　价格策略的本质是什么？

价格策略本身并没有错，错的是那些没有正确使用价格策略的人。价格策略的核心是"超级内功"，没有"超级内功"为基础的价格策略就是"自杀式营销"。

如果我们想要快速让消费者认同一个新品牌、一种新产品，那么我们需要找到它的宣传点。餐饮行业和很多消费行业的子行业的不同之处在于，餐饮行业中产品"好吃"的属性是看不见、摸不着的，而其他很多行业的产品是可以具象化展示产品的卖点的。餐饮行业是一个关于"吃"的行业，每个人对于同样的菜品都有不同的感受，每个人都有自己喜欢的口味和菜系，餐饮商户是无法做到令所有人都满意的。从2024年开始，餐饮行业进入了一个同质化极其严重的时代，在七八年前我们可以打出"新鲜"的口号，现在很多品牌的口号都会提及"新鲜"，在七八年前我们可以打出"好吃不贵"的口号，现在很多品牌都在强调"超级性价比"。在产品同质化严重的今天，餐饮行业的新品牌、新产品如何快速"出圈"，让更多消费者认识、认同呢？

低价策略 = 原价"无脑"打折扣，卖一单亏一单

价格策略 = 以战略性亏损为代价，实现战略目标

　　一个新品牌在今天要快速"爆破"、快速"出圈"，我推荐使用"价格策略"，这是一种确定性很高的营销方式。我知道当我卖出10 000份套餐的团购券以后，一定会有6000—7000人到店核销团购券体验套餐，如何正确对待这些消费者很有讲究。不会运用价格策略的商户就是让消费者吃完以后就走人了，这对于商户来说就是竹篮打水一场空。会运用价格策略的商户不仅可以赚钱，还可以快速出名、实现业绩增长、提升品牌价值。

　　比如原价200元的双人套餐，售卖价定在88元，其中有五个核心要素。

　　一是渠道。这样的套餐是不能直接在店内卖的，否则消费者会认为商户是做廉价餐饮的。我们应该在一些不太引人注目的渠道售卖这样的套餐。在互联网高度发达的今天，这样的渠道是很容易找到的。

　　二是时间。这样超低价格的套餐需要在短期内完成售卖，切勿长期售卖。如果一个产品偶尔打折的话，那么消费者会感到力度这么大的折扣很难遇到，因此会踊跃抢购。但是如果商户长时间或者多次开展折扣力度大的活动，那么消费者往往会认为过段时间商户还会打折销售，就不会踊跃购买了。因此，如果商户运用价格策略就要一次性给出特别有吸引力的价格，不要"扭扭捏捏"。有些餐饮人也许会说，自己想先少量尝试一下效果，效果好的话第二次再多投放一些这样的套餐。这种观点是非常错误的，如果要我们采取价格策略，就必须一次"打透"，做到"快准狠"。

三是产品内容。不管商户运用价格策略主推的产品是套餐还是某个菜品，商户都需要控制好成本预算。这不是说必须精确计算成本，不能亏钱。有很多贪小便宜的商户为了不让自己亏本，使用一些比较差的食材做价格策略的主推产品。今天的消费者完全能分辨什么是好的食材、什么是差的食材。有些商户用差的食材做产品给消费者，虽然商户觉得因为售卖价格便宜，一分价钱一分货，但消费者不是这样想的，消费者想要的是物超所值。因此如果商户准备运用价格策略，就必须拿出好的食材做好的产品，哪怕略有亏损也没关系，因为一小部分亏损能让商户取得好的宣传效果，那就是值得的。商户不仅要拿出好的产品，还需要控制好出餐时间，因为出餐时间过长也会引起消费者不满，并且无法实现快速翻台。有了"好的产品+快速出品"后，商户还需要做的就是推出"新奇特"的产品，因为大部分购买套餐的消费者都是年轻人，他们不仅想要菜品好吃，还希望菜品好看，他们需要"新奇特"的产品让他们可以发朋友圈、发短视频，以此彰显他们独特的个性，这是非常重要的一点。我们售卖的产品是没有利润的，我们想获取的是自传播的流量。通过自传播带来的流量吸引更多消费者，这才是我们的最终目标。

四是超强的接待能力。商户在运用价格策略时，需要多安排30%的工作人员作为预备队，因为一旦商户的生意火爆起来，就不可能让客流量暂时少一些，等商户接待能力提升以后再让客流量恢复。我曾经遇到一位"老餐饮人"，在运用价格策略后门店生意火爆，他问我能不能先把活动暂停几天，他店里有几位洗碗的阿姨因为生意火爆以后工作太忙而辞职了，他每天自己洗碗，累得腰酸背痛。我们要明白，商场如战场，一旦开始"打仗"就不可能暂停了，要么成功，要么失败，没有其他选项。多安排工作人员可以让你的门店在生意火爆之后不会因为人力资源不足无法接待消费者而出现问题。此外，你还要在门口安排专人负责接待排队的消费者。根据我们调研的结果，大部分给出差评的消费者对商户不满意的原因都出在排队环节，只有少部分消费者因菜品口味不好而不满意。因此，商户必须在门口安排专人做好接待工作，把不满意和差评扼杀在萌芽之中，让消费者开心进店、开心用餐。

五是节奏。我们要明白，不是做一次营销活动就能解决所有问题的，而"爆店"也不是在售卖低价套餐形成生意火爆的局面后就没其他动作了。"爆店"是第一步，做好运营工作是第二步，做好内容营销是第三步。当生意开始火爆后，我们再去做广告和宣传推广的效果就会很好。

我们公司是专门做餐饮营销的公司，有一次去普陀山进行团队建设，在活动结束后，我们要选择一家餐厅吃海鲜。当时，大众点评排名第一和第二的店都在一条街上，排名第一的店的人气还没有排名第二的店的人气高，排名第一的店不需要排队就直接可以用餐了，而排名第二的店需要排队等位。我征求团队的意见，大家都说要去排名第二的那家店吃饭。我问大家为什么，他们异口同声说"排队人多的店肯定更好吃"。

其实，这就是消费者的天性，当商户生意火爆之后再做内容营销，找到自己的卖点，展示自己的优点，消费者看见商户生意这么火爆的状态，不仅会相信商户宣传的内容，还愿意参与商户的宣传工作进而实现自传播。因此，商户既需要把握好售卖低价套餐的数量和节奏，又需要把握好生意开始火爆的时间，还需要把握好生意火爆后开始发力做内容营销的时间。

当商户做好上述五个要素以后，商户的营销工作就可以形成一个完美的闭环，通过平台快速放出适当数量的低价套餐，通过接待这些虽然没有利润但是愿意帮助商户写评价、发短视频做自传播的"数据消费者"，形成满足平台需要的"基础数据"，然后做好内容营销工作，再做好流量投放工作让更多"利润消费者"到店消费。

通过"数据消费者"满足平台对于数据的要求，通过"利润消费者"实现高复购率，一个新的餐饮品牌就能有"确定性"的火爆、"出圈"的机会，而不是依靠所谓的"运气"！

单纯依靠低价套餐吸引"羊毛党"的低价策略	以"超级内功"为前提执行价格策略
不赚钱，不可持续	渠道、时间、产品内容、接待能力、节奏，五个核心要素缺一不可
"自杀式营销"	**"打透"**

第三节　价格策略实战案例

在我实际运用价格策略的过程中，有两个案例可以算是经典案例。我不太喜欢用本身就做得很好的品牌的餐饮企业做的价格策略实战过程作为案例，因为这些企业本身就有一定的"品牌势能"，其他餐饮企业无法直接复制这些做法，而且锦上添花也很难彰显价格策略的巨大作用。

案例1：芈重山老火锅

芈重山老火锅的案例可以算是超级经典案例。在2019年之前，芈重山老火锅的马总还是比较传统的餐饮从业者，一心只想靠好的口味和服务给消费者最好的消费体验。可是当今时代，餐饮企业只有口味已经不行了，没有做好营销工作，餐饮企业在今天很难做大做强。2019年底，芈重山老火锅在北京开店，味道和"内功"是非常棒的，唯独缺少营销。当时，芈重山老火锅的预算有限，如何让自己快速"爆店"成为北京餐饮行业的焦点呢？我们运用了"价格策略"。当时，大众点评的"霸王餐"可以做3000份，我们一个月接待了体验3000份双人套餐的"霸王餐"中奖者，平均每天接待200位体验者。我们为什么要这样做呢？因为我们明白，我们的店址并不是很好，我们也没有太多预算去投流，我们想要快速"出圈"，就必须让生意火爆起来，要有消费者在店门口排队，要成为大众点评热门榜排名第一的商户。我们做了3000份"霸王餐"，在一个月后获得了真实的3000多条好评，但是我们没有停下，我们在第二个月又做了3000份"霸王餐"，于是我们在第二个月又获得了3000多条好评。当时，加上自然产生的评价，我们在三个月内获得了7000多条好评，成为大众点评北京美食热门榜第一名，并且持续半年霸占榜首。这让我们从一家小店一下子成为北京大街小巷都知道的"神店"，并且快速开出十几家直营店，这十几家店都是用类似的方法做营销的。芈重山老火锅的成功是可以复制的，因为"芈重山"本身并不是出名的品牌，没有太多优势，芈重山老火锅取得成功的关键在于做了对的选择。作为餐饮人的马总可以成功，我相信其他餐饮人通过努力也可以成功！

我们思考其中的关键。很多餐饮人会把一年的营销费用分在每个月平均使用，比如每个月的营销费用为2万元，那么一年下来就是24万元，可是在北京这样的城市，一年24万元的营销费用很难产生明显的效果。

但是如果我们把24万元的营销费用在一个平台上集中在某一个月投入，那会有什么效果呢？芈重山老火锅北京第一家店在开业后的前三个月内，运营团队每天都非常忙碌，接待很多前来体验"霸王餐"的消费者，我们不赚钱甚至略有亏损。每天都处于连轴转的状态，有几百桌消费者排队，还要承受亏损的压力，有几个人能熬过来呢？但是，在前三个月有了7000多条好评后，我们的"地基"就已经打好了，我们在第四个月不需要做任何营销活动，营业收入就创出了芈重山老火锅的最好成绩，一个月的利润可以抵得上过去好几个月的利润，这种情况一直持续了四年。有效的动作往往就是最简单的几招，很多人做餐饮营销，一整套花里胡哨的组合拳打下来以后，业绩还是原地踏步。餐饮营销没有秘籍，只有"打透"，"打透"一个城市，"打透"一个品类，"打透"一个平台，"打透"一个群体！

案例2：北二楼

2019年末2020年初，我认识了长沙的餐饮企业"北二楼"的老板，北二楼经营了五年，产品的味道非常不错，但也面临一个巨大的问题：虽然产品好，但是营销工作做得不好。我们用与芈重山老火锅同样的营销方法运营北二楼的营销工作，在三个月内使用价格策略，快速累积了几千条好评。很多店在开业一年后也只获得了几百条好评，而我们往往在三个月内就能让真实的消费者给我们写几千条好评，在拥有了几千条好评作为扎实的"地基"后，我们开始在各大平台发力，在小红书、抖音、微信等平台做"内容营销"，通过主推"口味罗氏虾"这款产品实现快速"出圈"的目标，在长沙成功"爆店"。谁也没有想到，一家开在很偏的位置的店，第一个月还平平无奇，从第二个月开始每天都有几百桌消费者排队，而且生意火爆的状况保持了四年！

大部分餐饮商户做完营销工作以后的情况都是"营销一停，生意就停"，为什么我们一次"打透"后，生意能持续四五年火爆呢？同样都是做流量，为什么会有这么大的区别呢？答案是做好三个关键：

打法、策略、节奏。

打法。很多餐饮人做营销的打法存在问题，没有搞明白先做什么、再做什么，不同的位置、不同的品类、不同的经营情况，打法肯定是不一样的。我们在确定打法之前，一定要先问自己：自己的目标是什么？很多餐饮人根本没有想清楚自己的目标是什么。是要赚钱，还是要生意火爆？是要提升品牌知名度，还是要提升"品牌势能"？自己的目的不同，那么选择的打法就不同。

策略。策略是指具体的执行方案，不同的策略会带来不同的结果。在实施策略时，最关键的影响因素是选对平台和内容，确定在哪个平台以什么内容做营销。

节奏。在整个营销工作中，节奏是最重要的。"节奏一错，全部清零"，再好的营销方案都是纸上谈兵。餐饮营销方案实施人员控制营销节奏的关键在于理解和把握整个营销方案，什么时候运用价格策略、做多少份低价套餐、什么时候开始投放营销费用引入外部流量等，一定要做到既纵观全局，又把握细节。

关于打法、策略、节奏的详细内容见第九章。

成都火锅霸主"五里关火锅"也使用过价格策略。2019年初，五里关火锅只有一家店，"品牌势能"不够强大。成都的火锅市场竞争非常激烈，五里关火锅是一个新品牌，也没有太多营销资金。在这种情况下，五里关火锅如何杀出重围？如何"破圈"？

优惠　菜品　评价　推荐

 买单

9.6 折（每天 00:00~24:00）

 买单

半年售 2426

 惠 到店套餐

秋季养膘双人餐

周一至周日 | 免预约

¥ **50** ~~¥193~~ 2.6折 橙V价

 抢购

半年售 3809

五里关火锅的营销工作包括以下三个关键。

第一，明确打法。优先"打透"大众点评，通过价格策略快速实现从0

到1，通过"超级内功"服务消费者，在大众点评上快速积累几千条真实的评价。因为采用价格策略吸引了大量消费者，符合大众点评的算法机制，所以五里关火锅在大众点评成都热门榜的排名迅速提升，很快就成为第一名。在成为第一名后，五里关火锅获得了更多自然流量，而因为自然流量到店的消费者都是"利润消费者"，五里关火锅自此开始盈利。

第二，优化策略。2019年，市井老火锅开始流行，五里关火锅凭借市井风格快速"出圈"。五里关火锅的整体推广策略都是以产品为中心的，目标明确，符合当时的流量热点和"风口"。

第三，把握节奏。五里关火锅的营销工作的目标是一次到位，追求一战而定。我们不要试图百战百胜，因为百战百胜的难度是非常大的，任何一轮营销战斗都有失败的风险。我们如何才能降低风险呢？答案就是一战而定，通过一次战斗解决所有问题。

从2019年开始，五里关火锅几乎一直占据大众点评成都美食排名第一的位置，真正"打透"了一个城市、一个平台、一个群体，成为成都新一代火锅霸主。

第四章

使用抖音做好餐饮营销

在上海的人民广场商圈，很多餐饮门店在开业三四个月后就关闭了，同一间商铺在一年内甚至可能先后有四五家餐饮门店开业，每家餐饮门店都是精装修，每一位老板在开业时都胸有成竹，准备大干一场。但是，现实往往和他们预期的情况完全不一样。在我的老家南昌也有类似的情况，有些餐饮门店甚至在刚刚开业一个月后就闭店了。

这些刚开业没多久就闭店的餐饮门店的老板可能一直无法理解，自己明明选了一个人流量很大的地方，装修也不差，口味也没问题，也找了达人做宣传，为什么还是没有消费者到店消费。

现在，餐饮行业的市场竞争已经进入白热化阶段，开店就能生意火爆的"红利期"早就过去了。现在，餐饮门店不仅要拼选址、拼服务、拼产品，更要拼营销。有的读者可能会提出问题：为什么我知道的那家老店没做营销，生意也很火爆呢？我有一位朋友，他开的餐饮门店没做营销，生意很好，天天有很多人排队，这怎么解释呢？

这就是本书前文不断提到的"确定性"。有些餐饮门店生意好是因为很多不可复制的外在因素。这就是很多餐饮人开的第一家门店的生意非常好，第二家门店的生意就一般了，第三家门店的生意就不行了，第四家门店甚至亏本的原因。他们没有找到当今时代生意火爆的"确定性"因素。

现在，年轻消费者往往通过手机里的APP（移动互联网应用程序），如大众点评、美团、小红书、抖音、B站了解餐饮商户的信息，然后选择用餐地点。时代在变，餐饮流量的载体也在变，餐饮企业经营者只有充分理解这些流量平台，再加上好的产品、好的服务和好的环境，才有可能做到"开一家火一家，开一家'爆'一家"。

　　关于使用大众点评和美团做餐饮营销的内容可以参考前文和拙作《大众点评精细化运营》。接下来，我们一起了解一下抖音和小红书餐饮营销的打法。

第一节　抖音概述

抖音以"记录美好生活""丰富人们的精神世界""让每一个人看见并连接更大的世界"为主旨，于2016年正式上线。作为一款音乐创意短视频社交软件，抖音从一开始就以年轻人为主要目标用户，在短短几年时间内凭借轻量化、娱乐性、个性化等特点迅速风靡，在短时间内积累大量用户。抖音不存在地域限制，用户在家里就可以看见外面的世界，这也是很多年轻人喜爱抖音的原因。"段子""舞蹈""美妆""吃播"等领域的达人如雨后春笋般出现在抖音上。随着抖音进入的领域越来越多，抖音的发展进入了全新的阶段。抖音是一个内容分发平台，用户可以在其中寻找自己感兴趣的内容，也可以结识和自己有相同爱好的网友。抖音的流量推送机制在所有社交平台中处于领先地位，可以根据用户平时浏览视频的行为习惯发现用户的偏好，给用户推送用户感兴趣的视频。这使得抖音用户人均单日使用抖音时长超过2.5小时。

除了"电商购物""本地生活""直播"等业务全面开花外，抖音还在慢慢向"外卖""打车"等领域渗透。抖音已经成为很多人在生活中休闲娱乐的首选平台。不断增加的功能让用户使用抖音的场景更加多元化："衣服有黄渍怎么洗净？""这道美食如何制作？""杭州有什么好吃的？"各种各样的问题，很多用户都习惯性地在抖音搜索答案；看到了美丽的风景，拍了好看的照片，享用了好吃的美食，很多用户都会在抖音上发布相关的内容，把抖音当成第二个朋友圈进行社交互动；各种"小短剧""十分钟带你看完一部电影"等视频内容也很符合快节奏生活的人们在间隙时间内休闲娱乐的需求。

截至2023年底，使用抖音用户的年龄层次主要集中于18—35岁，其中18—25岁的用户占比约为35%；25—30岁的用户占比约为27%，31—35岁的用户占比约为16%。抖音的用户以年轻人为主，因此特点鲜明：社交属性强、热点时事传播速度快、用户热衷于线下"打卡"等。很多机构的"官方账号"都会"整活""搞怪"，网友都爱调侃是否因为"00后"在运营这些账号，所以这些"官方账号"才会显得这么活泼有趣。这也可以看出很多机构的"官方账号"在向年轻用户群体靠拢。瑞幸咖啡和蜜雪冰城的"官方账号"在抖音上"大战"，各种"互怼"和各种"阴阳怪气"的评论让"观战"的网友都忍俊不禁，大家都习惯也喜欢看见双方的互动行为，它们时不时线下"打架"的视频也在抖音上广泛传播，促进两个品牌的形象深入人心。

截至2023年底，抖音的总用户数量超过了8亿，月活跃用户超过6亿；美团的总用户数量为5.45亿；大众点评月活跃用户超2.5亿，日活跃用户达到1890万。从上述数据可以看出，与美团、大众点评相比，抖音的用户更多，覆盖的用户群体更加广泛，这表明餐饮商户可以设法抓住抖音上存在的"红利"。但是抖音的流量相对而言更加"短平快"，对于餐饮门店来说，抖音可以快速吸引客户，让门店有消费者排队，但是在10天或者15天后，流量开始慢慢下滑，且这部分消费者无论是否进行评价、收藏，都很少有复购行为，往往只是增加团购套餐的销量而已。这也导致很多餐饮人对抖音存在错误认知，一旦客流量下滑就在抖音上做营销，比如找达人探店，但是随着在抖音上营销活动越来越频繁，营销效果往往越来越差，转化率越来越低。因此，各位餐饮人在面对这样一个大流量平台时一定要弄清楚抖音上的餐饮营销技巧后再开展营销活动。

第二节　抖音营销实战策划

一、抖音营销1.0

抖音刚面市的时期是餐饮商户"红利"最多的时期，也是抖音的成长期。这是一个餐饮商户少而用户多的时代，餐饮商户只需要在抖音上做一些简单的营销推广活动，或者是邀请一些达人探店拍摄视频就能够获取巨大的流量。在这个阶段，抖音还没开始做本地生活方面的业务，因此只要餐饮商户有基本的流量思维就能取得很好的成果。

二、抖音营销2.0

自 2021年起，抖音开始进军本地生活方面的业务，像美团和大众点评等平台一样，抖音上也开始售卖团购套餐。餐饮商户在抖音上发布团购套餐后，流量的转化率明显提高了，很多用户会通过抖音了解餐饮商户的信息进而到店消费。对于餐饮商户来说，除了美团和大众点评外，还增加了抖音的销售渠道，团购套餐的销量显著提升。这个巨大的变化是与本地生活相关的餐饮商户之间的竞争走向白热化的导火线。在抖音刚刚上线团购套餐不久，嗅觉灵敏的餐饮人立即开始行动，将在大众点评和美团上线的套餐同步在抖音上发布。提供适当优惠的团购套餐配合达人发布的内容就可以给餐饮商户带来超出预期的热度和转化率。看到抓住抖音上的"红利"的餐饮商户生意红火，餐饮同行纷纷下场。你的套餐卖8折，我的套餐就卖7折，用户看见7折的套餐更划算就抢购7折的套餐，8折的套餐就卖不动了。大多数餐饮商户没有适当的运营策略，往往选择继续降价，导致抖音上的团购套餐优惠力度越来越大，价格越来越低。时至今日，抖音上甚至出现了38元的双人餐。

看见周边越来越多餐饮商户因为售卖低价的团购套餐而生意火爆，有很多消费者排队等待用餐，很多不懂其中门道的餐饮老板想要自己的门店生意也好起来，因此纷纷照葫芦画瓢，售卖低价的团购套餐。但餐饮商户盲目售卖低价团购套餐的结局往往是死路一条，餐饮商户销售的都是没有利润的低价团购套餐，高利润的消费者并没有到店消费。购买低价团购套餐的消费者复购率很低，只要团购套餐涨价，这些消费者就不来了。这样的话，餐饮商户每天从早忙到晚，累死累活，营业额看起来非常高，可是净利润非常少。因此，餐饮商户在做低价团购套餐之前一定要考虑清楚，做低价团购套餐的本质是什么、自己的最终目的是什么、需要通过低价团购套餐吸引的消费者给自己提供什么，需要根据自己的最终目的制定营销计划、执行营销策略。在抖音上做餐饮营销的核心不应该是通过低价的团购套餐吸引消费者到店，而是通过优质内容吸引优质客户到店。

想要产出优质内容，餐饮商户需要做好以下两点：

第一，了解当代消费者的喜好，知道他们对于什么内容感兴趣。

第二，看看餐饮同行在做什么产品，评估自己能不能做。

之前，"超大牛角包"先在上海出现，然后迅速在互联网上引起热议。为什么关于"超大牛角包"的内容的传播速度会这么快？因为之前没有这样将一款日常产品以令人意想不到的程度进行放大的产品，这就在短时间内吸引大量年轻消费者"打卡"。这种"新奇特"产品更容易受到年轻消费者追捧，且社交属性强，很多年轻消费者愿意将这些内容发布在网上帮助商户进行二次传播。如果当时餐饮商户所在的城市还没有这款产品，那餐饮商户就可以想办法抢先推出这款产品，那就可以享受流量"红利"了。

除了产品之外，如今餐饮商户的装修风格也是层出不穷：赛博朋克风、叙利亚风、欧式宫廷风等，餐饮商户还会推出各种与节日相关的限定时间的装饰。众多餐饮商户越来越重视场景搭建，这也反映出现在的消费者对于门店"拍照打卡"属性的关注。但是就单一因素比较而言，场景搭建对于转化率的提升效果远不如产品，这是大家需要牢记的。好的产品加上不错的场景，容易让消费者复购，如果餐饮商户只有好的场景而没有好的产品，那么消费者往往只会到店一次，基本不会复购。对于消费者而言，往往会带着目的性选择相应的场景，比如约会、和朋友去拍照等，消费者就会有目的性地选择适合的餐饮商户。

例如我们团队服务的一家火锅店，将成都川渝火锅和茶饮文化结合起来，将茶铺融入火锅店，除了升级产品造型以外还增设了适合线下拍照的场景，提高了门店的自传播属性。在门店刚刚试营业期间就有不少消费者自发前来"打卡",这与新店开业后线上"曝光"相结合,让门店在开业短短几天后就已经火爆全城了。大家在开展营销活动时要记住,"好的产品+好的场景"才是最完美的组合。

随着抖音团购的热度越来越高,抖音也开始发布各种榜单:"好评榜""人气榜""收藏榜""热销榜"等。餐饮商户应当知道如何查看这些榜单,熟悉榜单的上榜要求。

在抖音首页搜索团购,进入"附近团购"的页面后就能看到"热门榜单",点击进入后,用户可以查看各个榜单。好评榜:要求门店近30天评价数不少于100条且评分不低于4.0分,根据门店的评价计算排名;人气榜:根据近30天用户发布的视频数量计算门店的排名,要求与门店相关的视频数量不少于100条且评分不低于4.0分,综合计算排名;收藏榜:根据近30天POI①以及商品收藏、分享数据计算排名,要求门店近30天评价数不少于100条且评分不低于4.0分,综合计算排名;热销榜:根据门店近30天POI、直播、企业号等路径下的团购套餐核销数据计算排名,要求门店近30天评价数不低于100条且评分不低于4.0分,综合计算排名。

---

① POI 是兴趣点(Point Of Interest)的首字母组合,是抖音中的一种地理定位。

大家在查看自己所在的城市的榜单时可以看到，门店的评价数量大多为几百条，有上千条评价的门店很少。餐饮商户在推出低价团购套餐的时候，销量基本在5000份以上，甚至可以达到上万份，但是为什么留存下来的评价数量寥寥无几呢？这说明抖音上的团购套餐销量很大，但反映消费者实际到店消费情况的核销率低，且到店消费后对门店进行评价的消费者也不多。一旦餐饮商户的团购套餐涨价，这些对价格敏感的消费者就不购买团购套餐了。但是这些对价格敏感的消费者能在门店累积排队的"势能"，因此在新店开业时，或者开展大型营销活动时，这些对价格敏感的消费者可以快速帮助门店累积排队的"势能"，增加门店线下的自然客流量。门店还可以通过抖音平台上的点评功能，让消费者收藏、"打卡"、评价，让商户积累搜索、评价、购买等数据。

大部分抖音用户并不清楚还有这些榜单。抖音用户在购买团购套餐时，大多根据视频内容决定是否下单，很少会查看门店的评价，进行认真对比后再购买。因此，餐饮商户在抖音平台营销的核心是流量而不是评价。如何做出非常有吸引力的内容玩转抖音平台的流量才是餐饮商户在抖音平台营销的关键。

三、抖音营销3.0

1.极致内容

近两年来，大家可以发现，在抖音"刷"到美食视频时，卡点视频[①]、吃播视频、融合剧情创作视频等形式的视频层出不穷，达人在视频中植入与门店相关内容的手段越来越隐蔽，我们有时候甚至很难看出来一条视频其实是美食探店的视频。为什么会出现这样的状况呢？现在，越来越多餐饮商户入驻抖音平台，餐饮商户很难享受抖音的流量"红利"，部分餐饮商户的流量甚至呈现出下降的趋势。这导致餐饮市场越来越"卷"，餐饮商户想出各种办法吸引消费者到店：产品的呈现形式越来越奇特，线下场景设计越来越"浮夸"，就连服务员的标准都提高了。用户在线上看见的花样越来越多，也越来越挑剔。整个抖音平台的餐饮商户都被迫参与价格战，用户对优惠的团购套餐习以为常，对于普通探店达人千篇一律口述介绍门店的视频甚至存在反感心理，认为这些视频就是广告。餐饮商户会发现，如果还是用以往的营销方法进行推广，整体效果一般，转化率也不如以往。因此，餐饮商户在这个阶段要设法制作非常有吸引力的内容，才能打开局面。餐饮商户要怎样才能制作出非常有吸引力的内容呢？如果自己很难做到，那就可以找能够制作出非常有吸引力的内容的达人。

2.视频类型解析

（1）卡点视频解析。没有字幕也没有口播，由多画面搭配BGM（背景音乐）组成的视频被称为卡点视频。轻松欢快的音乐搭配短短几秒的不断切换的画面，在最近两年迅速走红，深受抖音用户喜爱。卡点视频往往能够仅仅凭借几个画面，给餐饮商户带来意想不到的热度。有几位达人非常擅于创作非常有吸引力的卡点视频。

清澈里、泡芙味的女孩子O、椰子Ryan在2024年可以算是卡点视频的

---

① 卡点视频是画面跟随音乐节奏变化而变化的视频，通过节奏感吸引用户观看。

头部达人。为什么做卡点视频的达人非常多，他们却能有这样的成就，每一条视频的点赞量都能过万，甚至达到几十万呢？清澈里的视频以高频率转场、呈现产品动态为主；泡芙味的女孩子O的视频以产品制作过程搭配转场视角切换为主；椰子Ryan的视频对于产品制作过程的把控性很强。三位达人有各自的视频风格，但是他们也存在共同点：与其他达人相比，他们的BGM更轻快、节奏感更强，视频的整体时长大多控制在15秒以内；以节奏快、强度高的动态画面吸引用户持续观看；他们制作的视频会多展现出门店的烟火气，提高食物的诱人程度。他们对于产品呈现形式的创造力也是非常优秀的。

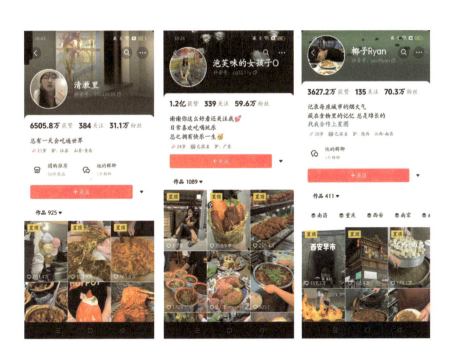

　　"热油浇在砂锅上引出的大火""整锅热油浇下""红油在冷面上浇下"等画面主要集中在视频的前三秒，这样更容易吸引用户的注意力，也更容易促使用户停留、转化，因此这些视频迅速火爆。当其他达人还在以常规方式拍摄掀盖子、加汤的画面时，清澈里等人创作的视频告诉大家产品的呈现形式可以是多元化的，卡点视频也可以成为"现象级"的视频。这也让其他达人知道原来这些产品还能这么拍。对于餐饮商户来说，清澈里等人的流量获取能力和对产品的审美能力可以提供巨大的帮助。餐饮商户可以通过他们创作视频的思路挖掘门店自身的"爆点"，了解怎样拍摄产品能获得更多流量，了解产品在线下的呈现形式还能怎样升级，在与普通达人合作时，也能更好地把控拍摄视频的素材。

　　这些卡点视频在短时间内多画面转场的风格更容易让用户持续观看，用户往往会无意识地重复观看，因此这些卡点视频的互动数据和完播率也是卡点视频中的佼佼者。重复播放的画面也会不断刺激用户前去餐饮商户"打卡"的欲望。

（2）吃播视频解析。吃饭必须搭配"电子榨菜"才香，这是当今年轻人最认同的理念之一。随着吃播视频兴起，越来越多人喜欢在吃饭时观看吃播视频。吃播视频大多是在轻松愉快的氛围下拍摄的，用户在观看达人享受美食的过程中，也能感受到放松和解压。对处于忙碌状态或压力较大的状态下的人来说，看吃播视频成了一种有效的休闲方式。吃播视频的内容主要与"吃"有关，这也是人们日常生活中不可或缺的一部分。用户通过观看吃播视频可以了解各种类型的美食，包括地域特色菜、异国料理、创新菜等。这种新奇的体验满足了人们的好奇心和探索欲望，让用户仿佛身临其境品尝各种美食，也更容易引起用户的共鸣和兴趣。特别乌啦啦和肉肉大搜索在吃播视频领域创作了众多优质内容，他们在抖音等平台拥有众多粉丝和巨大的流量。

"一口塞下一个大包子""一口吃下大半碗面条"等，这样刺激感官的前三秒画面内容大大满足了用户观看吃播视频的欲望，这样的内容不仅对用户的吸引力非常强，也会让观看吃播视频的用户产生一种心理上的"饥饿感"，想要吃达人介绍的同款美食，还可能唤起用户与这种美食相关的美好记忆。

这就是吃播视频的魅力所在。吃播视频的社交属性更强，用户会在视频下分享自己的美食体验并推荐自己喜欢的美食，可以在评论区和弹幕互动形成社交圈，且都是与美食有关的。很多用户不仅被吃播视频内容所吸引，也会被评论区中的内容"种草"，因此吃播视频的流量具有持续性强、传播范围广等特点。在吃播视频中，达人往往不仅展示美食，还会介绍美食的制作方法、食材、饮食文化等内容，这让用户在欣赏美食的同时还能了解很多关于美食的知识，拓宽视野。对于有大量粉丝的吃播达人来说，粉丝会存在跟随效应，新用户会因为好奇或吃播达人的粉丝推荐而观看吃播视频，被视频内容所吸引，进而关注吃播达人，这也使得吃播达人能够吸引大量粉丝，并且粉丝的忠诚度和活跃度都比较高。

　　吃播达人探店的费用普遍比较高，而且头部吃播达人往往会挑选适合自己的门店，他们会减少探店合作的内容，以账号本身的流量为出发点评估商业合作机会。餐饮商户在选择吃播达人时可以从性价比的角度进行考虑。邓炫疯、吴半饱等"大胃王"类型的吃播达人层出不穷。虽然有些吃播达人块头不大，看起来吃不了很多，但每一条视频都显得很能吃，这也让网友热议这些吃播达人到底是真吃还是假吃。他们吃得很香的样子往往有很强的诱惑力，可以吸引消费者前往门店尝试。

我们团队在服务一个经营品类为蒙餐的餐饮商户时，就邀请了"大胃王"类型的吃播达人探店。蒙餐的产品整体分量比较大，多以肉类为主要食材，这家餐饮商户以牛大骨为招牌菜。我们通过吃播达人一个人吃一盆牛大骨来体现这家餐饮商户产品的分量以及性价比。女生大口吃肉带来的反差感对用户的吸引力很大，用户往往会非常热烈地讨论门店的产品。因此，前往内蒙古旅游的游客在看到这些内容时也会想"打卡"，尝试吃播达人介绍的产品。这家餐饮商户的消费者过去以老客户为主，现在新客户也络绎不绝。

通过投流，这些优质内容可以带来更精准的转化效果。吃播视频的整体投放时间可以比普通的探店视频投放时间更长，哪怕已经过了好几个月甚至半年，餐饮商户还是可以通过投流带动视频的自然流量，取得较好的转化效果。

（3）剧情视频解析。剧情视频的整体风格以段子或故事为主，植入门店的相关信息，有时候看到结尾用户才会发现这条视频竟然是植入了门店信

息的视频。剧情视频通过将门店信息融入剧情之中，使得营销倾向被淡化，用户容易接受，因此剧情视频的互动效果好、转化率比较高。美食的画面本身就具备较强的视觉吸引力，精心设计的剧情则为美食视频增添了更多视觉元素，如场景布置、角色造型等，进一步提升了视频的观赏性。融合一定的情节让用户在欣赏美食时还能享受故事情节带来的乐趣，更容易产生共鸣和情感连接。剧情视频还会设置悬念和互动环节，鼓励用户在评论区参与讨论和猜测，互动行为越多，视频越容易在用户间传播，形成热门话题和社群，增强用户的黏性。在剧情视频中，有品牌力的门店在吸引观众和建立品牌形象方面具有一定的优势，通过创作脚本，将品牌的相关信息以较为自然的方式植入视频中，通过故事情节将品牌的相关信息自然地传达给观众，既提高了品牌的认知度，也提高了转化率。

3.利用达人进行营销

各种类型的达人具有不同的特点。吃播视频和剧情视频在拍摄前需要提前梳理脚本，要确保拍摄时达人情绪表现得稳定，口播不卡顿，难度相对较大。卡点视频是可复制性最强的，也是在短期内最容易取得成功的，只要"网感"足够强，会模仿就可以创作出质量较高的视频。因此，餐饮商户可以将卡点视频头部达人拍摄的素材分发给其他卡点视频达人，让他们进行视频代发。

每个地区都会有卡点视频达人，只是他们拍摄素材的水平比头部达人略低一些，画面的呈现方式也会稍微显得简单。在这种情况下，餐饮商户可以将头部卡点视频达人拍摄的素材给其他达人进行剪辑，这样制作"爆款视频"的概率就会比一般达人自己拍摄素材制作的视频更高，而且可以节约达人到店的食材成本。

例如我们团队服务的一家位于北京的经营火锅品类的餐饮公司，这家公司的门店面积约1000平方米，经常有上百桌消费者排队等待用餐。当时，这家公司在北京已经有两家门店且两家门店的生意都非常火爆。在这家公司的第三家门店即将开业的时候，我们思考如何能够延续前两家门店生意火爆的状态甚至取得更好的业绩。在第三家门店装修结束后，这家公司对产品进行了整体升级，可以与门店室内和室外的"打卡点"搭配。这家公司除了邀请当地的头部达人探店外，还向全国的头部达人发送了探店邀约，向不同类型的达人提供具体拍摄内容的建议，针对不同达人的风格进行有针对性的指导，这样做可以最大化地体现门店的特色，一条抖音视频就有几百万播放量。这家公司还收集了达人拍摄好但没有发布过的素材，将其分发给全国各地可以进行编辑代发的达人。在抖音线上没有搭配低折扣套餐的情况下，这家公司的第三家门店刚开业，生意就非常火爆。

利用达人进行营销的总体策略是：以头部达人打头阵，让与门店相关视频的流量达到顶峰，再配合全国各地达人账号分发，不断补充尾部流量，持续营销，让消费者"种草"。

四、抖音营销4.0

1.付费流量

抖音作为一个拥有庞大用户群体和丰富流量入口的平台，为广大商家提供了多样化的营销机会。但是现在餐饮商户在抖音进行营销宣传推广时，也会遇到视频内容不错但是播放量一般或者头部达人制作的关于门店的视频没有达到达人制作视频的平均播放量的情况。这是为什么呢？因为现在抖音平台的流量和用户增长速度不如以往，所以达人制作的视频获得的自然流量就会比以往更少。因此，餐饮商户可以通过购买抖音的付费流量实现比通过自然流量传播确定性更强、精准度更高的营销效果。

与自然流量相比，付费流量的营销效果更精准、更可控。餐饮商户通过购买付费流量可以从用户的兴趣、行为习惯、地域等多个角度进行精准定位，确保视频内容能够触达最有可能对门店感兴趣的潜在用户，不断将视频内容推送给他们，在增加视频曝光度的同时提高转化率。餐饮商户可以根据预算和想要达成的目标，制定投放节奏和投放预算的计划，还可以跟踪和分析视频的实时数据，在每一次投放后根据数据进行复盘，及时调整后续的投放计划。对于新的餐饮品牌或需要快速增长"势能"的餐饮品牌来说，付费流量有助于突破自然流量的瓶颈，快速积累用户，提升品牌知名度。与抖音平台推送视频的算法相比，餐饮商户购买付费流量方式也较为简单，有三种工具：DOU+、本地推以及巨量本地推。

DOU+是服务所有抖音创作者的工具，可以提升视频的播放量和曝光度。本地推是专门服务于本地生活商家的投流工具，可以将视频更精准地投放给处于门店周边位置的用户，刺激用户到店。与本地推相比，巨量本地推增加了给直播间引流、提升直播间热度的选项。这三种工具怎么进行操作和选择呢？

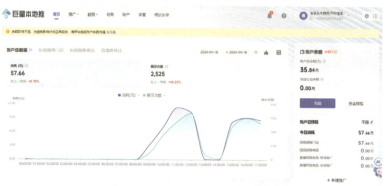

2.投流工具解析

（1）DOU+。DOU+是一款所有抖音用户均可使用的内容"加热"和营销推广工具。它可以帮助用户增加视频的曝光量、播放量以及互动量（如点赞、评论等）。它有三种投放模式：系统智能推荐、自定义定向推荐和达人相似粉丝推荐。投放管理页面提供了多维度的在投订单综合数据，可以进行在线可视化投放效果分析，实时追踪内容"加热"效果，帮助用户评估投放费用的效果，掌握投放费用的视频的吸引力。订单以列表形式聚合汇总，展示当前账号所有已支付及未支付的DOU+订单及数据。用户可以在原订单的基础上续费，增加预算并延长投放时长。对于已经完成投放计划的订单，用户可再次发起投放计划，一键复制原订单的所有设置。

　　用户为自己制作的视频投放DOU+（自投）的步骤：在"我"的页面中选择想要投放的视频，点击"…"，找到"DOU+上热门"；或者在"我"的页面点击位于右上角的"≡"，找到"更多功能"，选择"DOU+上热门"。

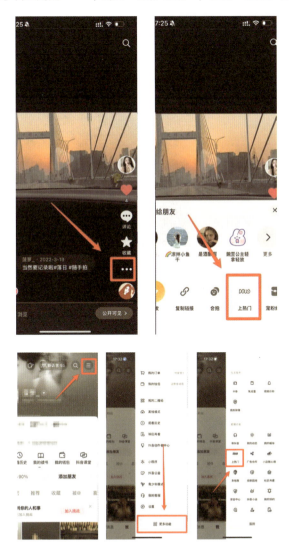

用户为他人制作的视频投放DOU+（代投）的步骤：找到需要投放的视频，点击右下角转发的图标，选择"DOU+上热门"；或者在"我"的页面点击位于右上角的"≡"，选择"更多功能"，找到"DOU+上热门"，选择"切换账号"，找到自己想要投放的账号，点击"选择"。

餐饮商户投放DOU+有什么好处呢？通过投放DOU+，餐饮商户的相关视频可以被推送给更多潜在消费者，既可以提升视频的曝光量，也可以提高视频内容的转化率。对于自然流量处于瓶颈阶段的视频来说，餐饮商户通过付费的方式让视频突破流量瓶颈，可以再次带动视

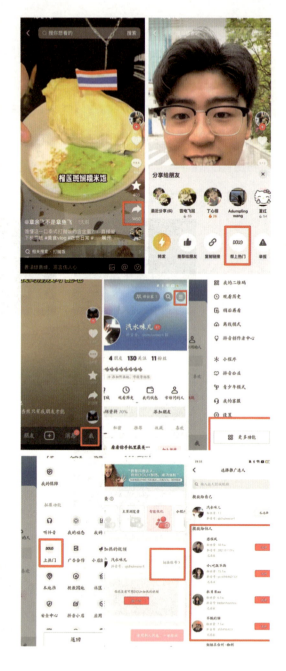

频的自然流量增长。在周边同质化内容很多的情况下，餐饮商户可以让与自己相关的视频脱颖而出，被优先推送给用户。投放DOU+还可以加快视频获

得转化订单的过程。

但DOU+并不适合在视频刚发布时就进行投放。什么时候投放DOU+最为合适呢？视频发布24小时后才是比较合适的投放DOU+的时机。因为在发布24小时后，视频已经积累了一些自然流量转化的订单，评论区通常会有好评可以呈现门店的优点。在这个时候，餐饮商户通过DOU+将视频推送给更多潜在消费者，在积累了一定数量的评论的情况下，视频的转化效果比较好。对于吃播视频，餐饮商户可以选择在晚间和凌晨时段投放DOU+，"深夜美食"对于用户的吸引力非常大，用户会有较强的冲动消费的欲望，餐饮商户可以选择投放6小时，让视频内容不断刺激用户。对于探店视频，餐饮商户可以选择在10：30—11：00和17：30—18：00投放DOU+，投放6小时，在午餐和晚餐的用餐高峰期短期多次投放，这样做可以将视频提前推送给潜在消费者，提高他们到店消费的概率。

很多人在投放DOU+时不清楚选择哪个提升选项效果更好，往往会选择"粉丝量"或"主页浏览量"，但是这样做往往很难取得理想的成果。在选定需要投放DOU+的视频后，应该选择"点赞评论量"，这样才容易取得理想的效果。因为无论是点赞、评论还是分享，这些互动行为都是用户对视频内容产生兴趣才会进行的，这也表明参与互动的用户对门店感兴趣，用户会搜索并查看餐饮商户的门店的信息。在这个时候，门店的访问量就增加了，视频的转化率也提升了。

我推荐选择抖音DOU+的套餐为"自定义定向推荐"，每次以6小时时长针对门店所在位置的区域进行投放。DOU+在全面升级后从刚开始只能选择城市到现在已经可以将投放位置控制在门店的"附近区域"，向门店周边的用户精准投放，而门店周边的用户无疑是转化率更高的消费者。我们团队服务了承德的一家有多个门店的餐饮商户，我们在2023年8月底餐饮消费淡季策划了一场周年庆的活动，所有门店联动。承德当地的优质达人比较少，在当时只有10位达人发布宣传视频的情况下，我们持续投放DOU+，让门店的热度一直持续到10月国庆假期，在游客人数最多的时间段维持了门店的"势能"，这样也可以加深游客对于门店的信任度。达人在发布视频的时候，打开智能定位（餐饮商户在抖音进行连锁认证后，达人带上定位发布视频时，开启"门店自动推荐"，每个用户看到视频的时候展示的定位都是离用户最近的门店）。在视频发布一段时间后，餐饮商户需要使用"DOU+"不断对达人创作的视频进行投流。在第一轮投放结束后，餐饮商户可以根据投放完的订单数据，选择转化率更高的视频，进行第二轮投放，以不断测试合适的投流形式，设法充分利用流量。在经过前期持续投流测试后，我们选出了转化率最高的视频，在国庆假期持续投放DOU+，吸引游客到店消费。

DOU+ 的投放步骤

- ①点击视频页面的分享图标找到"DOU+上热门"的选项
- ②选择需要推广的作品
  - 可以选择单条视频，也可以选择多条视频
  - 可以先对选中的视频进行预审（不影响最终投放结果）
- ③选择投放内容
  - 账号经营
    - 点赞评论量
    - 粉丝量
    - 主页浏览量
  - 直播间推广
    - 直播间人气、直播间涨粉
    - 观众打赏
    - 观众互动
- ④选择人群定向
  - 智能套餐包
  - 自定义
    - 系统智能推荐
    - 自定义定向推荐
    - 达人相似粉丝推荐
- ⑤选择金额、优惠券等
- ⑥支付
- ⑦订单进入审核环节
  - 未通过审核：根据审核建议调整内容或更换内容
  - 通过审核：开始投放
- ⑧投放结束，订单完成履约
  - 已经完成投放的订单，可以在订单页查看数据

（2）本地推。"本地推"是抖音专门为本地生活服务的商家设计的付费推广工具，通过将视频精准地推送给位于特定地理位置的用户，吸引商家周边的潜在消费者到店消费。DOU+是以增加视频的播放量和用户互动行为（如点赞、评论）为核心的，推送范围可选择性大。本地推侧重吸引消费者到实体门店消费，提高实体门店的客流量和销售额。DOU+对于视频创作内容的要求较高，本地推的素材制作则较为简单。餐饮商户在使用本地推后，

也可以在订单页面查看与达人制作的视频相关的团购套餐转化数量、门店的浏览次数以及商品的浏览次数等数据，通过"赛马机制"选出转化率最高的视频，然后在短期内多次投放，让团购套餐的销售量快速增长。本地推是适合需要在抖音平台大量销售团购套餐的商家选择的付费推广工具。本地推不仅可以在抖音平台上进行投放，还可以在抖音来客进行投放。

抖音平台投放：找到需要进行投放的视频，点击右下角转发的图标，选择"本地推"。

抖音来客投放：打开"抖音来客"，在首页找到"本地推"，充值一定金额作为投流费用，然后点击"新建推广"，然后"选择要投放的账号"。

　　本地推让商家可以更加精准地进行营销。在达人刚发布视频的时候，餐饮商户可以通过"赛马机制"测试视频的转化效果，扩大投放选择范围，找出转化效果最好的内容，精准投放给门店周边6千米范围内的抖音用户。这样可以大大加强门店周边的用户购买团购套餐的欲望，提升他们到店消费的概率。很多抖音用户有囤积低折扣团购套餐的习惯。但是团购套餐的到店核销率普遍较低，因为很多用户往往遗忘了自己购买过的团购套餐。餐饮商户可以通过本地推精准投放视频，刺激门店周边的用户，用户在看到视频内容后对门店的产品感兴趣，点开定位看到门店就在自己附近还有划算的套餐，去门店消费的欲望就会大大提升。因此，本地推对于提升门店线下客流量是大有帮助的。餐饮市场的竞争非常激烈，餐饮商户可以通过使用本地推在特定区域内建立品牌认知度，加强特定区域内消费者与门店之间的联系。

　　那么，餐饮商户应该怎么使用本地推才能取得最好的效果呢？

本地推有四个提升选项：团购成交、门店引流、用户互动和粉丝增长。哪个选项可以让投流费用取得最好的效果呢？很多餐饮人会直接选择团购成交或门店引流，因为他们认为这两个选项是让消费者直接转化到店消费的。但我认为，用户互动才应该是最优选项，因为用户互动可以直接反映消费者对于视频内容是否感兴趣，用户做出如点赞、评论、分享等互动行为都表明自己被视频内容吸引。在看到合适的团购套餐时，他们往往会选择购买。在同样投流费用和投放时间内，餐饮商户可以对比哪一条视频的转化率更高，这样可以为后续的长期投放工作做好准备。

在确认好投放内容后，餐饮商户需要设置推广的选项。与"智能套餐推广"相比，"自定义设置推广"有利于更加精准地将视频推送给消费者：在午市和晚市时段，在6小时内精准投放给门店周边6千米范围内的消费者。这样可以在用餐时间内高频次刺激门店周边的消费者，提高他们到店消费的欲望。

餐饮商户在抖音来客进行投流时，可以更精准地找出转化效果最好的视频。餐饮商户可以选择在一个计划内同时投放1—9条视频，这样可以看出哪条视频的转化效果最好。在通过"赛马机制"对视频进行测试后，餐饮商户可以选择转化效果最好的视频单独制定投流计划，以持续提升门店的流量。

我们团队服务的一家位于杭州的经营铜锅涮肉新开业的门店，推出的团购套餐在短短10天内仅在抖音平台的销量就超过了2万单，这个销量对于任何一家门店来说都是非常不错的。这家门店在刚开始试营业时，就做好了团队的磨合工作，调整各环节配合的细节，并且不断优化产品。在各方面都做好准备后，这家门店开始在线上发力。我们也对于达人发布视频的节奏进行把控，在视频发布后实时跟踪数据，引导评论区的风向，找准时机投流。我们用"赛马机制"选出优质、转化率高的视频持续投放，在10天内就实现了销售2万多单的业绩，在短时间内让消费者了解这家门店，可以算得上火爆全城了。

（3）巨量本地推。相较于本地推，巨量本地推的操作更为简单，不仅可以帮餐饮商户有效触达目标客户，提升品牌影响力和销售业绩，还涵盖了直播投放的策略和指南，帮助餐饮商户在直播前做好准备，在直播中进行优化和在直播后复盘、总结。商家先在抖音上建立企业账号，并确保企业资料完整，包括企业名称、联系方式、地址等信息以增加用户信任感，然后在电脑端登录"抖音来客"，在"营销推广"中找到"本地推"，点击就可以进入"巨量本地推"的首页，在页面右侧找到充值的选项，充值后即可开始投流。

在选择建立推广计划时，餐饮商户可以选择"标准推广"或"全域推广"。全域推广以抖音直播整体ROI（Return On Investment，投资回报率）为优化目标，拓展抖音信息流推荐、直播广场、商场、搜索等直播全域流量，通过付费的形式打破自然流量的壁垒，撬动更多自然客流量，从而带动直播间成交金额全面提升，整个计划更加系统化，可以自动优化调节，节省人力成本。标准推广按照更为传统的短视频广告投放方式，不像直播那样涉及全域流量，侧重特定流量或者视频展示频次、展示位优化，因此标准投放的具体设置需要餐饮商户进行细致管理和调整。刚开始接触巨量本地推，想要通过这个工具投流的餐饮商户，可以在建立推广计划时选择"托管"，这样可以使用系统自定义套餐，根据相关设置或约束条件自动调整、优化，让广告投放的流量取得最佳效果。

在标准推广的页面中，营销目标有三个选项："短视频推门店""短视频推商品"和"直播推商品"，很多餐饮人不知道应该如何选择。如果餐饮商户的门店有具备一定特色的产品或者别具一格的场景，那么餐饮商户可以选择给门店引流。这样不仅能够提高商品销量，还有更多机会展示门店的相关内容，吸引门店周边的用户到店消费。餐饮商户评估门店引流效果的指标主要是到店率、消费者满意度等线下数据。如果餐饮商户选择给商品引流，可以通过打折、促销等方式吸引用户查看商品信息并购买，用户对于门店的印象主要就是团购套餐，而不是门店的特色产品或场景。如果门店只是想提高团购套餐的销量，就可以选择给商品引流。

在确认营销目标后，餐饮商户还要选择广告类型，存在"通投广告"和"搜索广告"两种形式。这都是通过付费来挖掘广告流量池，但带来的效果以及展示的途径有所区别。"通投广告"是在平台内进行随机展示的，会混在普通内容中，在不经意间出现在用户的面前，侧重根据用户平时的兴趣以及平台的算法，找到相应的用户，然后将广告投放在用户的浏览路径上，以此提高互动量和商品转化率。"搜索广告"专门针对用户的搜索行为，通过关键词匹配展示相关的广告内容，可以更精准触达潜在客户。和通投广告相比，搜索广告需要用户进行主动搜索才会被展示，但是面向的群体更为精准。位于景区内的餐饮商户或全国连锁品牌的餐饮商户都可以通过搜索广告获取精准客流。有一定投流经验的餐饮商户可以选择"自定义推广"，这样可以随时调整设置。

同本地推一样，餐饮商户选择需要推广的门店，优化目标选择"用户互动"，出价方式可以选择"手动出价"（手动出价可以更好地控制费用，避免费用超出预算），选择投放费用的"日预算"，在门店周边6千米范围内进行

投放，出价可以选择系统建议范围内的最低金额先测试效果。视频在用户面前展示后就会消耗费用，因此餐饮商户应在推广计划建立后2—4小时查看推广费用使用情况，若推广费用消耗速度快，但互动率较低，餐饮商户可以降低出价金额。餐饮商户在电脑端建立推广计划选择视频时，最多可以选择9条视频，让这些视频在同样的推广计划内按照"赛马机制"进行测试，根据整体的转化情况选择转化效果最好的视频，进行长期投放。

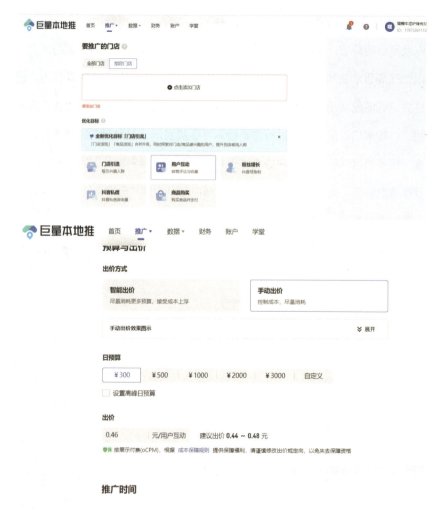

随着抖音平台不断更新，营销手段持续升级，达人探店的重要性在抖音推广工作中的占比越来越低。现在，达人探店拍摄的视频形式大同小异，想在抖音上做营销的餐饮商户越来越多，大家都知道要找达人探店，达人接受的合作邀请越多对于视频内容的控制力就越弱，甚至套用同一个模板制作不同门店的探店视频。对于这样的视频内容，用户已经看腻了，因而进行互动的意愿不强。因此，创作能力强的达人是非常稀缺的。我们可以在这些达人制作的视频的评论区看出，视频的流量是全国性的，只要视频的流量起来了，抖音的算法系统就会将视频推送给更大范围内的用户。在这个时候，餐饮商户可以搭配本地推等投流方式，将视频准确地投放到门店周边范围内，不断覆盖门店周边的用户，提高转化效果。餐饮商户在选择优质达人的同时，搭配付费流量，以组合拳的形式将不确定性强的达人探店营销效果变成确定性强的门店周边消费者到店消费的结果。

第三节　如何筛选优质达人？

一、能够创作优质内容的达人

餐饮商户在抖音平台的营销推广工作离不开探店达人，优质的达人可以创作优质的内容，因此餐饮商户如何选择达人就是营销推广工作的重中之重。很多餐饮商户都会有一个错误的观念：粉丝数量多的达人就是优质的达人。很多MCN[①]都会说："只要花费几千元就可以邀请30个拥有50万以上粉丝的达人探店。"但是，餐饮商户在投入费用后却发现自家门店的客流量没有什么变化。其实，粉丝是可以购买的，仅仅依靠粉丝数量评判达人的水准很容易"踩雷"。除了在抖音平台通过搜索找到需要的达人外，餐饮商户还可以在巨量星图的电脑端查看达人的视频播放量以及达人粉丝的年龄、地区等画像，以此筛选合适的达人。

从来没有做过抖音营销的餐饮商户怎么找到合适的达人呢？餐饮商户可以在抖音上搜索当地美食，例如"杭州美食""北京美食"等，在搜索结果中找到当地的探店达人。餐饮商户还可以使用一个简单的技巧，直接搜索门店所在地相同品类排名最高的餐饮门店，看他们用了哪些达人，按照名单全

---

① MCN（Multi-Channel Network，多频道网络）是为"网红"和自媒体提供内容策划、宣传推广、粉丝管理、签约代理等服务的机构。

部联系一遍。达人的主页上一般会有达人的联系方式，餐饮商户在添加达人时直接备注"需要合作"即可。如果达人的主页上没有达人的联系方式，餐饮商户可以给达人发私信，直接表明要合作，一般很快就会得到回复。对于不回复私信也没有联系方式的达人，餐饮商户可以在巨量星图的电脑端搜索，查看达人的联系方式，进行电话沟通。但是餐饮商户应当如何对这些达人进行分类并筛选呢？

1. 卡点视频达人

卡点视频的时长较短，且没有口播。近两年，卡点视频达人如雨后春笋般纷纷出现，因为卡点视频容易模仿，但是卡点视频对制作者的网感要求很高，因为卡点视频只是靠画面和BGM的适配性让用户停留观看。餐饮商户可以通过卡点视频达人发布的视频筛选合适的达人，优质的达人创作的视频往往有一定的创新性，他们会不断探索新的拍摄手法和产品呈现形式，突出食物的诱人之处，激发用户尝试食物的欲望，加深用户对画面的记忆，甚至引发其他达人进行模仿。他们创作的视频会让人有眼前一亮的感觉，整体画面转换和BGM的节奏搭配得很好。

除了视频内容外，视频的互动量和评论区的内容也是餐饮商户评判达人的重要标准。互动量高表明达人创作的内容质量很好。达人之间相互熟悉，他们有自己的小圈子，因此餐饮商户可以在评论区注意查看是否有达人互评，如果达人互评数量占总评论数量的50%及以上，那么基本上可以判定这条视频的市场推广价值不高。餐饮商户可以注意普通用户的评论是否@好友、有想尝试食物的想法以及他们的反馈和评价，这些评论更加真实，也能从侧面反映视频内容对于用户的吸引力。

餐饮商户可以查看达人最新发布的15条视频判断达人近期的流量情况：如果这些视频流量差不多，哪怕是流量最差的视频和其他达人相比也有较高的互动量，这样的达人就是优质达人；如果达人的视频流量很不稳定，有些视频的互动量可以达到上万，有些视频的互动量连一千都不到，餐饮商户就要慎重考虑是否与这样的达人合作了。餐饮商户需要根据达人的价格和自己的预算选择合适的达人。

2. 吃播视频达人

吃播视频主要以达人享受美食、介绍食物特色以及口味，和用户自然互动为主。吃播视频更容易让用户产生兴趣、"种草"，且吃播视频达人的粉丝黏性强，视频传播速度快。吃播视频达人的合作价格都比较高，因此餐饮商户在选择吃播视频达人时要小心谨慎。

餐饮商户可以在评论区内查看用户对于达人的评价，是否存在"假吃""炒作"等负面信息。餐饮商户要在前期就把有负面信息的达人排除掉，与他们合作极有可能给餐饮商户带来负面影响。除了用户对于达人的评价外，餐饮商户还要查看用户在评论区内的留言以及视频的互动情况，可以在巨量星图查看达人视频互动中提及频率最高的关键词以及粉丝的地区分布情况。吃播视频达人往往更愿意拍摄街头小吃、路边小店，因此餐饮商户需要查看吃播视频达人近一个月内的视频内容中是否有与正餐或者位于商场中的门店相关的内容，并查看这类视频的流量、互动量和转化率等信息。视频内容以小吃为主的吃播视频达人可能不能很好地把控与正餐相关的视频，且这些达人的粉丝对价格较为敏感，可能与餐饮商户自身品牌的调性不符。人均消费额较高、有一定格调的餐饮商户，例如日料、海鲜等，在筛选吃播视频达人时需要特别注意，查看达人平时是否会去人均消费额较高的餐厅用餐，在巨量星图中查看达人的粉丝主要分布在哪个年龄段、消费能力强弱，还可以查看男性和女性占比等详细信息。预算有限的餐饮商户可以在巨量星图中对多位达人进行对比，以更直观的方式选择性价比更高的达人。餐饮商户在巨量星图中搜索特定达人后，还可以在下方查找类似达人，扩大达人的选择范围。

除了查看达人评论区的互动内容外，我们在查看吃播视频达人创作的视频时，也可以评估自己是否产生想吃的欲望、是否被"种草"。如果自己都没被视频的内容打动，那么其他用户也很难被视频内容打动。餐饮商户还要注意达人平时发布视频的节奏，每位达人都有适合自己发布视频的时间段，他们也会严格控制每日发布视频数量，如果达人长时间没有发布新的视频，餐饮商户就需要认真考虑这位达人后面发布的视频的流量是否还能保持以往的水平。

3. 文化输出、品牌宣传视频达人

这类达人对美食有深厚的了解和热爱，他们可以讲述食物和餐饮品牌背后的故事，可以更精准地吸引目标消费者。他们通常会有一定的个性化特征，例如个人人设、标签，以人设的身份阐述食物和餐饮品牌，用户对于他们的信任度也比较高，视频转化率也比较高。对于有一定历史的门店来说，这类达人可以更好地讲述门店的历史文化，更容易让消费者产生到店消费的欲望。

除了上述垂直类型的达人外，餐饮商户也可以尝试邀请跨领域达人，他们可能在特定场景下为餐饮品牌创造出新的消费场景，让餐饮品牌接触到更广泛的受众群体，实现品牌信息多元化传播的目标。跨领域达人介绍美食对于普通用户而言真实性更强，也更容易被接受和"种草"。餐饮商户可以通过巨量星图查看跨领域达人以往合作过的品牌，评估达人的商业能力，还可以查看达人创作的视频的流量以及互动量，通过达人的拍摄风格判断其和门店的匹配度。

二、带货达人

带货达人制作的视频内容以团购套餐为主，偏重于介绍团购套餐的优惠力度，吸引消费者购买团购券，帮助餐饮商户提升线上销量。如果餐饮商户想要通过营销快速销售团购套餐，在短时间内出现消费者排队等待用餐的情况，也可以选择带货达人。带货达人的等级分为Lv[①]1—Lv7，Lv7为最高级。餐饮商户可以在抖音中搜索"团购达人广场"，选择所在的城市，筛选"美食"品类，在带货榜中选择"视频"就可以查看当地达人的排名以及哪个品类的销售情况最好。除了在抖音上搜索之外，餐饮商户还可以在抖音来客首页的右下角找达人，在里面选择餐饮商户所在的城市，查看美食短视频带货排名榜，也可以查看带货达人的大体情况。这两个榜单的排名存在一些差异，团购达人广场的榜单侧重达人在团购领域的贡献和影响力，每周三更新一次；抖音来客的榜单侧重达人的带货能力和销售业绩，一个月更新一次。抖音来客的榜单的数据分析功能更加强大，每个达人的粉丝都分为本地粉丝和外地粉丝，有近14日内、近30日内平均销售额以及播放量等数据，还有近期带货销量最高的产品的销量展示，这些都可以有效帮助餐饮商户筛选达人。因此，餐饮商户可以将抖音来客的榜单作为主要参考，筛选榜单排名前十的达人，在团购达人广场上查看他们的各项信息。

---

① Lv 是 level（级别）的简写，Lv1 就是 1 级，以此类推。

餐饮商户在筛选团购达人时还需要注意查看达人平时发布的内容，以及一天内发布的视频数量。达人的等级和排名都是根据近一个月的销售量综合计算的，因此如果达人发布的内容多是肯德基、麦当劳等全国性连锁品牌的团购套餐和各种饮品，哪怕这位达人在带货排名榜位居前列，餐饮商户也要慎重选择。

全国性连锁品牌和普通餐饮商户存在本质性的区别，全国性连锁品牌的品牌力强，门店覆盖范围广，目标客户群体数量众多，茶饮类商户的客单价偏低，符合当今年轻人的喜好，消费者的购买意愿更强。相较于全国性连锁品牌而言，多数餐饮商户的限制条件多，主要针对餐饮商户所在地的消费者，因此需要达人用视频内容突出门店的特色激发消费者的购买欲。

如果达人平均每天发布六条视频甚至更多，那么这位达人带货的销量其实是靠着视频数量带动起来的，也许有一条视频的流量很大，带货销量起来了，这位达人的等级和排名也就上去了。其实，达人平均每天发布的视频数量最好不要超过三条，这样达人创作的视频的流量更稳定、均匀。因此，餐饮商户在选择带货达人时，不仅要查看达人的等级和榜单排名，还要查看达人的发布内容以及日均发布视频的数量，综合评估。

三、作用不大的达人

餐饮商户在挑选达人时可能会发现，有些达人拍摄的内容很杂，涉及很多不同品类，比如美甲美睫、酒店旅行、美食饮料等，但是他们拍摄的内容质量并不高，点赞、评论等互动行为也很少。这类达人基本没有什么流量，他们往往处于起步阶段或者定位不清晰。他们拍摄能力有限，很难创作出优质的内容。其实，不同领域的视频内容都需要相应的设计方案。因此，抖音平台给这些达人打的标签就不明确，平台给他们分配的流量就较少。有些达人还会存在获赞量略高于粉丝量的情况。这就说明这些达人有部分粉丝是买来的。餐饮商户邀请这类达人探店是没有意义的，他们的流量可能还不如大部分餐饮品牌自己的账号的流量。大部分餐饮商户很看重达人的粉丝数量，但是找很多作用不大的达人合作还不如选择一个比较优质的达人拍摄好的视频，然后通过投流将视频更精准地推送给潜在消费者。

很多餐饮商户认为在抖音做营销没什么效果，哪怕投入的费用多也没有什么用。其实，这往往是因为餐饮商户在筛选达人时存在误区，误以为达人粉丝数量多就会有好的营销效果，但是在抖音平台做营销，粉丝数量从来都不是最重要的因素，没有好的内容、好的呈现形式的视频基本不会有多少流量，这些视频就像扔到大海里的石头一样翻不起浪花。不管餐饮商户如何推广视频，筛选合适的达人都是营销工作的核心，根据推广的目的选择合适的达人才可以取得好的效果。

专栏 如何写好达人探店的brief？

餐饮商户在达人探店之前需要提前了解同行和竞争对手近期的动向，检查自身有待完善的地方，找到自身的特色，然后围绕自身的特色做达人探店的营销方案。达人探店的brief（摘要）是餐饮商户向达人传达自身需求和目标等信息的文件，可以引导和规范达人的创作和传播工作。达人探店的brief中应当包括餐饮商户想要通过达人传递给消费者的内容，需要写明门店的基本信息、位置、品类等，还要告诉达人可以探店的时间以及发布视频的时间，防止因为达人出稿速度慢而影响推广节奏。餐饮商户要在brief中写明达人在发布视频时，标题或文案中必须出现的关键词以及与门店相关的必带的话题，这样用户在搜索信息时，视频会被优先推送给用户。

餐饮商户在给达人拍摄建议时，可以明确需要拍摄的素材，如：门店的特色是鲜活的鳗鱼和烤肉，我们建议达人拍摄素材时，除了展现鳗鱼鲜活的状态和现捞现杀的画面外，还可以拍摄烤肉滋滋冒油的画面。各种菜品DIY（Do It Yourself，自己动手制作）、各种菜品的新奇吃法等都是可以让达人拍摄的素材，餐饮商户要让达人拍摄不同的场景和对象，否则达人拍出来的内容大同小异，用户看多了就会审美疲劳。达人拍摄不同的画面和场景，制作侧重点不同的视频，这样餐饮商户就可以测试哪条视频的传播效果最好，为后续推广工作打好基础。如果所有达人都只围绕一个素材进行创作，制作的视频往往大同小异，可能造成众多视频都没有流量，那样餐饮商户投入的营销费用就都付诸东流了。

除了画面素材之外，餐饮商户在整体内容上可以给达人多角度、多场景的拍摄建议，让达人自行选择，餐饮商户提供brief的目的不是让达人完完全全按照brief进行拍摄，而是让达人按照自己的风格结合具体内容进行创作。

如果门店要在视频中介绍团购套餐，那就需要在brief中需要详细介绍团购套餐的情况。如果团购套餐的价格会变动，那就可以让达人单独录制介绍价格的视频，方便后续改动。达人在介绍团购套餐时，餐饮商户可以在brief中写清楚"拒绝在视频开头就讲述'有××折扣'"，这样的视频会让用户的注意力停留在折扣上，不利于用户记住门店的特色，从而影响门店后续的常规营销工作。

景区内的餐饮商户还可以通过旅游攻略的形式，结合当地有名的景点和游览路线植入门店的相关信息，淡化营销痕迹，在旅游旺季来临前就开展营销工作。

除了给达人提供关于拍摄内容的建议外，餐饮商户还可以在brief中写明敏感词和其他影响投流的因素，提醒达人注意规避。

达人探店brief（示例）

门店名称：××烤肉店。

门店地址：××市××区××路××号。

探店时间：周一至周日，9：00—22：00。

标题和文案需要包括"××美食""××烤肉"等关键词。

发布视频的必带话题：#××烤肉。

营销活动：新店开业，门店有超值代金券，××元代100元。

拍摄建议：

1.人均几十元就可以在烤肉店吃到高品质的烤肉，还可以观赏变脸表演；

2.服务堪比海底捞的烤肉店（服务好的门店可以这样突出服务品质）；

3.月薪3000元的小伙伴请客吃饭都毫无压力（从侧面反映门店的性价比高）。

第四节　抖音直播实战

　　除了短视频流量外，抖音直播也覆盖了抖音平台的各个领域。抖音直播在近几年发展势头迅猛，各种"网红"、品牌的活动数不胜数，直播已经成了自媒体和品牌互动、展示和变现的重要渠道。在进入电商领域后不久，抖音平台就发现其中存在的巨大流量和庞大的用户群体，直播电商的巨大潜能也逐渐被开发。随着众多明星进入抖音直播电商领域，抖音成立了电商业务部门，并逐步完善自有电商生态，抖音直播的闭环链条逐渐打通，嗅觉灵敏的品牌纷纷下场抢占"红利"，这也加快了抖音直播的成长速度。在这个阶段，食品类商品和美妆类商品在直播电商中的销售表现较好，这表明食品作为日常刚需品通过抖音直播可以覆盖广大的用户群体；女性的消费能力更强，她们更愿意为"颜值"、情绪价值付费。越来越多本地生活商家在抖音上开通直播业务，加大和用户的互动力度，推动品牌的知名度以及曝光量提升。

　　抖音平台拥有强大的算法，可以帮助餐饮商户触及广大的潜在消费群体，既可以提高品牌曝光量又可以提升销售额。抖音直播的门槛并不高，几乎人人都可以进行直播，这对于大部分餐饮商户来说都是一个可以尝试的机会。和广告营销相比，直播的成本更低，它没有达人探店的费用，餐饮商户可以通过付费投流快速提升直播间的热度，更可以精准吸引用户，在直播间形成转化订单。现在，抖音还开通了同城直播，餐饮商户可以更加精准地吸引本地用户。直播的内容也很重要，与门店相关的多元化的直播内容，从日常活动到特殊活动，如节日庆典场或宠粉折扣场等，都能吸引不同的用户群体。餐饮商户如果能够展现高质量的内容，还可以提升品牌形象。

本地生活商家在评估是否进行直播时，需要考虑相关的人力成本、商品折扣和投流费用，要通过直播实现收益最大化，不能盲目开展直播业务，没有做好计划就开始直播往往会导致浪费时间、转化效果差等结果。没有经验的本地生活商家可以寻找和自己门店经营的品类相似的直播间，观看这些直播间的运作方式，学习借鉴。目前，本地生活商家在抖音直播上大致分为以下四类。

一、品牌自播

品牌自播是各大品牌用自己的账号开展各种直播活动。它作为一种新兴的营销手段，对于提升品牌影响力、增强用户黏性和提升销售额都具有显著效果。它的灵活性强，可以根据直播时用户的反馈意见及时解决问题并调整后续直播的内容和策略。相较于日常的达人探店营销活动，它节省了支付给达人的费用，整体成本较低。

品牌自播对品牌的直播团队（主播、摄影师、内容编导、运营人员等）要求比较高，且品牌要具有一定知名度和粉丝基础：在开始直播前，品牌可以在线上发布预告，告知用户开播时间以及直播内容；拥有一定粉丝基础的品牌在开播时就会有部分粉丝进入直播间，有一定的自然流量，可以配合直播期间的投流计划吸引更多观众，扩大品牌的传播面。内容创作也是品牌自播取得成功的关键因素。直播的形式多种多样，很多人都想在直播电商领域取得成功，但如果没有新颖的内容和让人眼前一亮的场景搭建，那就很难让用户观看直播且下单购买。

品牌在进行自播前需要明确定位和目标，是希望提升品牌知名度、推广新产品、增加销售额，还是其他目的。这有助于直播团队制定合适的直播策略和内容。品牌在享受自播带来的"红利"时，也需要投入相应的资源和精力，确保直播顺利进行并且能够取得比较好的效果。

二、达人代播

达人代播是指品牌和商家与具有一定粉丝基础和影响力的达人合作，利用达人的社交媒体账号进行产品推广和销售。它主要适合于新开业的门店或初创品牌、缺少直播团队的品牌。品牌和商家可以通过达人提升知名度、吸引客流，提升品牌的专业形象和市场地位。大部分达人在进行代播时都会选择在店内进行直播，整个场景显得很真实，也便于直观地进行产品演示。如果门店具备一定特色，达人在门店进行直播也有利于吸引观众。

通过达人代播，品牌和商家可以利用达人的粉丝基础迅速提升品牌和产品的曝光度，依托粉丝对于达人的信任感增加产品的销量。不同的达人可以吸引不同地域和年龄阶段的用户，扩大品牌和商家的市场。但是品牌和商家在选择合作的达人时，需要考虑达人的粉丝群体是否与自己的目标客户群体相匹配，以及达人是否存在一些负面消息、达人的形象是否和自身的品牌形象符合等，提前做好风险管理，考虑达人个人风险对品牌可能造成的影响，提前准备好应对策略。

三、"日不落直播"

24小时不间断的直播活动，被称为"日不落直播"。这是在同一个品牌账号下由不同的主播以轮班接替的方式保证直播一直进行的直播形式。这种直播主要适合两种情况：第一，门店为24小时营业，线上持续曝光和吸引新客户都可以无时间差别为线下"赋能";第二,全国大型连锁餐饮品牌或连锁茶饮品牌,不论哪一个地区的观众进入直播间购买团购套餐后都可以在周边消费。超长时间直播可以为品牌带来更多曝光机会,但也需要品牌投入大量精力和资源,确保长时间直播的效果,并维护品牌形象。

四、打造"人设"自播

　　餐饮商户或者品牌打造个人IP,并通过自播的形式进行营销推广。做"人设"自播比前三种直播难度更大,这除了直播外还涉及抖音账号从0到1的搭建工作。这在一开始就要找准切入的"赛道",立好"人设",例如明确是"老板身份"还是"大厨身份",需要在前期就有明确的规划。在确认好"人设"后,要创造一个有一定真实性的引人入胜的故事背景,增强对用户的吸引力,提高用户的信任度。此后,通过不断增加视频内容并传达更多信息,让个人IP更加完善。

　　做"人设"自播适合具有独特品牌故事或者是创始人故事的餐饮商户,这有利于传播品牌的品牌文化。

第五节　抖音餐饮营销实战技巧

一、关键词的重要性和"铺量"

关键词的选择和使用是抖音SEO（搜索引擎优化）的核心部分，通过在视频标题、描述和标签中合理使用与品牌相关的关键词，可以提高用户搜索相关信息时视频在搜索结果中的排名。这对于提高视频被推送给用户的概率、增加用户互动量和提升视频的传播量都至关重要。

抖音平台会根据用户的兴趣和搜索历史推荐视频，使用相关的关键词可以帮助算法更准确地识别视频内容，从而可以更精准地将视频推送给对视频感兴趣的用户。餐饮商户还可以对竞争对手使用的关键词以及还未被"占领"的关键词进行"铺量"，这样用户在搜索时也可以看到与餐饮商户相关的视频。因此，餐饮商户应当重视关键词在抖音营销中的作用。

二、带定位的时机

现今，越来越多餐饮商户在进行广告营销时会选择卡点视频达人，这一类型的达人可以在发布视频时不带门店的定位以及品牌的相关话题，让视频的流量慢慢自然增长。在视频的自然流量有了良好的增长势头后，餐饮商户可以让达人带上门店定位以及品牌的相关话题，在评论区内置顶与门店的相关信息，同时使用本地推等营销工具，将全国范围内的流量精准转为本地流量，通过投流不断刺激餐饮商户周边的潜在消费者。

三、引导评论区的风向

餐饮商户在与全国性知名达人进行营销合作时，往往关注达人拍摄的视频内容，但疏于引导评论区的风向。其实，引导评论区的风向对于视频的转化效果是极其重要的，前十条评论都有与品牌的相关信息和在评论区内几乎没有与品牌的相关信息，哪一条视频的转化率更高是显而易见的。餐饮商户可以在达人刚发布视频后，让店员以本地人的口吻推荐此门店，配上表情包和门店的相关图片，其余人员对这条评论点赞，以最快的速度让这条评论被展示在评论区的顶部。

四、提升"经营分"

"经营分"由抖音生活服务出品，是基于装修、商品、内容、体验、评价五个维度综合计算的商户的经营分值，满分为100分。通过经营分，商户可以了解自身在抖音平台的经营情况，门店经营团队也可以精准定位门店经营中存在的问题，并通过抖音生活服务提供的"经营分提升攻略"，完成任务提升分数，进而提升经营能力。

抖音生活服务以经营分作为线上商户经营能力的衡量标准，因此抖音平台的流量会向经营分高的商户倾斜。分数越高，商户获得的流量越多，门店的生意就越好。数据显示，分数提升能有效提升商户的门店详情页曝光量和核销金额，分数越高这些指标的提升倍数越大。

商户的整体经营分提升10—20分，门店的流量就会提升：店均POI（Point of Information，信息点）详情页PV（Page View，页面浏览量）提升71%，店均视频VV（Video View，视频播放次数）提升79%，店均直播UV（Unique Visitors，独立访客数量）提升5%，店均核销金额提升66%。

商户的整体经营分提升20—30分，门店的流量就会大幅提升：店均POI详情页PV提升249%，店均视频VV提升246%，店均直播UV提升11%，店均核销金额提升339%，店均复购率提升0.4PP（Percent Point，百分点）。

因此，商户在入驻抖音来客时，需要设法提高自身的经营分。

从经营分的构成来看，单项经营分提分效果如下：

经营分构成	释义	满分	提分效果
装修分	装修分是门店通过配置营业状态、开业时间、联系方式、展示设施设备等可获得的分数	10 分	·装修分提升 1 分，店均 POI 详情页 PV 提升 69%，店均视频 VV 提升 42%，店均直播 UV 提升 51%，店均核销金额提升 55%，店均复购率提升 0.5PP； ·装修分提升 2 分，店均 POI 详情页 PV 提升 153%，店均视频 VV 提升 129%，店均直播 UV 提升 90%，店均核销金额提升 277%，店均复购率提升 1.2PP
商品分	商品分是门店通过创建商品、添加商品核心关键词等信息并满足一定在线天数可获得的分数	28 分	·商品分提升 6 分，店均 POI 详情页 PV 提升 57%，店均视频 VV 提升 47%，店均直播 UV 提升 49%，店均核销金额提升 26%，店均复购率提升 0.2PP； ·商品分提升 12 分，店均 POI 详情页 PV 提升 329%，店均视频 VV 提升 325%，店均直播 UV 提升 242%，店均核销金额提升 142%，店均复购率提升 0.8 PP
内容分	内容分是门店通过自主或邀约达人发布视频、自主或邀请达人直播等方式可获得的分数	27 分	·内容分提升 6 分，店均 POI 详情页 PV 提升 102%，店均视频 VV 提升 170%，店均直播 UV 提升 54%，店均核销金额提升 76%，店均复购率提升 0.3 PP； ·内容分提升 12 分，店均 POI 详情页 PV 提升 414%，店均视频 VV 提升 508%，店均直播 UV 提升 234%，店均核销金额提升 385%，店均复购率提升 0.8 PP
体验分	体验分是门店通过提升综合履约能力（浏览体验、到店体验、售后体验）可获得的分数	20 分	·体验分提升 5 分，店均 POI 详情页 PV 提升 85%，店均视频 VV 提升 236%，店均直播 UV 提升 12%，店均核销金额提升 68%； ·体验分提升 10 分，店均 POI 详情页 PV 提升 275%，店均视频 VV 提升 155%，店均直播 UV 提升 16%，店均核销金额提升 453%，店均复购率提升 0.1PP
评价分	评价分是门店提供优质服务、积累客户评价可获得的分数	15 分	·评价分提升 3 分，店均 POI 详情页 PV 提升 17%，店均视频 VV 提升 20%，店均直播 UV 不变，店均核销金额提升 29%； ·评价分提升 6 分，店均 POI 详情页 PV 提升 143%，店均视频 VV 提升 115%，店均直播 UV 不变，店均核销金额提升 72%

点击"经营分"详情页右上角"分数详情",待完成的任务就会弹出。商户完成任务就可提升分数。

对于刚刚入驻抖音来客的餐饮商户来说,经营分通过引导餐饮商户的经营团队完成任务的方式,快速提升餐饮商户经营团队的经营的技巧,也鼓励餐饮商户引领创作优质内容,无论是餐饮商户自己创作的视频还是达人创作的视频都可以提升餐饮商户的经营分。餐饮商户可以借助达人"短视频+直播"的组合,充分体现品牌特色,发挥优势,实现日均营业收入翻倍增长。

抖音本地生活板块的变革和发展,展现了抖音平台内容驱动的策略,也体现了抖音平台用户互动以及市场扩展方面的潜力。抖音在本地生活领域迅速扩张,体现了抖音强大的实力。虽然现在抖音上的团购券核销率越来越低,但抖音上的流量仍然非常大且具有爆发性。

未来,餐饮行业的竞争肯定会越来越激烈,流量搭配"内功"才是餐饮商户取得成功的保证。

第五章

使用小红书做好餐饮营销

第一节　小红书概述

一、小红书的现状

　　小红书是一个分享生活方式的"社区+电商"平台，约70%的用户为女性，拥有精准的面向女性用户的流量，是美妆护肤、时尚穿搭、食品美食的"种草地"。小红书的整体内容围绕精准、极简、自律、丰富有趣的生活展开。根据小红书平台提供的数据，小红书月活跃用户数达2.6亿，日活跃用户数超过1亿，分享者（创作者）数量达6900万，日均用户搜索渗透率达到60%，日均搜索量超过3亿次，UGC（用户生成内容）占比达90%。小红书是国内最大的"种草社区"，被众多用户当作"生活百科全书"。

　　从用户性别来看，小红书的用户以女性为主，约占总用户数的70%，男性用户约占总用户数的30%；从年龄段来看，小红书的用户70%以上为"90后"；从城市分布来看，小红书的用户主要分布在一二线城市，占比超过50%。小红书的主要用户为生活在一二线城市的年轻女性，消费能力中等偏上，他们对生活品质有比较高的追求，具备相应的消费能力，也愿意分享自己的生活方式。小红书满足了他们对较高水平生活的追求，并且为他们提供了分享、交流的平台。

从小红书的流量分发逻辑来看，小红书与抖音类似，都是按照流量池运行机制分发流量的。当整体曝光量突破一定数量后，笔记就会进入高一级的流量池。与抖音不同的是，小红书是一个用户"主动选择"内容的平台，因此决定笔记是否能够进入高一级的流量池的关键因素是点击率和互动率。小红书流量分发的关键在于内容标签匹配和社交关系链推荐：内容标签匹配是指系统会根据笔记的标题、正文、封面给笔记打上相应的标签，系统会根据标签匹配适合的用户，并让笔记有一定的初始曝光量；社交关系链推荐是指系统会基于地理位置信息，将笔记推送给附近的用户，让笔记有一定的初始曝光量。系统会根据笔记依据上述机制曝光后的综合表现，决定是否要将笔记推送到高一级流量池。

作为一个内容平台，小红书上的笔记是否火爆与账号粉丝关联度较小，主要还是与笔记的内容相关。这就是说，"爆文"与创作者的粉丝量并没有太多直接关系，特别是关于美食的内容。从目前的数据来看，小红书平台的流量向视频内容倾斜，视频内容的平均互动数据高于图文内容。现在，在小红书上新增的笔记中，视频笔记的数量已经超过图文笔记了。

从小红书的流量结构来看，根据小红书平台提供的数据，70%的流量在发现页，30％的流量在搜索页，但从我们团队实际统计的数据以及投流的实际匹配情况来看，搜索页的流量占比约为55％，发现页的流量占比约为45％。从身边用户的使用习惯来看，女性在做购物决策时，搜索是最后一步，而且多数是在小红书上完成的。

搜索流量的基础是关键词，只有了解产品对应的消费者的搜索习惯，在其搜索标签中提前"种草"，也就是在其购物决策路径上提前"种草"，才能使小红书的搜索流量更为精准地转化为购买行为。

小红书的用户年轻、有活力。小红书已经成为用户多元生活方式的分享平台、年轻用户群体的"生活百科全书"。如果餐饮商户想吸引年轻的消费群体，一定要在小红书上提前布局。

二、小红书的优势

1. 精准定位

小红书的用户定位非常精准，且黏性高。用户在小红书上分享自己的消费体验，取代了商家直接推销和宣传，这让笔记内容中关于产品的信息的真实度更高，小红书用户也通过这种方式向其他用户传递了关于美好生活方式的信息。

2. 优质内容

相较于其他平台，小红书更加注重内容的质感和深度。"素人"创作原创内容、达人创作原创内容和商家创作内容构成了小红书上内容的主要来源。小红书对内容进行严格审核，确保内容的质量和真实性，提高了用户的阅读体验，这使用户的黏性越来越高，同时也让小红书的用户数量不断增长。大部分小红书用户都会"遇事不决小红书"，小红书已经成了用户心中地地道道的"国民生活指南"。

3. 口碑营销

小红书已经成为连接消费者和优秀品牌的纽带。消费者可以通过小红书了解与品牌相关的优质内容。经过用户在小红书上分享消费体验后，品牌可以获得更多关注。这种用户真实的评价提高了产品销售的转化率，也让优秀的品牌更容易在小红书上传播。用户也愿意依据小红书上的信息做出最终是否购买的决策。目前，每个月有1.2亿用户在小红书上寻求购买建议，超过4000万用户会在小红书上做出最终的购物决策。

4. 社交电商模式

小红书成功实现了社交与电商结合。用户可以在小红书上分享自己的购物心得和体验，同时也可以从其他用户的笔记中发现自己喜欢和"种草"的产品。对于餐饮消费而言，小红书用户更加注重就餐的体验和口味，对价格并不是很敏感，并且会根据自身的体验做出正面或者负面的评价。这种模式赢得了商家和品牌的广泛支持，也赢得了大量用户的喜爱。

5. 商业化程度不高

虽然小红书拥有巨大的流量，但商业化程度并不高。根据2024年3月的数据，小红书上的创作者月产出笔记总量已经超过3000万条，日均产出量约为100万条，其中报备笔记（"官方付费"笔记）的占比不到2%，剩余超过98%的笔记均为水下笔记（带有广告性质但非"官方付费"笔记）；从互动量来看，报备笔记的占比不到4%，占"种草笔记"的比例不到10%，这也使得小红书上行业广告竞争并不激烈，在如今这个流量付费时代，小红书上依旧存在着用低预算撬动大流量的商业机会。

三、小红书的用户发展趋势

小红书从2013年6月上线至今已经过去11年了。随着时间推移，小红书从刚起步时的垂直领域精致女性用户分享平台到现在逐渐成为年轻用户群体的"生活百科全书"，小红书的用户群体发生了翻天覆地的变化。

（小红书2022年前的用户标签画像）

从小红书赞助中央广播电视总台2024年春节联欢晚会不难看出，小红书开始逐渐进军"下沉市场"，而且使用小红书已经成了一部分小红书用户的生活习惯。从休闲娱乐到科普知识，从搜索信息到社交互动，小红书已经成了人们生活的一部分。生活在三四五线城市的小红书用户也随着许多大学生回乡发展等原因迅速增长。这些用户也向往一二线城市那种精致、美好的生活，而且因为地域因素造成产品稀缺，这些用户在做购物决策时，转化率高于一二线城市的小红书用户。因此，如何布局"下沉市场"的小红书用户一定会成为未来三四线城市餐饮商户需要重点考虑的问题。

截至2023年底，小红书男性用户数量同比增长63%，小红书月活跃用户增长很大一部分来自男性用户增长，因此对于主要面向男性用户的品牌来说，小红书是一个非常好的开展营销工作的平台。

在小红书上，有搜索行为的用户"种草"、转化意愿更高。从大数据来看，小红书用户的消费习惯正在发生改变，从原来的品牌"种草"到现在更考虑"悦己"，不再一味追求品牌，而是根据自身需求搜索相关信息，然后做出购物决策。因此，在小红书平台上的"种草"笔记的关键词是精准植入、产生转化的关键。对于餐饮行业来说，以前人们往往认为连锁餐饮品牌才有机会在小红书上获取商机，其实现在具有特色的单店也有机会在小红书上获取商机。

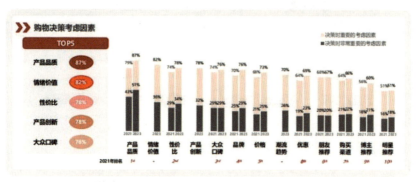

数据来源：小红书&尼尔森IQ：《后疫情时代消费心理研究报告》

第二节　小红书站内平台介绍

一、专业号的注册流程和功能

　　小红书专业号也就是小红书蓝v号。在通过专业号认证后，账号会有专业身份的认证标识。这样有利于商户突出账号特性，也可以让消费者准确了解商户的经营品类。

　　餐饮商户注册专业号有哪些优势呢？首先，注册专业号可以规避平台违规风险，专业号通过小红书平台认证和审核，因此发布的内容的可信度较高。对于餐饮商户而言，专业号上发布的推广内容不会被判定为虚假广告，这就可以增加品牌的曝光机会。其次，专业号还有丰富的营销组件和粉丝互动工具，可以增强品牌的"种草"能力，提高转化率。餐饮商户可以定期发布调查问卷和投票，了解消费者的喜好和需求，然后根据结果调整产品和营销策略，使之更加贴合消费者需求。最后，专业号还有丰富的数据分析功能，餐饮商户可以更好地了解自身账号发布的内容的效果和粉丝行为。例如餐饮商户在发布了一篇新品推广的笔记后，可以通过专业号的数据分析工具看到笔记的点击率、互动率，然后据此优化后续内容的营销推广策略。

　　餐饮商户该如何注册小红书的专业号呢？我们先要准备一个小红书账号，将头像和ID（身份）名称换成品牌的logo（标志）和名称，然后打开小

185

红书官网（网址为www.xiaohongshu.com），在右上角"业务合作"中选择"专业号"。

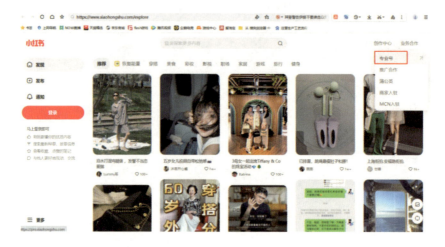

点击"专业号"之后用准备好的小红书账号在手机端扫码登录，然后选择"专业号认证"，就可以进入专业号认证页面了。

我们可以在专业号认证页面提交专业号认证需要的资料，先填写"账号名称"，选择长宽比为1：1的品牌logo图片上传为"账号头像"，如果有商标可以上传商标作为账号头像。在"名称、头像是否包含品牌"中选择"1个品牌"。

接下来，我们需要确认"品牌类型"是"自有品牌"还是"授权品牌"，"自有品牌"是营业执照上的法定代表人与自有商标的注册人一致的品牌，否则就是"授权品牌"。在餐饮行业中，连锁加盟店均为授权品牌，而单店基本属于自有品牌。在确定好"品牌类型"后，我们需要上传商标注册证，以及商标注册人的身份证原件的正反面照片，"授权品牌"还需要提交商标授权书（小红书提供模板），并填写有效期。

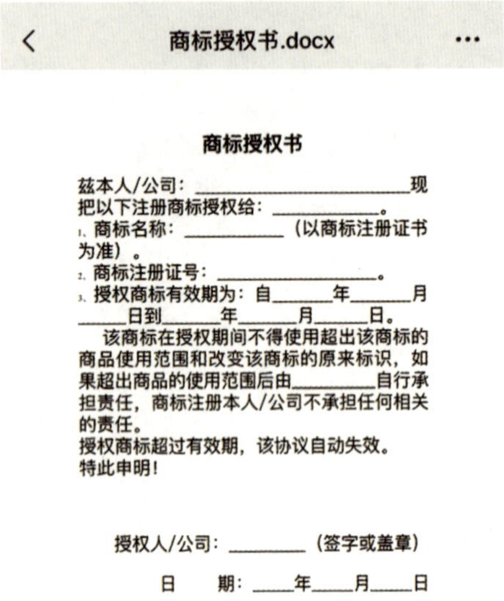

商标授权书

兹本人/公司：______________________现把以下注册商标授权给：___________。

1、商标名称：__________（以商标注册证书为准）。

2、商标注册证号：_______________。

3、授权商标有效期为：自______年______月______日到______年______月______日。

该商标在授权期间不得使用超出该商标的商品使用范围和改变该商标的原来标识，如果超出商品的使用范围后由________自行承担责任，商标注册本人/公司不承担任何相关的责任。

授权商标超过有效期，该协议自动失效。

特此申明！

授权人/公司：________（签字或盖章）

日　　期：____年____月____日

接下来，我们需要提供营业执照的图片，以及法定代表人的身份证的相关信息，并且需要法定代表人进行人脸识别。

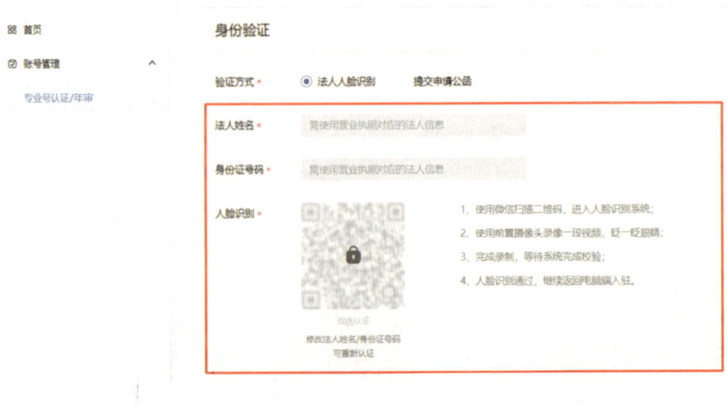

下一步，我们要在"身份选择"中选择"餐饮""餐厅""餐厅"，并且按照要求填写专业号的"运营人的信息"。对于单店来说，我建议在填写运营人信息时填写单店老板的信息；对于连锁企业来说，我建议在填写运营人信息时填写线上运营负责人的信息。

在填写完这些信息并确认无误后，我们即可提交信息，然后支付600元的注册审核费用（有效期一年），耐心等待3—5个工作日，品牌的专业号的注册流程就完成了。小红书的专业号每年都需要年审，年审流程与注册流程一样。

二、小红书蒲公英平台的注册流程和功能

小红书蒲公英平台是小红书推出的优质创作者商业服务合作平台（网址为pgy.xiaohongshu.com）。餐饮商户在注册专业号后会自动开通小红书蒲公英平台的账号。小红书蒲公英平台是餐饮商户通过小红书的渠道与小红书博主合作的平台。自2023年初"小红书WILL商业大会"开启后，小红书平台加快了自身的商业化进程。

在餐饮"赛道"，如果餐饮商户不通过小红书蒲公英平台与小红书平台合作，餐饮商户的信息就很难在小红书上显示，没有通过小红书蒲公英平台让博主发布的品牌"种草"笔记极易被判定为营销广告，进而被"限流"。如果餐饮连锁品牌不使用小红书蒲公英平台而在小红书上发布笔记"种草"，小红书甚至会对品牌的相关内容进行"限流"。

餐饮商户与小红书蒲公英平台合作有哪些好处呢？首先，这可以使得餐饮商户的信息在"种草"笔记中完整展现出来，不会被"限流"，其中的热门关键词也都会被小红书平台收录。其次，餐饮商户通过小红书蒲公英平台与博主合作的"种草"笔记可以在聚光平台上投放流量和搜索广告，提高笔记的热度，让笔记有更高的曝光度，从而使品牌有机会"破圈"。小红书蒲公英平台还拥有强大的数据分析功能，可以帮助餐饮商户了解笔记在投流后的传播表现、评论分析以及用户画像，帮助餐饮商户更好地进行复盘和效果分析，从而可以优化、调整投流策略。

下面是杭州缦云里花园餐厅通过小红书蒲公英平台与博主（达人）合作"种草"笔记的传播表现、评论分析以及用户画像。

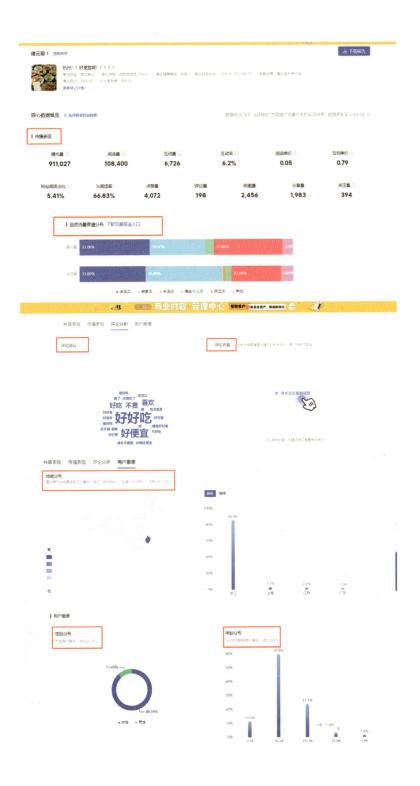

餐饮商户要如何通过小红书蒲公英平台与博主合作呢？首先输入小红书蒲公英平台的网址，用专业号的账号扫码登录，然后点击"寻找博主"，在"博主广场"下方的搜索栏中输入餐饮商户想要合作博主的昵称或小红书号，点击"搜索"。

餐饮商户可以根据搜索结果，点击"添加合作"，选择想要跟博主合作笔记方式是"图文笔记"还是"视频笔记"，然后点击"立即下单"。

餐饮商户要按照要求填写"品牌/产品介绍"，并在"填写合作要求"的栏目中补充相关信息。

接下来，餐饮商户一定要在"我希望该笔记可以作为广告素材进行后续投放"选项打钩，不然无法进行后续操作，"期望保留时长"可以选择"自定义"，然后设置为时间最长的365天，使笔记的效果最大化。

然后，餐饮商户要填写"合作联系人"的信息，点击"发起合作"。

在博主确认合作后，餐饮商户通过小红书蒲公英平台与博主的合作就正式达成了。

三、聚光平台的注册流程和功能

聚光平台是小红书营销的一站式投放平台（网址为ad.xiaohongshu.com），能够满足餐饮商户"产品种草""抢占赛道"等目的多样化的"营销诉求"，是小红书的投流平台。

聚光平台只适用于通过认证的专业号，适用于经营各品类产品的商家，可投放内容为小红书蒲公英平台博主报备的笔记和商家专业号的笔记，且推广人群较为精准，可以按照城市、性别、年龄段、喜好等信息精准地将笔记推送给用户。

餐饮商户如何注册聚光平台的账号呢？餐饮商户可以先打开聚光平台的网址，然后用专业号扫码登录，选择完善广告推广资质，提供自己注册专业号使用营业执照的食品经营许可证，在品类中选择"本地生活""餐厅"，然后上传食品经营许可证，等待1—5个工作日完成资料审核后，就完成了聚光平台的账号注册工作了。餐饮商户第一次充值需要超过2000元，然后就可以使用聚光平台进行投流了。

聚光平台推送笔记的主要方式为信息流广告和搜索广告。

信息流广告就是小红书的发现页广告。用户在发现页刷新内容时，信息流广告会随机出现在发现页从而让笔记有曝光的机会。信息流广告可以触达品牌的目标用户，使得目标用户在主动浏览内容的过程中点击广告，进而对品牌的产品产生兴趣，并完成"种草"，最终实现转化。

搜索广告就是小红书的搜索广告。用户在搜索栏中输入感兴趣的搜索词，小红书会将其拆分，识别出有价值的商业词汇，向用户展示相关的搜索广告内容。搜索广告的优势在于餐饮商户在明确自身的主要消费群体及其习惯后，可以根据消费群体的特点及其习惯在搜索路径上布局、提前"种草"，从而更加精准吸引客户。

不管是信息流广告还是搜索广告，聚光平台都是按照点击量收费的，也就是说笔记在用户眼前曝光是免费的，用户点击笔记才收费，不存在"空跑"行为。

四、小红书本地商家平台的注册流程和功能

小红书本地商家平台是小红书为本地生活商家专门建立的综合性平台。为了降低餐饮商户入驻小红书的门槛，提升餐饮商户的经营效率，小红书本地商家平台提供了小红书平台券码功能，餐饮商户可以通过商家管理后台直

接创建团购商品，并使用小红书本地商家版APP核销团购券。目前，小红书本地商家平台开通门店认领的城市有北京、上海、广州、深圳、成都五个城市，门店在这五个城市的商家可以入驻小红书本地商家平台。餐饮商户入驻小红书本地商家平台的流程如下：

餐饮商户登录小红书招商官网（网址为zhaoshang.xiaohongshu.com）。餐饮商户可以通过小红书手机端扫码登录。

登录后，餐饮商户需要填写入驻信息，先确定门店类型，营业执照上社会信用代码为 91 开头的餐饮商户选择普通企业店，92 开头的餐饮商户选择个体工商户。

接下来，餐饮商户需要上传公司的相关信息，标有"*"的选项为必填项。

餐饮商户先要上传最新的营业执照彩色扫描件，上传完后核对信息是否正确。

然后，餐饮商户需要完成经营主体身份核验，有两种方法：一是法定代表人进行人脸识别；二是上传法定代表人的身份证照片。

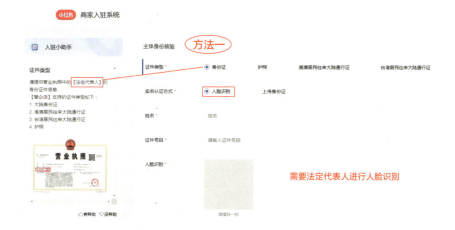

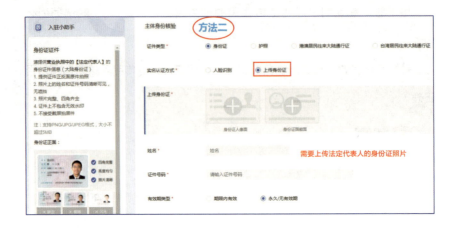

接下来，餐饮商户需要填写联系人信息，手机号码须与注册时一致，邮箱应为自己的常用邮箱。

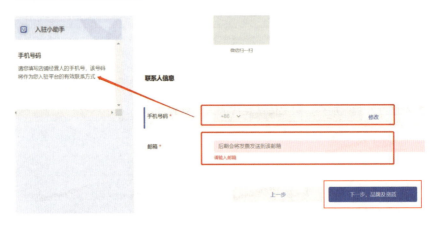

在完成上述步骤后，餐饮商户要填写门店信息，并上传品牌logo的图片，品牌logo最好与门店的logo一致。

接下来，餐饮商户需要选择"门店经营类目"，在"商品类型"中选择
"本地生活商品"，然后点击"选择类目"，选择"本地生活""美食"，然后
选择相应的类别，确认以后点击"确定"。此后，餐饮商户还需要查看所选的
经营类目是否需要上传相关的资质证明文件。

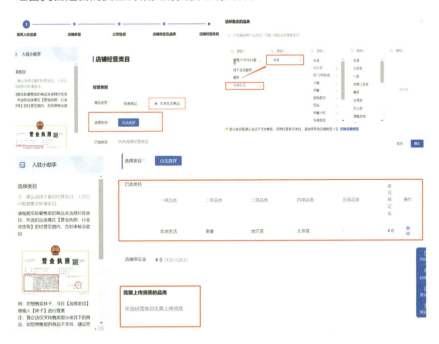

最后，餐饮商户需要检查确认所有信息是否正确、步骤有无遗漏，确定无误后，点击"提交审核"。如果餐饮商户在申请专业号时已经支付过 600 元，此时无须支付费用，可以跳过支付环节。

第三节　小红书餐饮营销实战技巧

一、达人探店推广

1.达人探店的内容形式

从目前的情况来看，我认为小红书达人探店适用于所有品类的餐饮商户。小红书作为一个主要面向年轻用户且月活跃用户数量超过2.6亿的超级内容分享平台，在一二线城市拥有大量忠实用户。小红书的用户比抖音等平台的用户消费能力更强、对价格不太敏感，是大部分餐饮商户的优质目标客户。2024年，小红书开始逐渐进军"下沉市场"，越来越多三四线城市的用户也开始使用小红书，且被小红书上的内容"种草"。因此，我认为目前小红书达人探店适用于所有餐饮商户。无论是一二线城市的餐饮商户还是三四线城市的餐饮商户，如何利用小红书平台开展营销活动都是经营中必须考虑的问题。

目前，小红书达人探店的内容主要分为两种形式：一种是"美食单篇"，另一种是"合集植入"。美食单篇，顾名思义，就是达人将一家餐厅的卖点以单篇笔记的形式表现出来，这种形式对于门店各方面的卖点、信息都会描写得比较详细，主要用于信息流投放。与"合集植入"相比，"美食单篇""种草"的目的性更强，因为"美食单篇"只针对一家餐饮商户，在其他条件相同的情况下，使用同样的费用投流，"美食单篇"的转化效果会比

"合集植入"强很多。但因为只针对一家餐饮商户，"美食单篇"的广告性质就会比"合集植入"更明显，这就导致"美食单篇"的内容整体阅读率和分享率低于"合集植入"的内容。因为"美食单篇"转化率高、"种草"目的性强，所以"美食单篇"是小红书上最为常见的达人探店的内容形式。因为"美食单篇"的主要输入端口在信息流，所以我认为"美食单篇"是适用于所有餐饮商户的达人探店的内容形式。

"合集植入"可以分为两个方向：一个是"美食合集植入"，另一个是"旅游攻略植入"。"美食合集植入"就是以合集的形式对美食进行分类推荐，然后将自己推荐的餐饮商户的信息纳入笔记中，因为这不是对于某家餐饮商户直接"种草"，小红书用户对于其信任度远高于"美食单篇"。但因为"美食合集"中常常包含四家以上餐饮商户，甚至会包括十几二十家餐饮商户，所以单店的"种草"转化率低于"美食单篇"。我建议，店内产品具有特色或者有一定知名度的餐饮商户可以采用"美食合集"的形式，因为这类餐饮商户容易凭借自身特色在笔记介绍的众多餐饮商户中脱颖而出，所以"种草"的成功率也就更高，加上"美食合集"的阅读率和分享率会比"美食单篇"更高，容易形成比较高的转化量。"旅游攻略植入"就是在旅游攻略中植入餐饮商户的信息，从而达到"种草"的效果。我认为，旅游攻略是小红书平台上的"营销利器"。前文介绍过，搜索页有小红书平台上一半以上的流量，越来越多用户把小红书的"搜索"当作"百度搜索"使用，而旅游攻略就是在这些用户的消费路径上提前"种草"的手段。在现阶段，小红书用户对于旅游攻略的信任度极高，而在旅游攻略中植入营销信息的餐饮商户很少，竞争并不激烈，因此"种草"转化率很高。对于旅游城市的餐饮商户而言，布局"旅游攻略"是小红书营销工作的重中之重。

总而言之，我认为目前小红书达人探店适用于所有类型的餐饮商户，"美食单篇"适用于所有餐饮商户；具有特色产品或者是在当地有一定知名度的餐饮商户可以在"美食合集植入"方面发力；旅游城市的餐饮商户可以重点布局"旅游攻略植入"，目前可以获得巨大的"红利"。

2.打造"爆品"的方法

餐饮商户在小红书投流的核心是产出"爆文"。在拆解小红书"爆文"的过程中，我们可以发现，找到合适"爆品"是在小红书上产出"爆文"的关键。那么，餐饮商户应该如何寻找"爆品"呢？

我们需要先明确自己经营的品类，然后精准定位，找到目标消费群体。以我们团队在上海服务的一个项目"虾趣"为例，小龙虾的主要消费群体为 20 至 39 岁的年轻消费者，消费时间段以工作日的晚餐时段、夜宵时段和节假日为主。

接下来，我们要针对品类在小红书上进行关键词搜索，先进行"泛搜"（小龙虾、小龙虾美食等），后进行"精搜"，充分利用长尾关键词，加入地域特色、口味偏好等（上海小龙虾、麻辣小龙虾、夜宵推荐等），查找点赞、收藏、评论量高且时间合适的"爆文"进行素材收集，通过近期该品类的"爆文"对"爆品"进行深入分析。

我们要对找到的"爆文"进行视觉分析，通过分析"爆文"的封面、首图和标题，找到其中的共性，例如关联近期热点、图片的特征（色彩搭配、呈现形式、体现"新奇特"内容等）、标题特点（明确地区、用适当的符号吸引用户的注意力等）。

"爆品"是通过分析"爆文"的内容发现的，"爆品"最主要的特征是热度高、可复制性强 。"爆品"应该是近两年新出现的，最好是本年度新出现的。分析"爆文"的首图是很重要的，我们要搞明白"爆文"的"爆点"在哪里、为什么吸引力强，进而评估"爆品"的可复制性并发现其"爆点"。比如小龙虾加薯片的组合会让人感觉很新奇，可复制性也很高，餐饮商户就可以研发带小龙虾的小龙虾味薯片。我们要多收集"爆品"的信息，为自己打造"爆品"做好准备。

"爆品"可以分为两种：一种是流量"爆品"，另一种是转化"爆品"。流量"爆品"的作用是引流，大桶小龙虾泡面、小龙虾花束等产品具有很强的吸引力，但实际消费人群可能并不多，我们将它作为首图主要是为了引流，有流量才能有点赞、收藏、评论等互动行为，才能有后续转化。流量"爆品"不一定是赚钱的产品，但它能够显著增加品牌的曝光量和笔记的浏览量。转化"爆品"的作用是转化，侧重将流量转化为实际收益，转化"爆品"的性价比一般比较高，受众面较广，例如小龙虾可颂的受众就比较广，既便携又具备很高的性价比。

接下来，我们对"爆文"的首图、标题、关键词、正文、附图和评论区进行拆解。

"首图"

什么样的首图能够给用户带来视觉冲击呢？比如超级大的泡面桶。

有什么"新奇特"的内容能够吸引用户呢？大多数人都吃过小龙虾和泡面，但是没有吃过小龙虾泡面。

如何通过视觉元素引发用户的情感共鸣呢？与朋友共享小龙虾的场景图等能够增强小龙虾的社交属性。

"标题"

标题要素包括文字、数字、符号、表情符号等。标题中往往带有特定地点。

"关键词"

小红书的大部分流量在搜索页，因此我们要重视关键词，找到"爆文"中关键词，有助于产出"爆文"，从而增加餐饮商户的曝光量。

"正文"

我们要关注"爆文"的正文内容涵盖的重点，思考怎样做到简练而有趣，从而可以快速吸引用户的注意力，其中还需要能够引导用户互动的信息。

附图的关键在于图片的构图方式和呈现内容，以吸引目标消费群体。

评论区的关键是用户互动行为，这是提高转化率的关键。我们要思考如何引导用户的互动行为、如何提升用户的互动行为数量。

　　在完成"爆文"收集工作后，我们就要进行实地考察，观察餐饮商户的环境及产品特征，要考虑餐饮商户能否成功打造"爆品"，"爆品"以什么形式呈现可以带来更多流量。最终确定的"爆品"应该分为固定产品（如小龙虾泡面、小龙虾可颂、小龙虾薯片、小龙虾茶等）和组合产品（饭与小龙虾的组合）两类。在考虑不同的消费场景时，我们应该重点思考"爆品"的关键，比如小龙虾饭团的关键在于可以 DIY，能够充分展现个人的创意。各种造型奇特的小龙虾和饭的组合都能产生视觉冲击，其重点在于"新奇特"。我们要思考怎样打造具有吸引力和特色的产品，这些"爆品"在哪些场景中会对消费者产生更大的吸引力，比如小龙虾可颂便于携带，充分体现了产品的便利性，是"可以带着吃的小龙虾"。

　　以上就是打造"爆品"和"爆文"的流程，大家可以借鉴我们的思路，打造属于自己门店的"爆品"。

3.寻找优质达人

目前，小红书上餐饮板块达人的质量参差不齐，如何筛选优质达人成为令众多餐饮商户头疼的事情。其实，我们可以从达人层级、判断达人质量、判断内容质量、其他注意事项四个角度判断和筛选达人。

（1）达人层级。我们在寻找小红书达人的过程中，要对达人的层级进行简单分类。小红书达人大致可以分为四个层级：头部KOL、腰部达人、尾部达人和"素人"。

①头部KOL的粉丝数超过50万，例如小紧张的虫虫。这类达人的影响力大，凭借粉丝效应可快速提升品牌的热度。

②腰部达人的粉丝数在10万到50万，例如章余飞不是章鱼飞、岳麓区吃饭组长。这类达人的"种草"能力强、专业性高，他们产出的内容垂直性好，可以为品牌"背书"，帮助品牌建立口碑，对用户做出购物决策起推动作用。

③尾部达人的粉丝数在5千到10万，例如叶总早上好、沪上狗子。这类达人通过真实的产品体验，营造浓厚的"种草"氛围，可以帮助商户营造出产品热销的氛围。

④"素人"的粉丝数小于5千，他们可以增加品牌曝光度，形成"素人种草"的氛围。

（2）判断达人质量。我们可以通过查看小红书上达人主页的粉丝数、获赞与收藏数、"爆文"及近期笔记数据作为判断达人质量的基础。

此外，我们还可以通过小红书蒲公英平台查看达人的相关数据。

粉丝数是达人拥有流量大小的直观表现。餐饮商户可根据需求选择不同粉丝数级别的达人。

阅读中位数是达人的笔记近期的平均阅读量。虽然这个数据并不是很稳定，但仍是评估笔记传播能力的重要指标。

互动率是用互动中位数除以阅读中位数得到的百分比，可以反映达人的粉丝黏性和笔记的内容质量。总体来看，小红书上达人的互动率的平均值约为3.5%—5%，餐饮商户可以优先选择互动率高于平均水平的达人。

近30天粉丝增长量也是判断达人质量的重要指标，大多数达人账号近30天粉丝增长量约为总粉丝量的10%。如果达人近30天粉丝增长量有明显异常情况，我们就需要进一步考查笔记的内容质量了。

此外，我们还要评估账号的真实度，可以通过内容多样性和互动情况判断达人账号是否为真实账号。

（3）判断内容质量。我们可以从笔记类型、内容稳定性、"爆文率"等六个方面判断内容质量。

①笔记类型。我们要考查达人的笔记类型是图文笔记为主还是视频笔记为主，我们要选择符合品牌需求的笔记类型。

②内容稳定性。我们要观察达人近30日内的"爆文率","爆文率"是点赞量超过一定阈值（如1000）的笔记占30日内总笔记的比例。较高且稳定的"爆文率"说明达人具有较强的内容创作能力和稳定的投流价值。

③"爆文率"。"爆文"通常具有较高的阅读量和互动量。在查看达人的笔记时，我们要注意观察每篇笔记的阅读量、点赞量、评论量等数据。

④商业质量。我们要考查达人"种草"的转换能力，这主要是观察评论区的内容，看是否有问地址、问价格、问感受等真实的用户反馈。

⑤达人匹配度。这主要包括达人与品牌、产品的匹配度，以及达人的粉丝画像与品牌的目标消费群体的匹配度。

⑥合作案例和数据。我们要参考达人过往的商业合作案例和数据情况。

（4）其他注意事项，包括粉丝画像和性价比。

①粉丝画像。我们要查看达人的粉丝画像，包括性别、年龄、兴趣等。

②性价比。我们要考虑达人的笔记报备价格与投放效果是否成正比，从而确保取得理想的效果。

在通过小红书蒲公英平台判断达人是否优质时，我们需要综合考虑达人的信用等级、基础数据、内容表现、商业合作能力和粉丝画像等多个维度的信息。信用等级高、基础数据良好、内容表现优秀、商业合作能力强且粉丝画像与餐饮商户目标消费群体相契合的达人，往往是餐饮商户的优质合作对象。同时，我们也要注意结合品牌需求和目标消费群体的情况筛选达人，确保找到最合适的合作对象。

4.达人合作brief的核心要素

在餐饮商户和达人合作的过程中，brief必不可少。好的brief不仅能让达人快速准确地了解餐饮商户的产品以及拍摄需求，提升双方的沟通效率，也能够帮助达人梳理思路，提高产出"爆文"的概率。

如何写出一篇好的brief呢？我们先得了解brief是什么。餐饮商户给达人的brief是餐饮商户向达人传达自身推广需求和拍摄建议的文档。餐饮商户给达人的brief通常包括七方面的内容。

> **到店须知、发布需求、品牌介绍、推广目的、主推产品、必带话题和参考图片**

（1）到店须知。餐饮商户要将对接流程、餐费标准、达人排期、达人餐费结算方式以及劳务费用结算方式告知达人。这样既方便门店了解与达人对接的相关信息，又能让达人在拍摄前能够提前了解对接流程。

（2）发布需求。餐饮商户要告知达人相关的敏感词和肖像权相关的问题，避免出现违规、投诉等情况，还要告知达人发布时间的通知以及投流模式，让达人了解发布档期，可以提前规划笔记完稿和发布的时间。

（3）品牌介绍。餐饮商户要提供关于品牌历史、文化、产品和市场定位的简要介绍，帮助达人了解品牌的核心特点和竞争优势。

（4）推广目的。餐饮商户要对本次推广的大体方向进行说明，明确推广的目标消费群体，帮助达人更好地把握目标消费群体的需求。

（5）主推产品。餐饮商户要详细介绍主推菜品的特点、优势，并推荐适合拍摄的场景，以便达人更好地了解产品并选择合适的拍摄角度、制定相应的推广策略。

（6）必带话题。餐饮商户要从平台的热度词、品牌的产品词及竞品词（竞争对手使用的关键词）三个方面考虑，选择达人最合适的必带话题。这有利于笔记在搜索页展示，并能够被精准推送给目标消费群体。

（7）参考图片。餐饮商户可以根据想要拍摄的场景以及近期"爆文"的热点给达人提供参考图片，从而让达人更加直观地了解拍摄需求和图片风格。

在正式撰写brief时，餐饮商户还要注意，务必简洁明了，避免烦琐冗长，尽量用易于理解的语言，确保达人能够快速抓住要点。除此之外，餐饮商户还应尽量让brief有一目了然的结构，以便达人能够快速找到需要了解的信息。

餐饮商户务必在brief中多次强调拍摄重点以及核心产品，以确保达人始终围绕品牌的核心信息开展笔记的创作和传播工作。

5.薯条投放

薯条投放是小红书提供的一种在达人发布笔记后，可以提升笔记曝光量的加推工具。薯条投放一般用于投放具有"爆文"潜质的非报备笔记，使得笔记快速获得曝光量，让笔记进入更高级别的流量池，并可以保持笔记的热度。薯条投放具有多方面的优势：比较灵活，手机端就可以操作，投放门槛较低；投放的笔记不会显示赞助标志，与普通笔记无区别；可以多样化选择投放目标，在提升笔记曝光量的同时可以根据目标设置优化数据。

当然，薯条投放也存在一些缺点：商业化色彩浓厚的笔记很有可能无法通过审核，很多明确体现品牌相关内容的笔记是无法通过薯条投放曝光加推的，甚至会因为薯条投放重新审核导致笔记被"限流"；薯条投放是按照曝光量收费的，因此尽管薯条投放可以多样化选择目标，但不管用户是否点击笔记，都会产生费用。

薯条投放的操作流程如下：

薯条投放有两个入口：第一，在笔记右上角点击"分享"，在弹出的浮窗中点击"薯条推广"；第二，进入"创作中心"，点击"薯条推广"。进入推广设置页后，设置相关选项。在投放后，我们还可以查看笔记推广的数据。

6.聚光平台信息流广告投放

信息流广告是指在社交媒体中的用户好友动态或者资讯媒体、视听媒体内容中的广告。小红书信息流广告也是小红书平台主要售卖的产品之一。小红书信息流广告可以帮助用户在发现页探索新的消费信息和生活灵感。

信息流广告位：在发现页，信息流广告随机出现在发现页从第6位起的位置，依次按照10个顺位递增。

信息流广告适用的场景：精准曝光和触达用户，主动在发现页展示，"强种草"；可以通过加大投入费用让不同的笔记反复推送给拥有相同兴趣的用户，提升曝光量、持续"种草"、建立口碑、培养用户心智。

小红书信息流广告竞价机制示意图如下：

（1）聚光平台信息流广告投放的重要概念。在聚光平台中，有五个关于信息流广告投放的重要概念。

概念	释义
推广标的	推广标的是商户想进行推广的标的，目前支持笔记、商品等，例如选择以笔记作为推广主体，用户点击广告将跳转至想要推广的笔记的详情页
推广目标	推广目标是商户想通过广告投放达成的推广效果，例如推广目标为互动量，那么系统就将推广标的展示给最可能与广告产生互动行为的用户
出价方式	出价方式会影响投放成本和推广目标量级。餐饮商户需要根据自身想要通过投放达成的效果，选择合适的出价方式
成本控制方式	成本控制方式会影响单元层级的出价单位，并按照"计划天"级别帮助餐饮商户达成目标最大化。例如餐饮商户选择"点击成本控制"，就可以在单元层级设置"点击成本"，系统将尽力控制"点击成本"以达成目标。 ·自动控制，也就是Nobid； ·目标成本控制，也就是oCPC，常见的方式有互动成本控制、表单提交成本控制等
预算类型	预算类型分为"不限预算"和"指定预算"两大类。 ·不限预算：不限制当前计划的每天花费上限，不支持成本控制方式为"自动控制"的计划； ·指定预算：限制当前计划的每天花费上限，在自动出价模式下，系统将根据当前预算实现推广目标最大化

（2）聚光平台信息流广告的投放方式分为两种：智能投放和手动投放。

①智能投放。在一般情况下，智能投放是将部分或全部广告投放操作交由系统模型设置的广告投放方式。系统模型会根据相关设置或约束条件，自动调整、优化，让广告投放取得最优的效果。智能投放具有自动化、智能化的优势。和手动投放相比，智能投放可以有效提升运营效果。智能投放不需要人工干预，可以降低运营成本，提高投放效率。

虽然不同平台智能投放的具体内容、功能有一定差异，但它们的最终目标都是希望通过系统模型优化广告投放行为，提升广告投放的效率和效果。

智能投放适用于对预算有比较明确限制的场景，常见的场景包括：

·预算明确，但不清楚达成理想的目标需要多少资金，希望借助系统模型在预算范围内让投入的预算达成最优的效果。

·以获取更多流量为主要目标，接受目标成本高于日常投放成本，希望将计划投入的资金都花掉并取得较好的效果，比如营销节点的大力度促销活动，希望在获取更多流量的同时能取得较好的效果，又如希望快速获取客流量取得"爆店"的效果或者在进行"事件营销"时希望快速获取流量。

·自身优化能力不强或精力有限，希望简单高效地设置投放选项。

·刚开始接触小红书信息流广告投放功能，希望能快速开始进行广告投放并且能够取得较好的效果。

餐饮商户在聚光平台中使用智能投放，需要设置的选项包括预算、推广目标、自动出价/自动控制等，具体设置步骤如下。

"智能投放"设置流程	操作步骤示意图
根据实际需要，选择"营销诉求"，然后点击"开始新建"进入计划基本信息设置页面	
设置"计划基本信息"，选择"信息流推广"，并设置"推广标的类型""投放日期"等选项	
设置"推广目标"和"出价方式"。如果使用 Nobid 投放模式，需要进行如下设置： ·出价方式为"自动出价"； ·成本控制方式为"自动控制"； 预算类型为"指定预算"	
"单元及创意设置"可以根据自身情况设置	—

②手动投放。手动投放是比较基础的信息流广告投放方式。在小红书上，手动投放也被称为CPC投放模式。目前，在小红书上，仅有一小部分信息流广告依然支持手动投放。

手动投放适用于预算有比较明确限制的场景，常见的场景包括：

·以压缩投放成本为主要目标，希望能够以性价比最高的方式投入费用，把投放预算花掉并取得较好的效果，但优先考虑取得的效果而不是快速用完投放预算，比如日常投放，又如进行预期时间比较长的"事件营销"，与使用美团"推广通"的方式类似。

·自身优化能力强且精力充沛，希望投流能够尽可能精准，并有较高的性价比。

·长期使用小红书信息流广告投放的相关功能，对于行业、品类、营销节点出价等方面均比较了解。

如果餐饮商户要使用手动投放模式，出价方式选择"手动出价"即可，具体设置步骤如下。

"手动投放" 设置流程	操作步骤示意图
根据实际需要，选择"营销诉求"，然后点击"开始新建"进入计划基本信息设置页面	
设置"计划基本信息"，选择"信息流推广"，并设置"推广标的类型""投放日期"等选项	
设置"推广目标"和"出价方式"。 　　如果使用手动投放模式，需要进行如下设置： 　　·出价方式设置为"手动出价"； 　　·预算类型设置为"指定预算"或"不限预算"	
"单元及创意设置"可以根据自身情况设置	—

前述三种信息流广告投放方式的比较如下表所示，餐饮商户可以根据自身的实际情况选择适合自己的方式。

投放场景	投放模式	必须设置的选项	实现的效果	超成本赔付	适用场景
智能投放	oCPC	推广目标、成本控制方式、出价	转化成本不超过设定成本出价的范围（±20%），尽力让转化效果最大化，兼顾获取流量	有	对成本有清晰认知，希望在成本可控的情况下尽可能多获取流量，能够接受预算超支
	Nobid	推广目标、日预算	在日预算消耗完的情况下，尽力让转化效果最大化	无	对点击成本和转化成本认知不足，准备投入一定的预算，希望在花掉预算的同时尽可能取得最优的效果
手动投放	CPC	推广目标、出价、日预算	手动设置出价，点击成本可控，但流量不可控	无	有一定经验，希望通过手动操作控制点击成本

（3）信息流广告的"定向类型"。信息流广告的核心是触达餐饮商户的目标消费群体或让餐饮商户的产品的曝光量最大化，以实现用户在主动浏览内容的过程中点击广告。在这个过程中，选择合适的"定向类型"是信息流广告取得最优效果的关键。

①信息流广告的定向类型。小红书信息流广告的"定向类型"主要分为"通投""智能定向""自定义"三类，可以选择"更多筛选条件"，具体说明和逻辑如下表所示。

项目	细分类型	说明	逻辑
通投	—	不限人群，向小红书全体用户投放	只能在"通投""智能定向""自定义"三者中选择一种类型；"行业兴趣""关键词兴趣""人群包"可同时选择，选择的细分类型越多，定向投放信息流广告的用户就越广；只有在用户同时满足"性别""年龄""地域""平台"四个条件时，系统才会向其投放信息流广告
智能定向	—	系统自动根据餐饮商户的行业/产品属性和投放目标，精准挖掘准目标人群（原"系统推荐"选项）	
自定义	行业兴趣	分为"行业阅读兴趣"与"行业购物兴趣"两大类： ·行业阅读兴趣：根据用户在小红书阅读笔记的行为，挖掘相应的用户； ·行业购物兴趣：根据用户在小红书商城的购物行为，挖掘相应的用户	
	关键词兴趣	根据用户过去3天/7天/15天/30天在小红书上相关关键词搜索的行为，通过信息流广告精准触达相应的用户	
	人群包	可在小红书DMP（Data Management Platform，数据管理平台）中进行人群及标签管理，并将"人群包"推送至聚光平台使用	
更多筛选条件	性别、年龄、地域、平台	选择年龄、性别等条件，只有在用户同时满足所选条件时，系统才会向其投放信息流广告	

②定向类型包括"通投""智能定向""自定义"。

·通投。选择"通投"后，信息流广告将向小红书全体用户投放，餐饮商户可以叠加选择性别、年龄、地域、平台等筛选条件。

"通投"的优势：定向人群广泛，受众人群量级大，适合没有特别明确特征的定向人群，希望广泛触达小红书用户的餐饮商户。比如餐饮商户的新品上市，希望将信息推送给小红书全体用户，尽可能扩大宣传范围，让曝光量最大化。

· 智能定向。"智能定向"是小红书根据餐饮商户的行业/产品属性和投放目标，精准挖掘目标人群的定向类型。餐饮商户在选择"智能定向"后可以叠加选择性别、年龄、地域、平台等筛选条件。

"智能定向"的优势：精准挖掘目标人群，减少人工选择定向标签或DMP生成人群包的时间；智能定向的目标人群量级相对较大，可以避免因所选标签量级小而造成获取流量困难的情况。

如果餐饮商户想向具有行业和产品属性的人群投放信息流广告，在有一定转化效果的情况下兼顾获取流量，那么就可以选择"智能定向"。比如经营高客单价西餐的餐饮商户想向目标消费者"种草"，希望在精准触达用户的同时有较大的曝光量。

· 自定义。自定义分为"行业兴趣""关键词兴趣""人群包"三种，其中"关键词兴趣"是小红书主推的有一定优势的定向方式。

7.达人探店笔记布局搜索推广

搜索推广是餐饮商户根据自己的产品和服务的内容、特点等，确定相应的关键词，撰写推广内容并自主定价投放的推广方式。

搜索推广的重要性：60%的小红书用户会主动搜索自己想了解的内容。搜索推广在餐饮营销中可以起到在消费者的购物决策路径上"种草"的作用，小红书搜索量与全网搜索量呈高相关性，搜索营销空间巨大。

"搜索通"是小红书为商户提供的一站式搜索竞价投放平台。

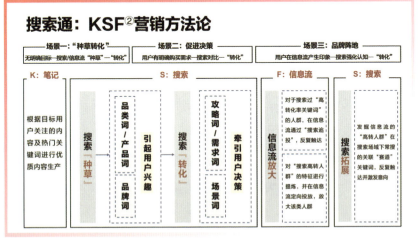

（1）搜索通的推广链路如下表所示。

搜索通丨APP 端样式及推广链路					
营销诉求	前链创意	前链示意图	一跳链接	二跳链接	链路示意图
产品"种草"	笔记缩略图		笔记详情	无	
抢占"赛道"	笔记缩略图		笔记详情	无	

（2）关键词规划工具。关键词规划工具可以帮助餐饮商户寻找与行业相关的关键词。

这是为了帮助餐饮商户重视搜索"蓝海词包"，搜索部分行业"蓝海词"类目需求，并支持词包在聚光平台上线，进而帮助餐饮商户投放。

关键词规划工具使用步骤如下：登录聚光平台，点击"关键词规划工具"，选择"关键词词包"板块。"关键词词包"下的"类目"可以按一级行业进行筛选，方便餐饮商户快速定位自己所属的行业。

关键词规划工具

智能推词　行业推词　以词推词　**关键词词包**

+ 新建词包	请输入词包名称			类目　请选择类目	∨

关键词词包	关键词举例	关键词个数	词包来源 ▽	操作
食品饮料-饮料冲调蓝海词包	石榴汁、焦糖玛奇朵... 全部	435	平台	下载 添加 ···
食品饮料-休闲零食蓝海词包	板栗怎么剥皮、卤牛... 全部	946	平台	下载 添加 ···
食品饮料-酒类蓝海词包	伏特加、伏特加兑什... 全部	83	平台	下载 添加 ···

关键词规划工具

智能推词　行业推词　以词推词　**关键词词包**

+ 新建词包	蓝海		类目　美妆个护	∨

关键词词包	关键词举例	关键词个数	词包来源 ▽	操作
美妆个护-面部彩妆蓝海词	腮红、腮红推荐、腮... 全部	377	平台	下载 添加 ···
美妆个护-眼妆蓝海词	睫毛膏、眼线怎么画... 全部	1000	平台	下载 添加 ···
美妆个护-护肤蓝海词	水杨酸棉片使用方法... 全部	292	平台	下载 添加 ···
美妆个护-唇妆蓝海词	唇线笔、口红收纳、... 全部	85	平台	下载 添加 ···

"关键词词包"的内容如下所示。

关键词规划工具

智能推词　行业推词　以词推词　**关键词词包**　　已选关键词(63/1000)　统一降价 下载 清空

+ 新建词包	蓝海		类目 请选择类目	∨

关键词词包	关键词举例	关键词个数	词包来源 ▽	操作
家用电器-油烟机蓝海词包	抽烟机推荐性价比... 全部	69	平台	下载 添加 ···
家用电器-洗衣机蓝海词包	爆炸盐洗洗衣机、冰... 全部	42	平台	下载 添加 ···
家用电器-洗碗机蓝海词包	洗碗机筷子、抽屉洗... 全部	63	平台	下载 添加 ···
家用电器-热水器蓝海词包	热水机、燃气热水器... 全部	162	平台	下载 添加 ···
家用电器-清洁电器蓝海词包	蒸汽机、洗涤机、原... 全部	63	平台	下载 添加 ···

关键词	匹配方式	出价	操作
洗碗机筷子	短语匹配 ∨	0.3	删除
抽屉洗碗机	短语匹配 ∨	0.85	删除
铁锅可以放洗碗机...	短语匹配 ∨	0.3	删除
洗碗	短语匹配 ∨	0.3	删除
砂锅可以放洗碗机...	短语匹配 ∨	0.3	删除
洗碗机插座是10...	短语匹配 ∨	0.3	删除
铁锅能放洗碗机吗	短语匹配 ∨	0.3	删除

（3）抢占赛道。"抢占赛道"是小红书聚光平台上的一项"营销诉求"，可以帮助餐饮商户精准获得流量，快速提升餐饮商户的产品和服务在某个"赛道"和场景的影响力。

目前，"抢占赛道"可支持餐饮商户抢占搜索通的"首位"或"前三位"的搜索广告位，帮助商家精准获得流量。例如某餐饮商户抢占了"杭州美食"这个关键词，当用户搜索"杭州美食"时，该餐饮商户投放的文章将始终位于搜索广告位的"首位"或"前三位"。

①为什么要使用"抢占赛道"？

·搜索结果位置越靠前价值越高：在搜索结果展示时，推广展现的位置越靠前，对用户的影响力越大，笔记对应的推广点击率等效果指标越好。

·营销目标更聚焦：在使用"抢占赛道"时，餐饮商户可以只投放"首位"或"前三位"。

·自动出价实现目标转化效果最大化：在自动出价的方式下，支持"自动控制"（Nobid）和"点击成本控制"（oCPC）两种方式，系统可自动根据餐饮商户的预算及设置，实现目标转化的效果最大化。

②餐饮商户在使用"抢占赛道"时，有三个注意事项：

· 目前，"抢占赛道"仅限于搜索流量场景下使用；

· "抢占赛道"的投放标的仅限于笔记；

· "抢占赛道"的出价方式仅限于"自动出价"。

③"抢占赛道"的具体操作流程如下。

· 新建推广计划，"营销诉求"选择"抢占赛道"。

· 点击"开始新建"，在"抢占关键词"选项中选择"首位"或"前三位"，点击"下一步"，然后依次进入"新建创意""完成设置"页面。

④"抢占赛道"的数据查看路径。餐饮商户可以选择"广告管理"下的"关键词",在列表中查看首位曝光情况排名、首位曝光情况占比、前三位曝光情况排名、前三位曝光情况占比和首位点击情况排名。

（4）聚光平台的搜索推广投放流程概览如下。

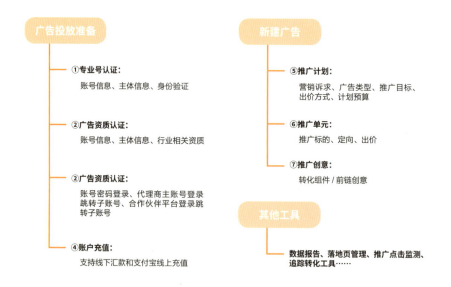

以"产品种草"的营销目标为例，推广投放流程如下：

第一步：创建"推广计划"，设置计划基本信息、广告类型、推广标的类型、投放日期、推广目标、出价方式、成本控制方式、预算类型等。

第二步：创建"推广单元"，设置推广笔记、关键词定向（以词推词、行业推词、上下游推词）、地域定向等。

第三步：创建"创意"，设置创意名称、已选笔记等。

选择"确定"，开始投放。

二、软广告推广布局

1.软广告分类和适用场景

软广告植入就是通过在旅游攻略中不着痕迹地添加餐饮商户的信息，进而达到"种草"的目的。

旅游攻略目前是小红书平台上的一片"蓝海"。搜索流量占了小红书上一半以上的流量，越来越多用户把小红书的"搜索"当作"百度搜索"使用。

在现阶段，小红书用户对于旅游攻略的信任度极高，而在旅游攻略上进行营销的餐饮商户很少，竞争并不激烈，因此"种草"转化率很高。对于旅游城市的餐饮商户而言，布局旅游攻略植入软广告是这些餐饮商户小红书营销工作的重中之重。

2.如何寻找做软广告推广的达人？

旅游攻略植入软广告和单店"种草"笔记的逻辑是不一样的，因此适合的达人类型也有所不同。如何寻找优质的做软广告推广的达人，也是一件令餐饮商户感到头疼的事情。接下来，我教大家如何寻找合适的达人。

旅游达人在推广目的地时，将当地特色美食融入笔记中，能够增加旅游目的地对用户的吸引力。达人可以从用户的角度出发为用户提供实用的美食建议。达人通过图文、短视频等方式进行推广，能够生动展示美食的特色，可以将美食的相关信息准确传达给目标用户，从而提高推广效果。在笔记中植入软广告的达人因为发布的笔记中广告内容并不明显，通常拥有大量粉丝和较大的影响力。这些达人往往有较好的口碑，用户对他们的信任度高，从而更容易接受他们推荐的美食。因此，餐饮商户可以借助他们的影响力快速提高自身的知名度以及曝光率，借助他们的推广能力快速吸引用户的注意。

餐饮商户应当如何寻找并筛选做旅游攻略的达人呢？餐饮商户可以在小红书上搜索与旅行目的地相关的关键词，如"大连旅游攻略"或"大连美食攻略"，浏览相关笔记寻找合适的达人。笔记的阅读量、点赞量、收藏量高，说明创作笔记的达人的影响力大，能够产出优质的内容。

餐饮商户在筛选达人时，要关注他们的内容创作能力。文案不可目的性太明显，可以通过旅游路线、住宿、景点"打卡"、热门美食等方向切入。旅游攻略的内容越丰富越全面，就越会让用户感觉帮助大。

在笔记的话题标签里，达人可以通过"大连美食"拓展出相关的上下游

词：上游词的主要内容可以涉及"大连美食推荐""大连美食必吃""大连美食攻略"等；下游词的主要内容可以涉及"大连烧烤"、餐厅名称、餐厅特色菜等。

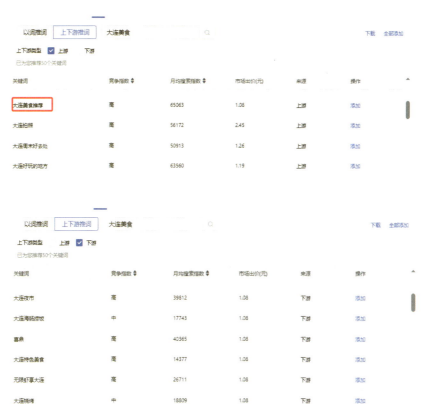

餐饮商户可以查看达人的发布笔记的频率和互动情况，查看达人是否经常更新与旅游相关的内容，并在评论区与用户互动。活跃度高的达人往往具有较大的影响力。餐饮商户可以在小红书蒲公英平台查看达人情况，查看达人的"粉丝数""获赞与收藏"等数据以及互动情况，尽量选择发布真实的旅游内容的达人，避免选择商业化味道太重的达人。餐饮商户要注意达人是否经常更新旅游内容，频繁更新内容的达人可能更加关注用户需求，能够及时提供与旅游相关的信息。

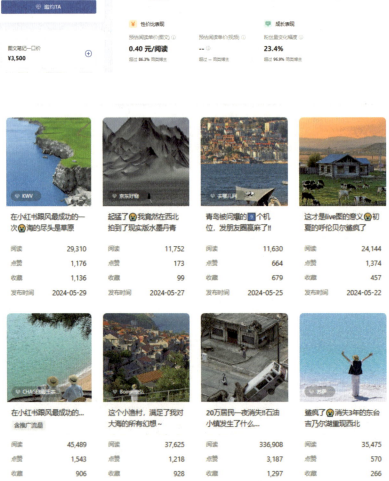

232

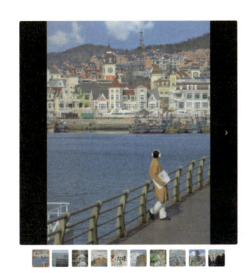

通过查看达人的粉丝数、点赞量、收藏量和评论量，餐饮商户可以判断达人在小红书上的影响力和受欢迎程度。餐饮商户还要了解达人的写作风格、内容质量，判断其创作的内容中是否适合植入美食软广告。达人的分享量和关注量越高，达人的影响力就越大，他推荐的旅游目的地或者美食受欢迎的程度就越高。

在寻找旅游攻略达人过程中，餐饮商户还要仔细辨别，有些用户可能会冒充旅游攻略达人。

3.软广告布局搜索推广

搜索推广就是小红书平台通过用户搜索关键词，将含有"种草"内容的广告精准推送给相应的用户（消费群体）。

餐饮商户在小红书平台的搜索推广可以分为自然流量以及搜索流量。

搜索场景可以分为两种：用户无目的地查看搜索结果中的内容被"种草"，进而转化到店；用户有目的地通过搜索具体信息进行对比，进而转化到店。

用户在浏览笔记时，小红书平台通过自然流量将笔记推荐给用户，让用户对餐饮商户有初步印象，后续再通过搜索流量推送强化用户认知，进而转化到店。

总体来说，餐饮商户通过布局软广告搜索推广，在用户搜索时让笔记被用户看见，从而影响用户的想法、行为和习惯等。

餐饮商户主要可以通过寻找美食类小红书优质达人，让达人发布关于美食的优质笔记，吸引用户到店，将线上的流量转化为消费者到店消费的行为。

餐饮商户通过布局软广告搜索推广需要布局上下游词。

上游词主要考虑到通过"搜索"抢占一定流量，因此需要比较精准的词。下面以"早格草原牛大骨"的案例进行说明。

早格草原牛大骨经营的品类是蒙餐，通过聚光平台搜索相关的关键词，例如"呼和浩特美食"，就可以查看上游词，比如"呼和浩特美食推荐""呼和浩特旅游"等，可以选择"添加"。

关键词定向

智能推词　　行业推词　　以词推词　　关键词词包

| 以词推词 | 上下游推词 | 呼和浩特美食 | | | | 下载　全部添加 |

上下游类型　☑ 上游　　下游

已为您推荐50个关键词

关键词	竞争指数 ⬍	月均搜索指数 ⬍	市场出价(元)	来源	操作
呼和浩特美食推荐	高	66568	1.08	上游	添加
呼和浩特旅游	高	76525	3.03	上游	添加
呼和浩特没事	低	290	1.08	上游	添加
呼和浩特市区一日…	高	36051	1.44	上游	添加
呼和浩特好玩的地…	高	31568	2.2	上游	添加
呼和浩特探店	高	10774	3.1	上游	添加
呼和浩特蕙原	高	28757	2.23	上游	添加

　　下游词的核心是"精准"，餐饮商户布局下游词的主要目的是"拿量"，将点击量转化为到店客流量。因此，选择的下游词需要更精准，比如选择店内相关菜品、口味、地域位置等更明确的关键词。

　　旅游攻略植入软广告中应当主要布局下游词。位于内蒙古的餐饮商户想吸引前来内蒙古旅游的人，那就可以添加内蒙古著名景区或者特色美食相关的关键词，如"响沙湾""辉腾锡勒草原""手把肉""蒙古锅茶"等。

　　这样可以增加笔记的曝光机会，包含关键词的旅游攻略更容易被小红书平台推荐给用户。

餐饮商户还可以将竞争对手的品牌作为关键词进行添加。经营蒙餐的餐饮商户可以添加"德乐海蒙餐""铁帽烤肉"等较热门的美食门店的店名。游客往往会在多家餐厅中选择几家餐厅作为自己在旅游时准备品尝、"打卡"的餐厅。因此，餐饮商户可以通过添加这些关键词吸引用户到店。

三、品牌蓝v号布局

1.蓝v号运作适用的餐饮商户

小红书是一个用户分享生活方式的平台。随着小红书的用户越来越多，越来越多餐饮品牌在小红书上开展营销活动，通过达人发布笔记进行品牌宣传。面对越来越激烈的竞争，餐饮品牌如何才能脱颖而出呢？布局并且运营蓝v号是一个比较理想的选择。

所有餐饮商户都适合运营小红书蓝v号吗？答案当然是否定的。目前，大型餐饮连锁品牌比较适合运营小红书蓝v号，因为小红书蓝v号需要专人负责运营，小红书蓝v号上每周发布的内容、站内活动设计等都需要精心运营，且"变现"周期长。在小红书平台上，商业目的过于明确以及想要快速"变现"的行为往往会引起用户的反感。

综合这些因素，对于非大型连锁餐饮品牌的餐饮商户来说，小红书蓝v号的运营成本还是偏高的，并且"变现"周期较长。但是对于大型餐饮连锁品牌来说，运营小红书蓝v号势在必行。

因为大型餐饮连锁品牌的门店数量多，并且分布于不同的城市，所以大型餐饮连锁品牌的投流成本占营业收入的比例就比较低，这样可以覆盖许多城市的众多用户。因此，大型餐饮连锁品牌在小红书上营销成本占营业收入的比例比只有少量门店的小型餐饮连锁品牌更低。

小红书蓝v号可以作为大型餐饮连锁品牌与粉丝互动的窗口，因为自己具有较好的口碑，大型连锁餐饮品牌可以较为容易地在小红书平台上找到第一批粉丝，有了第一批粉丝后，大型餐饮连锁品牌可以通过他们对于潜在粉丝进行内容输出，不断裂变，然后利用与粉丝的互动行为赢得好口碑。因为这是由用户对于品牌相关的内容进行传播，所以更容易赢得小红书用户的好感，周而复始，最终使得餐饮企业的品牌在小红书上的影响力不断提升，达到"出圈"的效果。

2.蓝v号发布内容参考

那么，餐饮品牌到底应当如何运营蓝v号呢？我结合实战案例说明蓝v号的运营逻辑，供读者参考。

目前，大部分餐饮品牌在运营蓝v号的过程中都多多少少存在以下两个问题。

第一，急于"变现"或者"变现"的目的性太明显，例如经常在蓝v号上发布关于折扣活动的信息，这种急于"变现"的行为很容易令品牌失去原有的调性，从而失去消费者的信任。小红书用户的核心行为是"种草"和分享，而"种草"的目的是利他的，"变现"目的性太明显显然不符合小红书用户的思维逻辑。

第二，品牌的蓝v号以发布品牌海报和品牌宣传材料为主，把小红书蓝v号当作大众点评上的"商家新鲜事"使用，将其看作一个发布通知的窗口。高互动性是小红书用户最大的特点，而将品牌海报和品牌宣传材料这些很难与粉丝进行互动的内容作为小红书蓝v号的主要内容显然是不会有流量的。

那么，在蓝v号上发布哪些内容比较容易在小红书上获取流量呢？我们可以将优质达人的素材编辑后进行转发并且在文末@原作者。小红书图文笔记的核心是首图和标题，而优质达人的"爆款"笔记无论是首图还是标题都比较有吸引力，这样二次创作的笔记的整体点击率和互动率都是比较高的，而小红书是一个支持二次创作并且会给予流量扶持的平台。我们团队在运营缦云里花园餐厅的时候，在小红书上做八周年庆活动的宣发就用了优质达人的"爆文"图片作为素材发布笔记，并且在文末@原作者，这篇笔记取得了很好的互动效果，产出了一篇"爆文"，并且品牌宣传和转化的效果都很好。

四、小红书团购布局

1.小红书团购上线流程

小红书作为以内容"种草"为核心的社交电商平台，现在也开始悄然布局本地生活领域，希望能够改变消费者在本地生活领域的消费习惯。小红书推出了团购功能，致力于打造一个从"种草"、做出购物决策、购买到核销的闭环的本地生活消费场景，让消费者能够一站式享受吃喝玩乐。

餐饮商户在小红书上线团购套餐的流程如下。

我们先打开小红书本地生活商家管理平台（网址为life.xiaohongshu.com），选择"商品管理"，然后选择"创建商品"。

然后，我们要选择"商品类型""商品类目""收款方式""适用门店"。在选择收款方式时，要注意有三个选项："收款到集团总店""收款到区域"和"收款到门店"，这对应了不同的结算账户，但都只能与对公账户结算，不能绑定个人账户。

然后，餐饮商户要按照要求填写各项商品信息，在检查确认无误后提交审核。通过后，餐饮商户就可以在小红书上线团购套餐了。

商品信息

商品名称 * 请输入商品名称　　　　　0/20

建议用餐人数 单人餐　◉双人餐　三人餐　四人餐　五人以上

商品搭配　请输入商品组名称，最多输入20个字符　0/20　全部可选　不可重复选

商品组名称中不可出现"任选N"X选N"字样，当商品组的可选范围是"几选1"或"全部可选"时，不可配置重复选

三 请输入单品名称　0/20　1　份　请输入金额 元

⊕ 添加单品　　　　上移 下移 删除组

共1组，1个单品，总价值(用户侧划线价) 0.0元　　　新增一组

顾客实际需支付 请输入顾客实际需支付金额 元

商品图 *

＋
上传图片

上传1-10张，第一张建议使用高清优质图，提升套装，每张图片不得超过4M，建议分辨率为1200*900或900*900，图片比例为4:3

图文详情·商品图

＋
上传图片

交易规则

顾客可消费日期 * ◉指定天数 指定日期

购买后 180 天

顾客不可消费日期 每周不可用

节假日不可用

指定某天不可用

每日消费时段 ◉全天可用 特定时段可用

购买限制 限制购买

预约规则 到店前需要预约

退款规则 过期自动退，核销前随时退

券码类型 * ◉小红书平台券码

其他说明信息 请输入其他规则限制，规则需与其他商品信息前后一致，多条规则请用回车换行区分

　　餐饮商户在小红书上线团购套餐后，需要在手机上安装小红书本地商家版APP，用于核销消费者购买的团购券。

2.通过"素人铺量"进行小红书团购营销

小红书是一个用户生活方式分享平台，真实用户分享的内容也就是人们常说的"素人"分享内容是小红书平台的内容的重要组成部分。小红书"素人"分享的内容相较于其他平台有着更大流量。相较于粉丝众多的KOL，"素人"凭借更直接、更真实的内容和更频繁的互动行为，更容易赢得普通用户的信赖。从平台的特性来看，小红书的用户容易依据他人的消费意见或评论，作为自己做购物决策的参考依据。在前往本地餐饮商户消费的过程中，大部分小红书用户因为前期在小红书"种草"而积极做"功课"，在亲自体验后，他们会站在"正义的美食评判官"的角度，如果体验不好就积极"劝退"，如果体验很好就大方分享。正由于这样的用户特性，与达人分享的内容相比，小红书用户对于"素人"分享的内容更加信任，他们往往认为"素人"分享的内容真实、可信赖、具备参考价值。因此，"素人"分享的内容可以在很大程度上激发转化、成交行为。

在"素人""种草"、推广的过程中，我们需要注意以下三点，从而让"素人"分享的内容的流量更大、更精准。一是要平衡"广告"与"内容"，笔记中对产品描述的篇幅要尽可能少一些，而且要"软"一些，只需要轻描淡写提到产品的相关信息就可以了。太"硬"的广告内容不仅容易被判定为违规笔记，也难以取得小红书用户的信任。二是要把控笔记发布的数量和时间。三是要注意调整热门话题和标签，覆盖搜索页的热门关键词。

在上线小红书团购套餐后，餐饮商户可以在小红书的本地生活商家管理平台招募"素人"，并进行选择。那么，餐饮商户应当如何在小红书本地生活商家管理平台上大量招募"素人"呢？

我们可以进入小红书本地生活商家管理平台，然后在"笔记经营"中选择"博主带货"，然后页面上会出现"通用计划""招募计划"和"定向计划"三种计划模式。

通用计划是餐饮商户给团购商品创建的通用计划，任意有探店广场权限的小红书博主均可以通过笔记推广商家的团购商品。在团购券被核销后，小红书平台会按通用计划中该商品设置的销售额比例给博主分成。但在一般情况下，报名通用计划的博主创作笔记的质量不高，且非大型连锁品牌对于博主的吸引力也不大。

招募计划是指餐饮商户可以在平台上招募博主，待博主报名后，经过商家确认，再进行履约合作。餐饮商户在开启招募计划后，可以对报名的博主进行选择，确认后才进行合作。

如果餐饮商户打算招募优质"素人"，需要以这种方式为主，因为餐饮商户可以选择博主，拒绝一部分数据异常或者不优质的博主。

在具体操作时，餐饮商户可以先点击"招募计划"中的"创建计划"，然后设置"计划名称"，一般可以套餐和时间作为计划名称，方便辨认，然后输入"招募博主个数""计划联系电话""团购商品"以及"佣金有效期"，再填写"招募周期""报名截止时间""可接待探店日期""接待博主探店门店"等信息，最后发布。

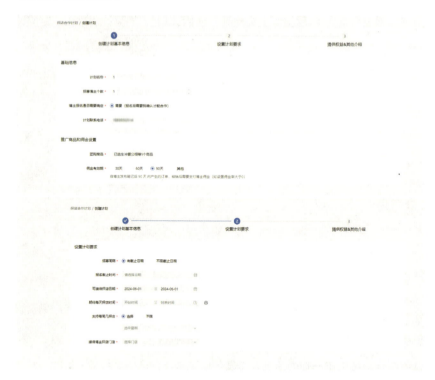

餐饮商户要对报名的博主进行选择，要在48小时内确认是否同意其探店，如果超过48小时没有同意，系统会自动拒绝博主。

第六章

线下广告投放策略

第一节　餐饮品牌能占领消费者的心智吗？

很多优秀的餐饮企业都希望提升企业拥有的品牌的价值，这些企业不仅在线上投流，还非常重视线下广告。因为很多餐饮人认为，线上的流量"不长久，没有安全感"，而线下的广告是"看得见，摸得着"的。我发现一个非常有意思的现象，很多餐饮企业在投放广告的过程中常常有自娱自乐的倾向。比如有些餐饮企业用"牛肉产自北纬45度""羊是吃中草药、喝泉水长大的"等噱头作为线下的广告语，以为可以通过这样的广告语展现自己的品牌价值，刺激消费者的购买欲望。

请你闭上眼睛，思考一下：到底什么是餐饮品牌？

品牌可以体现消费者对某类产品及产品系列的认知程度。品牌的本质是品牌拥有者的产品、服务或其他优于竞争对手的优势，能为目标受众带去等同或高于竞争对手的价值。这些价值包括功能性利益和情感性利益。

广义的"品牌"是具有经济价值的无形资产，可以用抽象化的、特有的、能识别的心智概念展现品牌的差异性，从而在人们的意识中占据一定位置。品牌建设需要较长的周期。

狭义的"品牌"是一种拥有对内、对外两面性的"标准"或"规则",是通过对理念、行为、视觉、听觉四方面进行标准化、规则化,使之具备特有性、价值性、长期性、认知性的一种识别系统的总称。

现代营销学之父菲利普·科特勒认为,品牌是销售者向购买者长期提供的一组特定的特点、利益和服务。品牌是给拥有者带来溢价、产生增值的一种无形的资产,它的载体是企业用于与竞争者的产品和服务相区分的名称、术语、象征、记号或者设计及其组合,增值的源泉来自消费者心智中形成的关于其载体的印象。品牌承载的内容主要是一部分人对品牌商产品和服务的认可,是一种品牌商与消费者通过购买行为相互磨合衍生的产物。

是不是我们想到一个品类就能立即想到的品牌就是高价值的品牌呢?这是不是"占领消费者心智"呢?

那么,如果看到"火锅"这个关键词,请你闭上眼睛,你在第一时间想到哪个品牌了呢?

为什么一看到"火锅",你就会立刻想到这个品牌呢?它是不是占领你的心智了呢?

你有多久没有去那个品牌的门店吃饭了呢?为什么它占领了你的心智,你却不去消费呢?

我认为,对于餐饮行业来说,所谓"占领消费者心智"是"伪命题",餐饮交易的转化成本很高,因为涉及到店成本,而到店成本是由消费者的时间成本、路程成本等多种成本组成的。此外,所有餐饮品牌的门店数量都无法持续高速扩张,这就导致餐饮品牌的渠道承接能力有限。因此,餐饮行业和饮用水行业的商业逻辑是不一样的,饮用水品牌需要在众多品牌中脱颖而出占领消费者的心智,从而提升产品的销量。比如农夫山泉已经占领了消费者的心智，农夫山泉最厉害的地方是渠道覆盖面广，消费者可以很方便地买到，"即时享用"。餐饮行业的不同之处在于，就算消费者想去吃火锅，想到了某个火锅品牌，但会因为"某个品牌的门店太远了""自己前几天才吃过火锅""自己最近上火了"等原因而选择其他餐饮商户。消费者也许还会发现，自己在其他餐饮商户吃饭也很开心。

这就是餐饮行业的独特魅力，即使是龙头餐饮企业也无法垄断市场。餐饮企业在创业阶段不要执着于品牌建设，因为品牌不能直接帮助餐饮企业提升业绩。大量所谓"品牌店"或者是上市公司的直属门店的生意没有隔壁的"网红店"生意好，这是为什么呢？因为餐饮行业的本质是"吃"而不是企业经营者的自我认同感。现在，新一代消费者特立独行，他们觉得某家餐饮企业门店众多并不是他们选择这家餐饮企业的理由，他们有着自己的判断标准。有些餐饮企业经营者认为门店众多的连锁品牌一定能打动消费者，而不少消费者认为，门店数量多少和自己如何做出购物决策没有什么关系。

第二节　餐饮企业如何投放线下广告？

　　那么，餐饮企业的线下广告应该如何投放呢？我们先要从营销投放的角度理解"品牌定位理论"。

　　我们可以通过以下两个方面理解餐饮消费。

　　第一，餐饮消费的消费场景。

　　第二，未来餐饮消费者的消费渠道。

　　餐饮消费的消费场景具有很强的"即时性"和"目标性"。

　　大部分消费者在有吃饭需求的时候才会打开大众点评或者其他平台，或者根据自己的记忆查找商户。即时性的需求是要立刻被满足的，任何一个餐饮品牌都不可能覆盖所有区域让消费者能够立即享用。因此，任何一个餐饮品牌都不能通过品牌价值让客户有百分之百的忠诚度。如果我现在想去一家餐厅可是因为距离过远，那我只好以后再去；如果我去超市购买饮用水，虽然饮用水的品牌众多，可是我已经认定了某一款饮用水，而我可以马上买到这个品牌的饮用水，那么我的即时性需求就可以被满足了。

　　餐饮消费的"目标性"非常好理解，消费者提前被"种草"后，就会直奔目标商户，去消费、"打卡"。

餐饮消费的到店场景是由多元化因素决定的

餐饮行业属于"高频低消"行业，与那些"低频高消"行业的商业逻辑完全不同。消费者在"低频高消"行业消费时的犯错成本巨大，所以在选择的时候会非常谨慎。这些行业的企业需要"品牌背书"以取得消费者的信任。比如在买车的时候，有些消费者就会持续购买某个品牌的汽车，而很少考虑其他品牌的汽车，因为怕买了之后发现不适合自己，那样的代价太大了。

再如我们在准备购买空调的时候，如果有一个自己之前没怎么听过但是在互联网上口碑很好的品牌和以"好空调，格力造"为广告语的格力空调价格接近，外观、功能都差不多的时候，你会购买哪个品牌的空调呢？

我们可以尝试新的餐饮商户的菜品，哪怕我们此前根本没有听说过这家餐饮商户。但是在购买高价值的商品时，我们通常会根据品牌的知名度做出购物决策。

"高频低消"行业的特征就意味着消费者需要有足够的新鲜感的商品，消费者花费几十元到几百元吃一顿饭，就算不好也没关系，下次换一家吃就行了。只有极少数消费者愿意长期只在一个餐饮品牌消费。

因此，具备"高频低消"特征的餐饮行业在"新一代消费者"逐渐成为主要消费者的情况下，需要的不是所谓的"品牌称号""品牌称呼""品牌口号"，而是需要"比品牌更有效的获客渠道"。

> "品牌"在特定的消费场景下才能发挥较大的影响力，并不适用于所有品类的商品。当商品的价值超过一定金额的时候，商品的品牌对于消费者的消费决策就有较大影响力。反之，当商品的价值较低时，品牌对于消费者的消费决策的影响力就很弱。大部分餐饮品类的产品的价值都不高，因此餐饮企业不需要在品牌建设方面投入太多资源。

　　未来餐饮消费者的消费渠道一定是"线上+线下"。今天，与过去相比，消费者的消费行为已经发生了巨大改变。过去的消费者在选择餐饮商户时是先确定商户，到店后再看是否有优惠，而今天的消费者站在餐饮商户门口先不进店，而是打开各种平台看餐饮商户的评价和短视频介绍以及是否有优惠套餐，满意后再进店，这是今天年轻消费者做餐饮消费决策的主流方式。因此，什么时候做线下广告效果最好呢？餐饮商户一定要在线上营销已经"打爆"后，再开始投放线下广告，否则效果很差。现在消费者的想法很简单，认为自己就是一位食客，根本不在乎餐饮商户的广告语，广告语再好也没什么作用。我们一定要站在消费者的角度看待自己。我们要想一想，如果我们不是一个餐饮人，我们去吃饭的时候会看餐饮品牌的广告吗？

　　很多餐饮企业希望去借助一句广告语告诉消费者自己多么与众不同，或者希望通过一句广告语提高消费者的到店率进而提升门店的营业额，甚至痴迷于"定位理论"。定位理论里有一个说法，"占领消费者心智"。我第一次听到"占领消费者心智"这个说法的时候，感到非常震撼。后来，我听了很多"营销大师"讲的案例，比如"怕上火，喝王老吉"广为流传，在国内只要你怕上火，或者你已经上火了，你就会想喝王老吉，而肯定不会喝雪碧，因为王老吉已经占领了中国人"去火"的心智，这句广告语真是深入人心。又如有很多"营销大师"会问："今年过节不收礼，收礼只收？请你告诉我，收礼只收什么？"很多餐饮企业都希望能梳理出一句朗朗上口的广告语宣传自己的品牌。在我看来，也许90%以上的餐饮老板关于品牌建设的思路都是错误的，因为他们根本没有真正理解餐饮行业！

餐饮行业是消费行业中一个极为复杂的子行业。我认为，如果餐饮企业想通过广告语告诉消费者自己有什么与众不同之处，那简直是难于登天！

请问各位正在阅读本书的餐饮人：

海底捞的广告语，你知道吗？

西贝莜面村的广告语，你知道吗？

华莱士的广告语，你知道吗？

麦当劳的广告语，你知道吗？

肯德基的广告语，你知道吗？

蜜雪冰城、茶百道、古茗等这些知名品牌的广告语，你知道吗？

请问如果连作为餐饮人的你都记不住这些知名餐饮品牌的广告语，凭什么今天特立独行的消费者能记得住不那么知名的餐饮品牌的广告语呢？今天的消费者来商户就是为了简简单单吃顿饭而已，餐饮人凭什么希望消费者能记住自己的广告语，或者因为自己的广告语而进店消费呢？

现在是"自媒体时代"，我们每天都会看短视频以及各类碎片化信息，请问你看到的最后一条短视频的内容是什么？我相信大部分人都回答不上来这个问题。"自媒体时代"是信息碎片化的时代，在这个时代，如果餐饮企业想传播自己的品牌，那就不应该去传播品牌的价值或品牌想表现的内容，而必须根据当下消费者的特点，找到有意思的传播点，制定品牌的传播策略。

对于餐饮行业来说，绝大多数消费者就像"渣男"，每天都想尝试新鲜的菜品，再加上自媒体等多元化的信息传播渠道，很多消费者第一天吃完饭，甚至在第二天就忘记了餐饮商户的店名了。在信息碎片化时代，如果餐饮商户还指望自己的广告语能给消费者留下深刻的印象，那就不切实际了。在信息碎片化时代，广告语应该更加简单，餐饮商户与其宣传自家用的牛肉的产地，不如直接"借势"，以"大众点评'人气榜'推荐餐厅""小红书热门推荐餐厅" "'抖音城市风味榜'上榜餐厅""大众点评2023'必吃榜'上榜餐厅"等作为广告语。消费者对于大众点评、小红书、抖音是有一定程度的认知的，并且会信任这些平台的榜单。消费者也许完全不了解餐饮商户用的牛肉的产地，但是消费者知道"抖音城市风味榜"的上榜餐厅和大众点评"必吃榜"的上榜餐厅一定不错，可以试试。

在信息碎片化时代，不要奢求消费者有忠诚度

过去，消费者接触媒体信息的渠道不多，因此可以记住很多朗朗上口的广告语。那时的消费者很容易相信企业打出的广告语。现在，时代变了，新一代消费者是在移动互联网时代成长起来的，他们会质疑：商户凭什么说自己家的牛肉好吃？他们会怀疑商户，因为所有商户都说自己的产品好。他们只相信自己相信的信息来源，他们愿意相信KOL的真实测评报告而不愿意相信铺天盖地的线下广告。

当线上营销已经"打爆"，商户在小红书、抖音、大众点评、美团等平台都已经把营销做好以后，消费者在逛街时看见商户的线下广告会想："这不是网上很火的那一家店嘛！"至于商户精心设计的广告语，消费者也许根本不会在意。

我很喜欢一个餐饮品牌，重庆的"周师兄重庆火锅"。我觉得周师兄重庆火锅的创始人周永林对营销投放和餐饮的理解值得餐饮人学习与借鉴。在

2019年，周师兄重庆火锅在网上非常火，很多人不远千里到重庆去周师兄重庆火锅的门店"打卡"。当网上已经"打透"后，周师兄重庆火锅开始在线下布局公交和地铁广告。在洪崖洞的公交车站，周师兄重庆火锅没有说自己多么好吃，也没有强调腰片或者某个产品特别好，他们线下广告的广告语是"入选大众点评'必吃榜'的重庆火锅"。

本章的内容有些"烧脑"。很多餐饮人认为，做线下的广告宣传，只要有一个好的广告语，然后学习怎么在线下投放广告就行了。但是，广告宣传还涉及定位、品牌等营销理论。在企业发展的起步阶段，其实品牌并不重要。企业建设品牌的本质是为了促进销售。

很多餐饮人因为走入了将品牌做大的误区而失败。其实，营销也不只是投放广告，营销其实是一种策略。在制定营销策略的时候，我们需要了解消费者、了解当前的市场环境。从消费者的角度出发，我们可以了解消费场景、消费渠道、消费的即时性。从市场环境的角度出发，我们可以了解消费者对于部分品类的品牌缺乏认知的根本原因。因此，我们投放线下广告的策略就要改变，从以前重点强调自己想表达的内容、营销公司想表达的内容，到重点强调消费者愿意相信的、愿意看到的内容。

线上营销"打透"做"背书"，线下流量辅助，加深印象

"3消"营销理念

"3消"营销理念是指：

设想消费者的消费场景；

研究消费者的消费行为；

洞察消费者的消费逻辑。

现在的年轻消费群体的消费观念和消费行为有了很大变化。餐饮是"高频低消"行业，因此必须直击客户，营销文案要简单、直接。夏天到了，很多消费者想吃小龙虾，年轻消费群体基本不会因为看到餐饮商户在线下花了100元做的广告牌就去店里消费，但是他很可能会在想吃小龙虾的时候，看到了小红书、大众点评上的一张照片、一条消费者真实评价而开车半小时去"打卡"。

我们可以借用传统的营销理论中的"马斯洛需求层次理论"为例，说明小龙虾的广告语。

（1）生理需求，从味道的角度考虑，比如"人间美味，好吃不贵"。

（2）安全需求，脂肪含量低是小龙虾的优势，"卖点派"的广告词可以为："'吃货'的奢望，咋吃都不胖"。

（3）社交需求，把消费者和好友欢聚的场景表现出来，比如"美酒就和好友醉，龙虾和酒是绝配"。

（4）尊重需求，我们可以借鉴哈根达斯的广告语，比如"爱她，就请她吃小龙虾"。

（5）自我实现，我们可以从美好生活的角度来写广告语，比如"龙虾还在，生活没坏"。

这确实是非常完美的营销理念，从理论上来看，这些广告语十分精彩，朗朗上口，但这是传统的营销策略，已经不适应当今的时代了。

新时代的餐饮营销策略是"口味常态稳定，'颜值'（具备）传播属性"，是"小红书一推，流量就'爆'"，是"（大众）点评一推，排名就上"。

这是一个年轻人体会不到广告词魅力的时代，根本原因是"信息碎片化"。"信息碎片化"让人们无法记住优秀的广告语，今天的消费者在看手机的时候甚至只有七秒钟的记忆，因为他很可能已经忘记七秒钟前看过的短视频的内容了。今天的消费者不会因为你的广告语朗朗上口就选择你，也不会因为一句广告语就对你产生清晰的认知，今天消费者的逻辑就是"颜值""新奇特"。现在的年轻消费者选择一家餐饮门店需要很多理由吗？不需要。你只需要一张"爆款"图片，就能快速火爆，一个"爆品"就能让消费者对你产生"自定位"：××店是小龙虾排名第一的店，他们家的小龙虾真好吃！

其实，作为一个有10多年营销从业经历的人，我在写这部分内容的时候是非常痛苦的，因为有非常多令人惊艳的广告词无法在这个时代绽放光彩。我们现在经常会听到很多"洗脑"广告语，在乘坐电梯的时候，我们听到的广告语再也不是那些经典的广告语，而是简单粗暴、无限循环的"洗脑"广告语，但这是适合这个时代的传播方式。我们做餐饮营销也是一样的道理，因此请各位餐饮人放弃过去的观念，拥抱流量，拥抱"颜值"，一定要做到"口味常态稳定，'颜值'必须'哇噢'"。

第七章

运用餐饮营销梭哈论，
快速成为餐饮头部品牌

第一节　餐饮营销梭哈论的理念

一、选址

　　张爱玲说过，出名要趁早。我鼓励今天年轻的创业者或"新餐饮人"争取快速取得成功，这并不是因为我浮躁、急于求成，而是因为时代变化了，我们无法像以前那样花费时间慢慢做大做强。很多优秀的餐饮连锁企业都经过十几年甚至二十几年沉淀，这些企业做得如此好不仅因为创始人能力强、经营品类好，也因为赶上了一个时代的"风口"。在中国餐饮市场中，连锁经营业态的市场占有率在近几年开始快速增长，这无疑给这些行业龙头提供了非常好的机会。在十几年前，餐饮行业的竞争还停留在以口味竞争为核心的"1.0时代"，而在2024年，餐饮企业的成功因素是多种多样的，如果餐饮企业的经营者不是"六边形战士"，那就很难在竞争如此惨烈的市场中杀出重围。如果你还是按照上一代餐饮人的经营思路，一步一个脚印，那么你大概率会被竞争对手抛在脑后。时代不同，打法不同！

　　如果你拥有远大的梦想，想让你的企业的品牌快速成为全国或者某个区域的头部品牌，那么你一定要拥有处于核心位置的门店。我们不能以"幸存者偏差"的思维看待市场，认为某家餐饮商户的位置很差但生意也很好，就认为自己也可以。我们要追求"确定性"。我经常把选址对于餐饮商户生意好坏的影响比喻成竞技纸牌游戏德州扑克。当你拿到的底牌是2和3而对手的底牌是A和A，你却获胜的时候，你主要依靠的是运气，而不是实力。当你的门店的位置很差可是比位置好的商户生意更好的时候，你的成功是很难复制的。当你的底牌是A和A（好的选址）的时候，你获胜的概率在80%以上；当你的底牌是2和3（差的选址）的时候，你获胜的概率不超过20%。因此，你的底牌是A和A，你获胜的确定性高，你的底牌是2和3，你获胜的确定性低。退一步说，如果你在差的位置都能把企业经营好，那么你在好的位置肯定能取得更好的经营业绩。

为什么我反复提到门店的位置，难道商户不在好的位置开店就无法快速成为当地的头部品牌吗？

答案是：大概率不可能！

现在，能将餐饮企业做好的餐饮人本身都是非常优秀的，从产品到管理，从研发到供应链，谁都不会比别人差太多，而大家在营销方面的差异更是微乎其微。在这种情况下，请问你如何才能快速"出圈"？你是准备将服务做到极致，还是将口味做到极致，或是将性价比做到极致？对于优秀的餐饮人来说，这些已经是"常规操作"了。如果你想快速"爆破""出圈"，那么你在具备这些"内功"的基础上还需要在一个相对较好的位置开店。

《孙子兵法》中有"是故百战百胜，非善之善者也"的说法。作为餐饮人，我对这个说法的理解包括两点：第一，我们几乎不可能做到百战百胜；第二，打一百次仗，要花一百次费用，耗钱耗时还耗力。因此，百战百胜并不是最优的解决方案，最优的解决方案应该是一战而定，用一场战斗解决所有问题才是最符合我们的目标的策略。

拒绝百战百胜，要一战而定，一次"打透"，一次"打爆"！

我有一段时间非常喜欢玩德州扑克。我慢慢发现了一个规律：在玩德州扑克的过程中，出手次数越多的人成为输家的概率越大，因为他觉得自己每次都有机会，每次都下注到最后，而赢家大部分时间都在弃牌，他们往往等到"确定性"高的机会再出手，一次"梭哈"就能解决战斗。

在餐饮行业，道理其实也是类似的。很多餐饮人觉得在位置一般的地方开店也可能生意不错，于是在势头好的时候不断去拿一些有一定风险的位置，相当于不断在只有小牌的时候下注，结果是输多赢少，生意好的门店的利润基本用于填补生意差的门店的亏损了。高手懂得"等"，等一个值得出手的位置，让开店以后的经营业绩有更高的确定性！现在，很多人都说餐饮行业越来越不好做了，这是必然的，因为很多人没有深入思考、没有认真选址就盲目开店，那么在开店以后的经营状况大概率是不理想的。

餐饮企业做营销的逻辑也是类似的。很多餐饮企业每个月都投放一部分营销费用，每次都是碰运气，运气好的时候，营销的效果好，可以有效地提升门店的营业额，运气不好的时候，投放的营销费用基本没什么效果。这样做的结果是，长期来看投入营销费用的效果不大，费时费力，也没"打透"。很多优秀的餐饮企业用一次大规模的营销活动就确立了区域霸主的地位，一次性解决战斗，这就是"餐饮营销梭哈论"的魅力。

二、稀缺性

当你在一个相对不错的位置开店以后，你应该如何快速超越竞争对手呢？你一定要让自己具备"稀缺性"。心理学研究表明，物品的稀缺性和唯一性会提高其在人们心目中的价值，提高物品对人们的吸引力，会使人们对物品有更为强烈的占有欲。这也正是"稀缺原理"的内涵。"稀缺原理"还认为，越是难得到或者得不到的东西，越能激起人们的好奇心和占有欲，让人们越是渴望得到。物品的稀缺性会激起人们内心的渴望，这既是一种普遍的生活现象，也是一种普遍的心理现象。在餐饮行业中，商户如何能让自己具备稀缺性呢？最简单的办法就是让消费者付出时间成本，不是想吃就随时能吃到。比如某家餐饮商户的生意很好，有几百桌消费者排队，消费者需要排队两小时才能吃到。在这种时候，消费者就会觉得，很多人都吃不上而我能吃上，我比别人牛。消费者不仅能获得味觉上的满足感，还能获得心理上的满足感。

如果你的竞争对手在当地餐饮领域深耕了几年甚至十几年，已经小有名气了，而你的企业作为一家刚刚起步的餐饮企业，凭什么能快速占据上风呢？

只有通过"爆店"让自己具备稀缺性，通过"梭哈营销"集中资源"打透"市场，你的企业才能脱颖而出。消费者往往只看到表面现象，不会透过现象看本质。他只会好奇，这家新开的店怎么这么火爆，每天都有这么多人排队，超过了开业十年的老店，我应该约上好友找个时间一起去"打卡"。

"梭哈营销"是一种智慧，年轻人一定要懂得用钱换时间

三、定位清晰

我们在运用"餐饮营销梭哈论"的时候，一定要注意："打透"一个群体，"打透"一个城市，"打透"一家门店，"打透"一个平台。

"打透"一个群体。我们在做营销的时候，切忌什么都想要。比如我们想"打透"一个群体，我们就要做到定位清晰。我们要明确客户群体，然后将这些人喜欢看的内容展示在他们面前。如果我们的目标是年轻消费者，那

我们就要用"高颜值"的产品、环境吸引他们；如果我们的目标是商务人士，那我们就要用菜品高档、环境私密、停车方便等优点吸引他们。

"打透"一个城市。很多餐饮人因为不太理解营销的本质，所以有很多奇怪的想法，比如希望精准找到那些有消费能力的人、希望吸引那些在意"颜值"的人等。营销是不可能非常精准指定对象的，营销也是很难算投资回报率的，计算营销工作的投资回报率基本只是完成"表面数据工作"而已。我见过很多餐饮企业经营者希望营销工作能保证点赞量、浏览量，我觉得这种想法毫无意义，因为餐饮营销的核心是让更多人看见商户的信息。在很多人看见商户的信息后，一定会有符合餐饮商户目标客户定位的人来商户消费。

"打透"一家门店。我强烈建议餐饮商户找到一个能承接大客流量的位置进行"梭哈营销"。我们绝对不能把有限的预算平均分配给所有门店，这样做的结果往往是根本没有任何效果。当一个品牌的一家门店足够火爆的时候，其他门店的生意也会跟着火爆起来。

"打透"一个平台。我认识很多餐饮企业经营者实力雄厚，他们往往希望能把所有平台都"打透"，但这个愿望很难实现，因为平台不同、规则不同，商户的"打法"不同、承接能力不同。抖音、小红书等平台是不可能持续给商户流量的。就算视频或者图文的内容再好，消费者也会"审美疲劳"，因此平台的算法是不会让商户的内容持续曝光的。美团和大众点评的大部分流量需要商户有好的评价体系承接，并且在平台进行交易。但是一旦商户把评价和交易主要放在美团和大众点评上，那么商户在抖音和小红书上的流量就会受到影响。这是我根据多年餐饮企业经营实践和运作众多餐饮品牌营销工作的实战经验发现的规律。因此，商户在起步阶段必须打透一个平台。商户可以分析自己所在的城市和自己门店的位置适合哪个平台，然后将这个平台"打透"，直到这个平台将流量倾斜给你。商户要在自己的承接能力超过平台带来的客流量以后，再开始在其他平台上开展营销工作。

第二节　餐饮营销梭哈论的实战打法

　　人们常说，一切脱离实践的理论都是空想。我接下来给大家介绍一下"餐饮营销梭哈论"的实战打法，主要包括十个阶段：第一阶段，选址；第二阶段，营销的准备工作；第三阶段，累积基础数据；第四阶段，达人探店；第五阶段，实施价格策略；第六阶段，全网宣发；第七阶段，练就"超级内功"；第八阶段，第二轮营销；第九阶段，做好承接工作；第十阶段，第三轮营销。

一、选址

　　关于选址的问题，前文已经论述很多次了。如果我们想要钓鱼，那就一定要去鱼多的鱼塘钓鱼。门店的位置可以不是商圈的核心位置，但是必须位于人流量大的商圈。因此，选址的关键就是找到"一线商圈的一二线位置"。

二、营销的准备工作

　　在正式铺开营销工作之前，无论是新店还是老店都需要做好四个方面的准备工作。

　　第一，超配人员。在铺开营销工作以后，到店消费者可能远远超出以往的情况，这会给员工带来非常大的工作压力，进而导致离职率提升。人员超配可以避免因为人员离职导致内部流程出现问题，从而没有让消费者得到好的消费体验。

第二，产品内测。我们必须检查出餐时间、出餐品质，确保所有餐品都不会出现问题。

第三，培训服务话术。我们要确保消费者到店后可以帮助我们进行二次传播，比如留下真实评价或发朋友圈、短视频等，这就需要我们对服务员进行服务话术培训，引导消费者帮助我们进行二次传播。我们应该尽可能找年轻的女性消费者，她们在大众点评上写评价，拍照片和视频发朋友圈、抖音的意愿比较高。

第四，安排专人负责消费者接待工作。我们可以安排专人询问消费者的用餐感受，及时处理消费者用餐过程中遇到的问题。我们还可以安排人员介绍门店的优惠活动，比如让消费者在我们计划做营销工作的主要平台上团购套餐等，以帮助我们在这些平台上积累数据，让平台向更多用户推送与我们相关的信息。如果商户没有做好客户服务的准备工作，就不要铺开营销工作，不然在投入费用购买流量的时候营销效果还行，一旦停止投入费用购买流量，商户的生意就会回到没有做营销工作之前的状态了。营销的目标是让消费者自传播带来的流量大于投流带来的流量。如何让消费者帮助我们进行自传播呢？我们需要专人去引导消费者。

我认识一位"老餐饮人"，他认为自己的门店运营工作做得很好，认为自己的团队非常成熟，只是不知道如何做营销。他找到我，让我帮助他做营销。在营销开始之前，我再三问他是否要再检查一下准备工作是否妥当，但他认为自己有十几年餐饮从业经验，团队"内功"过硬，没必要检查了。于是，我们直接铺开营销工作。在刚开始的时候，一切顺利，产品不错，达人探店后创作的内容不错，流量投放等工作也都不错，营销效果很好。但是到了后期，生意开始火爆起来，每天都有一百多桌消费者排队。这时，餐品和服务质量开始大幅下降，出餐时间延长。更为麻烦的事情是，多位员工离职。在待遇差不多的情况下，员工在其他餐饮企业工作得非常舒适，按时下班，而在这家商户的员工因为生意火爆需要玩命干，工作压力非常大。这位"老餐饮人"只好临时找兼职人员顶替，但兼职人员又无法高品质完成工作，导致"好评要不上，差评满天飞"。这位"老餐饮人"终于认识到想成为"网红店"不是那么容易的时候，提出是否可以先把营销工作暂停，等重新招人后再做营销，但这肯定是不可能的。在营销"势能"最强的时候，我们必须全力以赴向前冲才能突破敌人的封锁线，冲向胜利的终点。如果我们在这个时候将营销工作暂停，那么之前做的营销工作就都白费了，因为在没"打透"之前，消费者是记不住商户的，复购率就会非常低。但当时的情况是，继续开展营销工作的话，客流量已经超过商户的承接能力了，由此产生的越来越多的投诉和差评只会影响商户在消费者心中的形象。我们在综合评估后认为只能暂时停止营销工作重新"修炼"能够适应"爆店"的"内功"。这导致之前投入营销的费用都打水漂了。

很多"老餐饮人"都会犯类似的错误，因为他们认为自己做了几十年餐饮工作，这些"内功"都是小问题。其实，做餐饮运营最难的地方就在这里，"网红"和"长红"的区别就在于复购率高低，而提升复购率的关键在于好的服务、好的产品。在"爆店"之后，消费者接待量和常规情况完全不可同日而语，消费者的期待值也比较高，商户犯错的空间更小，因此商户要做好充足的准备。

三、累积基础数据

真正通过餐饮营销做到"爆店"，一定是循序渐进的，而不是"今天投流明天火"，那是错误的营销方法。我们做品牌建设、提升品牌价值，需要借助大众点评、美团、抖音、小红书等平台把给我们的信息推送给用户，帮我们做宣传。这些平台都有自己的流量算法，只有商户的数据符合算法的"审美"，商户才能获得更多流量和曝光的机会。对于一二线城市的商户而言，最重要的平台就是大众点评。商户在大众点评做营销工作，需要在前期搭建商户的展示页面，优化页面的数据，比较简单的做法就是常规的团购代金券促销活动以及页面包装，具体做法可参考拙作《大众点评精细化运营》。

在一般情况下，如果想达到"爆店"的效果，我建议无论是新店还是老店都必须做大众点评的"霸王餐"活动。这样做的目的有两个：第一，让真正会挑刺儿的消费者到店，判断商户是否做好准备工作了，这些用户都是大众点评的资深玩家，如果商户能把他们接待好，接待其他消费者也基本不会有问题。第二，这些用户都非常热爱写评价，他们也有写真实消费评价的任务。这些真实的消费评价可以帮助商户快速累积评价数量，而评价数量是转化率高低的重要因素之一。对于"霸王餐"的份数，我建议商户多做一些，平台规则允许"霸王餐"最大值是多少，商户就做多少份"霸王餐"。

对于线下活动，我建议做一般性的优惠活动即可，7—9折都可以。线下活动的关键是在消费者到店后，商户通过提供好的服务和产品获取消费者的真实评价或者让消费者发朋友圈和抖音。

一般来说，累积基础数据的周期为7—15天。

四、达人探店

在累积基础数据的工作做完以后，商户的信息会被平台推送给用户，这通常可以吸引一些消费者到店，但这离"爆店"的目标还差很远。"老餐饮人"通常会选择慢慢熬，通过好的味道、好的产品，慢慢积累好口碑和客户。但是时代不同了，现在我们可以借助很多平台方便快捷地获取流量，合理使用各种流量工具可以帮助我们快速"出圈"。目前，餐饮营销的主要载体是短视频。我们可以邀请较为优质的达人，来门店拍摄素材。

也许会有读者提出问题：我一定要拍短视频吗？我可不可以找人写公众号的文章呢？答案很简单：我们要学会拥抱变化，现在公众号的流量远远不如短视频的流量。

邀请达人探店的好处主要有六个方面。

第一，增加曝光度。与达人合作后，门店将获得更多曝光机会。达人创作的内容有一定的基础流量，通过他们推荐和分享，门店将获得更多流量和关注度，使得门店被更多人了解。

第二，提升品牌形象。达人创作的内容会帮助门店"种草"，有助于提升门店的品牌形象。达人创作的内容往往会有不错的品质，这些内容中一般也包括门店提炼的卖点，因此达人推荐可以提升门店在消费者心中的好感度和认可度。

第三，提升营业额。达人推荐和分享将为门店带来更多消费者。当潜在消费者看到达人分享的关于门店的优质内容后，他们往往会亲自到店体验自己觉得有意思的或者感兴趣的部分，从而提升门店的客流量和营业额。

第四，赢得好口碑。在门店的"内功"不错的情况下，达人推荐和"种草"对门店赢得好口碑有很大帮助。消费者通常更加愿意相信身边的朋友和关注的达人推荐的内容，因此通过达人探店、"种草"，门店可以建立良好的口碑并广泛传播，吸引更多消费者到店体验。

第五，获得改进建议。很多达人基本一天"探"一家店，甚至有些达人一天"探"三四家店，因此达人对门店各方面品质的感觉往往比较敏锐。在达人探店的过程中，门店运营团队可以请达人针对门店的情况提出改进建议。因为门店运营团队一直在门店工作，容易对一些事情习以为常，达人提出的好的建议有利于改进门店各方面的工作。

第六，提升用户黏性。通过达人推荐和分享关于门店的信息，门店可以吸引更多潜在消费者成为自己的忠实消费者。这些消费者会因为达人推荐而对门店产生兴趣，并且多次光顾门店。以这种方式提升用户黏性会对门店长期运营和未来发展起到十分积极的作用。

筛选优质的短视频达人和发布内容的技巧见第282页的"专栏"。

五、实施价格策略

前文的内容有关于价格策略的说明。很多商家一听到"价格战"就极为头痛，因为在2023年，餐饮行业的价格战极其惨烈。从目前的情况来看，价格战将是很多餐饮企业未来的主流打法。但是，价格战终究不是解决生意不好的问题的最终方案。很多餐饮企业都因为价格战而陷入经营困境，本人也极度讨厌这种损害正常市场经营环境的价格战。

但是，我需要再次说明，价格战是价格战，价格策略是价格策略。价格战是单纯地在不赚钱的情况下低价售卖产品和服务，而没有其他配套措施。价格策略是通过低价售卖产品和服务，以获取消费者的真实用餐"数据"和引导消费者进行自传播为目的，通过消费者的真实用餐数据吸引能够带来利润的消费者到店消费。"价格战"和"价格策略"的名称看起来差不多，但是操作方法和结果完全不一样。

一家新店刚刚开业，最好的宣传方法就是"破价"。否则消费者为什么要在新店排队2小时呢？新店没有开了十几年的老店积累的客户和好口碑。因此，新店一定要用"破价"的方法吸引消费者到店，然后好好接待消费者，让这些无法使商户赚钱的消费者帮助商户增加人气，并且帮助商户做宣传。具体的"破价"操作方法，商户可以根据自己的实际情况确定。如果我们有大的梦想，想要做大事，就要把百分之百的诚意展现在消费者面前。切记，"破价"必须隐蔽、快速。

六、全网宣发

在积累了一定的基础数据，并且实施了价格策略后，商户的生意应该非常火爆了，会有不少消费者排队。达人拍摄的视频必须在有一定基础数据和线下人气后再做宣发工作，这样效果更好。如果你是一位消费者，去一家在网上看起来很不错的店"打卡"，但你到店后发现并没有多少人，你是不是会有些失望呢？会不会好奇为什么这家店人不多呢？会不会担心这家店的菜品不好吃呢？

因此，我们一定要等到门店有一定人气后，再宣发达人拍摄的视频。消费者被视频吸引后，看见门店生意火爆就会认为这是一家生意很好的店，这家店的菜品味道一定很好。我们一定要换位思考，站在年轻消费者的角度思考问题。其实，消费者对于吃饭的想法非常简单，哪里人多就去哪里，哪家店人多哪家店就好吃。

全网宣发有三个注意事项。

第一，不能在短时间内集中安排宣发，否则商户会被平台"限流"。有人误以为"梭哈营销"的意思是一天之内发布视频的达人越多营销的效果越好。但实际情况并非如此，我尝试过在短时间内邀请大量达人发布视频，但这会导致宣传的内容同质化严重，营销效果反而不是很好。

第二，我建议商户在做营销的时候，安排"大号开路"。为什么商户一定要先用"大号"来破冰呢？因为"大号"的视频质量相对比较高，流量也相对较大，在"大号"发布宣传视频后，如果视频传播量大，那么随后，"小号"发布的同一家商户的视频也会得到平台的流量扶持，会有更好的传播效果。甚至可能有很多优质的短视频达人在看到某家商户的视频传播量大以后，自费"探店"拍视频，因为达人既需要流量，又需要找有话题的店拍摄视频。如果我们安排"小号"先发布视频可能数据不会特别好，进而导致很多"小号"的流量没有完全发挥作用。因此，视频宣发的策略是："大号"开路，"小号"跟上。

第三，付费是确定性营销的关键。越来越多商业博主、流量博主告诉大家，短视频的核心是内容，付费根本没用。其实，他们只说对了一半，还有一半是错误的。好的内容一定是流量的核心，我们在有了好的内容的基础上还需要让好的内容被更多人看见，方法就是给平台付费。付费确保了营销效果具有确定性，在不付费的情况下，平台的规则无法保证我们可以获得多少流量，但是付费可以确保平台给我们一定的流量。很多人做短视频营销，在付费后仍然效果不好，这要么是因为内容不够好，流量导入后转化率很低，要么是因为他对付费的规则理解不够深。

七、练就"超级内功"

在完成了短视频流量宣发工作后，商户可以通过平台获取客户，加上被价格策略吸引来的客户以及商户所在位置获取的客户，每天在商户门口排队的消费者少则几十桌，多则好几百桌，而真正的营销工作此刻才刚刚开始，因为现在商户还只是不受待见的"网红店"。"生意火爆几天、几个月，很多商户都可以做到，难的是做到'长红'，一直火下去。"这句话非常有道理。在中国的餐饮行业，绝大多数商户都停留在成为"网红店"这一步。我们经常讲"超级内功"，"超级内功"到底是什么？能否有一些更加明确的概念呢？因为"超级内功"的要求非常多，我只能罗列以下五个关键，供大家参考。

第一，选址。选址是商户能否承接网络流量、消费者是否方便到店的关键。如果商户的位置不好，那么就算营销工作做得很好，但消费者很难到店的话，商户也是难成气候的。

第二，品类。很多餐饮人喜欢做"新奇特"的产品，因为"新奇特"的产品能快速带来流量。但是"新奇特"的产品往往缺少文化积淀，消费者往往尝试一次以后就不会复购了。前些年流行的"网红"品类，比如脆皮五花肉、大葱包肥肠等，都是昙花一现，没能成为"长红"品类。"长红"品类最关键的因素就是"高复购率"，因为商户可以持续通过营销吸引大量消费者前来排队消费，商户想要长期生意好，消费者的结构一定是"大量老客户＋部分新客户"。好的品类是能够持续吸引消费者，让企业持续经营的。

第三，团队。商户要有具备超强执行力的团队，并且是符合当下餐饮市场环境要求的执行力超强的团队。很多餐饮人误以为餐饮企业的团队就是"前厅人员＋后厨人员"，这种团队组成在以往的市场环境中是没有问题的。但是，现在新餐饮企业的团队组成人员应该是"前厅人员＋后厨人员＋新品研发人员＋营销人员＋'数据引导人员'"，大家互相配合，力求给消费者提供完美的体验。

第四，"好吃"和"不贵"。"好吃"是一种感性的说法，无法被定义，因为每个人的口感不同，因此很多餐饮创业者认为"好吃"是一个伪命题。你凭什么认为你的菜品好吃，而我的菜品不好吃呢？我认为，这种想法是错误的，是对餐饮行业缺乏敬畏心的表现。虽然"好吃"的确无法被定义，但是消费者吃完菜品后的笑容是可以看得见的，一条条真实的好评也是可以看得见的，络绎不绝的老客户更是可以看得见的。我不知道如何形容"好吃"，但是我知道菜品不好吃的店经常因为没有客户而需要花大力气做营销，而一家菜品好吃的店只有在开业的时候需要花大力气做营销。我们以火锅这个品类为例，北京的芈重山老火锅从一家小店开始到成为北京市井火锅的头部品牌，靠的是营销吗？从表面上看确实如此，因为网络营销做好以后，芈重山老火锅的生意非常红火，可是为什么能火爆五年呢？芈重山老火锅每家分店的生意都很好，靠的是口味。如果口味不够好，芈重山老火锅凭什么能火爆五年呢？

很多人都说，成都的五里关火锅的生意火爆，因为五里关火锅是大众点评美食热门榜第一，成都又是旅游城市，来成都旅游的消费者大多会吃火锅。因此，五里关火锅的生意好靠的就是营销。但事实上，营销只是帮助五里关火锅解决了从0到1的流量，让更多人知道这个品牌，而五里关火锅能持续火爆五年，离不开"好味道"。

我曾经认为，没有高复购率也没有关系，全靠拉新客户也可以做餐饮。我是做营销的，我原本认为根本没有一家餐饮商户的菜品是绝对"好吃"的，生意不好的本质还是流量不够。我直到自己快速开了近60家店后才明白，营销可以让我走得很快，让我产生错觉，以为可以靠营销打天下，但营销其实是"毒药"，一旦停止投入大量资源做营销，快速下滑的流量会让我焦躁不安。在当前环境下，餐饮行业的毛利率并不高，我们是不可能持续投入很多费用做营销的。因此，如果餐饮企业的菜品不好吃，最终的结果只能是苦熬或者闭店。

"不贵"也是一种感性的说法，我们无法用具体的数值明确定义什么是"不贵"。我观察了很多优秀餐饮企业的门店，发现了一个让我刚开始觉得奇怪的规律，这些企业把菜品的毛利率控制在略高于50%的水平。我自己此前开店，菜品的毛利率都在60%以上。现在，很多有一定知名度的餐饮企业主动让利给消费者。我对这些企业的经营者说，你们家现在每天排队，生意这么好，你们家菜品的品质也很好，如果你们稍微提升一下价格，哪怕客单价涨五元，那么一年下来，你们的利润就会多很多了。其实，对于消费者来说，人均消费多五元是没什么感觉的。我得到的答复几乎如出一辙："我们不能这样做，我们要真正站在消费者的角度考虑问题。我们做到'好吃不贵'，消费者就愿意来我们家消费。虽然客单价涨五元，消费者很难察觉，我们的利润也会提升，但我们要做的是长久生意，不是一时生意。"我觉得这些经营者都是有大智慧的人，其实简单想一下我们就会明白，未来餐饮行业竞争的核心是复购率，因为获取新客户的成本太高了。如果我们把毛利率降低一些，节省了营销费用，就相当于把这些费用真正地用在消费者身上。消费者其实非常明白，因为以往的玩法在"自媒体时代"已经行不通了。很多人故作聪明把原价标高，然后降低折扣，今天的消费者一眼就能看明白这些套路了。在当前环境下，消费者都追求高性价比，我们可以通过"开业爆店打法"吸引消费者到店消费，再加上"好吃""不贵"，以超高性价比吸引消费者，提升复购率，这才是企业能持续经营的打法。

第五，持续不断推出"流量新品"。现在的年轻消费者的消费理念是"颜值即正义"，他们的消费行为是"手机先吃"。我们在拥有"超强内功"的同时，依旧需要不断地推出"能够吸引平台流量的新品"，持续承接平台的流量。很多餐饮人一味追求提升自身的"内功"，而忘记现在是追逐流量和"颜值"的时代。"高颜值"产品不仅要好吃，还必须具备符合流量平台要求的呈现形式，否则产品得不到平台的流量支持。

八、第二轮营销

在餐饮营销实战中，我发现一个理论，我将其称为"屋顶理论"。大部分餐饮人在生意火爆以后往往就会认为：现在生意这么好，我已经不需要做营销了，排队的消费者有几百桌，门店的营业额已经无法提升了，现在还做营销不是浪费钱吗？还有些餐饮人一定要等到生意很差的时候才开始重视营销，一定要等到实在没办法，亏到实在扛不住的时候，才会借钱做营销。这些想法和做法都是错误的。我们一定要在天晴的时候修屋顶。如果我们在下雨的时候才想起来要修屋顶，要么已经来不及了，要么需要付出很大的代价。

在天晴时，我们应该做好屋顶的维修工作。同理，在生意非常好的时候，我们必须开始准备第二轮的营销工作。哪怕我们无法承接流量，哪怕每天都有很多消费者因为不愿意排队而走掉也没关系，因为他们还是会回来的。我们在流量很大的时候做营销，不需要投入很多资源，营销的成本也很低，因为在流量大的时候，我们本身是"自带流量"的，并且选择权大，因为我们不是等流量救命，而是通过流量加深消费者对我们的印象，让消费者更好地记住我们。在"自媒体时代"，消费者很难记住一个品牌。如何让消费者记住我们？唯有重复、重复、再重复，不断重复出现在消费者眼前，才能加深消费者对我们的印象。哪怕我们暂时无法承接新增加的客流量也没关系，这些消费者总有一天会再来的。越是没有得到的东西，人们就越是想要，这是人性。有一个很重要的理念：我们在生意火爆的时候仍然要投流、做曝光，因为我们必须尽可能长时间"霸占"流量平台的排行榜靠前的位置。大部分餐饮人的目标是自己的餐饮企业位居流量平台排行榜排名第一的位置，在达到以后就认为自己已经是第一名，万事无忧了。但是，如果我们在排行榜排名第一的位置只有十天半个月，那么消费者就无法重复看到我们，我们也无法把品牌的"势能"做到极致。越是排名靠前、有热度的时候，我们越要做"梭哈营销"，争取大流量曝光。我们不要等自己生意不火了，再去追求排名和流量，因为在那种情况下，我们未必能够再次位居排名靠前的位置，未必能够获得平台的流量支持，而且我们往往需要投入更多资源。

在下雨的时候才想起来要修屋顶，这是典型的失败打法。我见过很多餐饮人，一定要等到生意很差，甚至已经陷入困境，资金链已经快断的时候才想起做营销。在这种情况下，他们的生意不好，一直在亏损，还要拿出一部分资金做营销，这是极为痛苦的选择，可是他们也知道，如果不做营销的话，自己恐怕无法坚持下去了。在这个时候，营销成为他们的"救命稻草"。但是在这种情况下，营销真的能救命吗？

在这种情况下，大部分的人在做营销后坚持一两个月就不得不闭店了，然后他们会认为营销根本没用。其实不是营销没用，而是他们没有理解营销的本质。营销在绝大多数时候，都是锦上添花，而不是雪中送炭。那么，在生意已经不好的时候，我们有什么好的办法，可以获得流量，让自己起死回生呢？

答案就是：

双倍付出。

在我们已经处于弱势的情况下，如果我们想要弯道超车，就只能投入更多资源，比别人加倍努力。如果竞争对手投入一万元做营销，那么我们必须投入两万元做营销；如果竞争对手每天增加30条好评，那么我们必须设法增加60条好评。投入双倍资源，以双倍付出执行计划，我们才有可能超越竞争对手。

九、做好承接工作

"营销无大事，'内功'无小事。"到了这个阶段，你的门店应该已经持续火爆两个月左右了，是否能真正"打透"取决于你能否做好第二轮营销的承接工作。在第一阶段营销做完以后，实现了"爆店"的效果，很多人都是咬牙坚持承接大量消费者的，通过优化、迭代提升效率。在第二轮营销做完以后，你的门店应该已经构建能够接待大量消费者的体系了，大家应该已经适应这种生意火爆的状态，而不需要咬牙坚持了。我们需要不断优化自己的承接体系和工作流程，这是未来生意持续火爆的基础。

十、第三轮营销

第三轮营销的目标就是"打透"。三是一个非常神奇的数字。"道生一，一生二，二生三，三生万物。"我认为，做营销"爆店"，必须进行三轮营销工作，"一而再，再而三"。对于第三轮营销工作，我们要全力以赴投入资源。在做完前两轮营销工作后，消费者在线上应该可以经常看到关于你的门店的内容了，你的门店在大众点评、美团等平台上也一直处于热度第一的位置，已经成为当地最引人注目的餐饮商户了。在线下，每天都有几十桌甚至几百桌消费者在你的门店门口排队，你的门店成为整条街生意最火爆的门店。在这种情况下，你的门店在线上和线下的热度都已经非常高了，为什么我认为一定要再做一轮大规模营销活动呢？答案就是"打透"。

如果你想让自己的品牌成为知名品牌，你一定要"打透"

为什么在餐饮行业，一提到成都新晋的火锅霸主，大家就会想起五里关火锅呢？

为什么在餐饮行业，一提到全国新晋的火锅霸主，大家就会想起萍姐火锅呢？

为什么在餐饮行业，一提到北京新晋的火锅霸主，大家就会想起芈重山老火锅呢？

五里关火锅"霸占"大众点评成都热门榜第一的位置，大概有五年时间。

萍姐火锅的门店，大都位居大众点评当地城市热门榜排名第一的位置。

芈重山老火锅连续四年进入"大众点评'必吃榜'"，成为北京"国民重庆火锅"。

这些餐饮品牌都把自己所在的城市"打透"了。"打透"的核心就是重复、重复、再重复。怎样才能成为消费者心中的知名餐饮品牌呢？餐饮品牌需要不断地出现在消费者的眼前。消费者关注的点在哪里？在手机上，在短视频平台上，在美团、大众点评等平台的榜单上，而不在线下广告上。因为在餐饮行业，除了茶饮品类能做到高密度覆盖消费群体以外，其他品类都无法高密度覆盖消费群体。如果我们只是短暂出现在消费者面前，消费者是记不住我们的。我们都知道世界第一高峰，但是有多少人知道世界第二高峰和世界第三高峰呢？它们也很有名，可是大部分人记不住。"打透"的核心就是在较短时间内多次出现在消费者眼前。在生意已经非常火爆的时候，我们再发力，投入大量资源，做好第三轮营销，并且在未来不间断投入少量资源做营销，我们的门店就会成为自己所在城市的"神店"。

专栏 筛选优质的短视频达人和发布内容的技巧

优质的短视频达人创作的内容会给门店带来一系列好处，起到正面的、积极的作用，反之则会起到负面的、消极的作用。因此，筛选优质的短视频达人是一项非常重要的工作。我们一般可以从六个维度筛选优质的短视频达人。

第一，基础数据，主要包括以下四个方面的数据。

一是互动数据。我们在抖音平台找达人的时候，千万不要以粉丝量为标准，因为粉丝量是可以"刷"出来的，我们一定要以互动数据为主，比如点赞量、评论量、收藏量、转发量，这四个数据的比例一般为10：1：1：1。在正常情况下，评论量和转发量与点赞量的比值越高越好，但是如果我们挑选的是"小号"或者"素人"的话，那么就不需要考虑这些数据了，而是主要评估内容质量。

二是粉丝量增长情况。我们要评估达人的粉丝量最近是否正常增长。处于成长早期的达人，粉丝量增长势头好，容易出"爆款"视频，并且性价比高。

三是数据的真实性。短视频平台都有自己的推荐算法，达人的数据存在一定波动性。如果达人的数据非常稳定，可能存在"刷量"、维护数据、隐藏不好的内容的情况。我不建议商户与存在这种情况的达人合作。如果达人的数据波动性比较大，那么达人可能存在创作水平、内容质量及账号权重不稳定的情况。商户给这样的达人投放营销费用，存在较大风险，性价比不高，但是可以少量尝试与报价低的达人合作，有时候可能会取得不错的效果。根据短视频平台的机制，点赞量大于评论量、收藏量和转发量，如果点赞量与其他数据接近，则达人可能有"刷数据"的行为。我们可以从评论区的内容看出达人粉丝黏性强弱以及互动数据是否存在水分，比如达人之间互动或者达人自己做出评论等。

四是发布节奏。达人发布内容的节奏一般都是有迹可循的。大多数达人都会在一个比较固定的时间段发布新内容。有些达人会删除或者隐藏一些数据不好的内容。长时间不发布新内容的达人，大多没什么流量，平台也会降低对他的支持。我不建议商户与这样的达人合作。

第二，达人的"调性"与门店的匹配度。如果你经营了一家火锅店，想找达人推荐你的火锅店的话，你找经常发火锅相关内容的达人还是找经常发小吃相关内容的达人呢？我们要找在细分领域更贴近门店属性以及"爆款"内容更多的达人。这些达人一般在该细分领域的权重也会比较高，他的粉丝也会比较精准。在投放的营销费用相对比较少的情况下，我们应该优先选择细分领域更贴近门店属性的达人。当然，如果我们的营销费用比较多，可以多找一些达人，那么在没有足够的特别合适的达人的情况下，我们可以适当挑选一些符合门店"调性"，内容风格稳定的其他细分领域的达人，要求他们突出我们需要宣传的内容，达到"种草"的目的。

第三，内容质量，主要包括三个方面。

一是近一个月或者近10篇内容的互动量。因为流量是时时刻刻变化的，所以我们在选择达人的时候一定要看近期的数据。如果达人近期的数据不理想，那么我们就不要与他合作。

二是内容能够吸引消费者，或只是简单介绍商户的卖点。我们在这个时候需要站在消费者的角度考虑问题，评估达人创作的视频是否符合"种草"的要求。

三是视频的拍摄质量。这没有绝对的标准，主要看达人的风格，有些达人适合拍摄吃东西的场景，有些达人适合拍摄高雅的环境，有些达人适合拍摄接地气的菜品。我们要根据实际情况进行判断，但是一定要选择和门店属性匹配的达人。

第四，商单的质量。我们最好不要与一直接广告的达人合作。如果达人发布的内容都是广告，他的粉丝质量就不会高，转化率也会比较低。此外，我们还要关注达人近期是否接过竞争对手的广告。如果达人近期发布过竞争对手的广告，那么当他再发布同品类的门店的内容时，流量是会大打折扣的。

第五，性价比。这也是我们筛选达人的关键因素。达人合理的报价是他创作的内容平均点赞量的三分之二（比如平均点赞量为1500，那么报价应该在1000元左右），但这个标准只适用于"大号"。"小号"主要根据平均点赞量来评估具体的报价。

第六，我们不一定要找本地的达人，如果外地的达人能够拍摄更好的内容，我们也可以用本地推等工具让达人拍摄的内容获得更多曝光机会。

在找到合适的达人之后，我们接下来要和达人针对拍摄视频的要点进行沟通。如果达人不知道到门店需要重点拍摄哪个部分，就只好随便拍摄一些内容，那我们就不要指望达人发布的内容会起到很好的宣传效果。因此，在达人拍摄视频前，门店的运营团队要准备好brief，明确门店对达人发布内容的要求，因为没有人会比门店的运营团队更加了解门店的情况。brief是门店的运营团队和达人沟通的桥梁，也是达人能够创作优秀的视频脚本的基础，对于达人创作的内容能否完整介绍门店的特点起到了决定性的作用。达人会根据brief开展拍摄工作，门店的运营团队可以根据brief对达人创作的内容进行审核。

在完成视频拍摄工作后，我们就要考虑视频发布的时间。我们先考虑集中发布视频，一般在门店的运营团队审核完达人拍摄的视频40%以上的内容后再开始陆续发布视频，因为一旦开始发布，视频就不能中断，如果审稿太少就开始发布，可能会产生视频发布衔接不上的问题。我们还要考虑发布视频的时间段，周六和周日全天都可以发布，周一到周五则最好在17：30—20：00发布，这样视频的传播数据会比较好，因为这些时间段观看视频的人最多。达人也可以查看自己的粉丝的活跃时间，以抖音平台为例，打开抖音创作者中心，点击数据中心，查看粉丝数据，就可以看到粉丝的热门在线时间。假设达人的粉丝活跃时间是20：00—22：00，那么达人在19：30发布视频的效果往往比较好。

发布的视频要带定位，否则消费者不知道门店在哪里，不方便到店消费。因此，不带定位的视频的转化率就比较低。同理，不带团购套餐的视频转化率也比较低。因此，门店一般要在达人发布视频前就将团购套餐上线，然后达人在发布视频的时候带上门店的位置。

当视频发布后，门店的运营团队还有最后一步工作要做，那就是投流。我们可以在视频发布后先观察24小时，看这条视频是否有必要投流。如果适合投流，我们也要评估是在DOU+投流还是在本地推投流。DOU+有泛娱乐性质，适合以品牌宣传为目的的全国性的"大号"；本地推适合卖货类型的本地探店达人账号。门店的运营团队要确定达人发布的视频适合用哪种推广工具，采用相应的推广策略。

带门店定位的视频适合在本地推投流，找到对的KOL，帮门店说对的话，吸引对的消费者

第三节　品牌总部给加盟商进行流量"赋能"

在用"餐饮营销梭哈论"做"爆店营销"后，一个能够"出圈"的品牌就有了雏形。但是如果我们想成为连锁品牌或者知名品牌，那么只有单个门店生意火爆肯定是不够的，单个门店成功只能证明创始人个人能力强，不代表一家餐饮企业的成功模式能够复制。如果我们想要证明自己的商业模式和品牌能够成功，就需要"连锁化增长"。在单个门店火爆后，我们需要梳理出一套适合自己的品牌的营销打法，复制给我们的合作伙伴。

从2018年到2022年，中国餐饮市场的连锁率从12%提升到了19%（2018年为12%，2019年为13%，2020年为15%，2021年为18%，2022年为19%），而美国餐饮市场的连锁率为54%。由此可见，中国餐饮市场的连锁率还有巨大的提升空间，而餐饮连锁并不局限于直营模式，加盟模式和联营模式也被越来越多餐饮人接受。

品牌想快速发展一定离不开加盟模式。越来越多餐饮人希望能把自己的品牌做大做强，做到百城千店。门店生意火爆和发展加盟商之间有着密不可分的关系。随着餐饮市场竞争越来越激烈，餐饮品牌吸引加盟商的竞争也越来越激烈。从早期百度投流到短视频投流，再到现在打造IP招商，餐饮品牌通过各种手段吸引餐饮创业者。在我看来，门店生意火爆才是招商的"王炸"。2024年以后，餐饮行业竞争肯定会越来越激烈，一方面很多"快招公司[①]"伤透了很多新餐饮人的心，另一方面闭店率持续上升，很多人对餐饮行业产生了畏惧感。在这种环境下还敢出来创业并且愿意投入大笔资金开店的人必然都是有一定商业认知的优秀创业者。他们愿意按照总部的指导，和总部一起往前冲，也能通过自身的实力将门店运营好，给品牌带来正向的收益。但是，优秀的创业者也有缺点，他们有自己独立的思想，并不愿意被总部过多束缚。我认识众多餐饮品牌的经营者，他们都希望通过加盟的方式找到优秀的合作伙伴一起做大做强。但是从营销的角度来看，总部和加盟商永远都存在矛盾，关系非常微妙。因此，总部需要妥善处理如何与加盟商共同做营销的问题。作为服务过许多全国连锁品牌的营销顾问，我不仅和许多全国连锁品牌的总部有着紧密的联系，也会站在加盟商的角度帮助他们策划可落地的实战方案。

我认为，总部与加盟商共同营销，需要做好五个方面的工作。

第一，强化"品牌势能"；

第二，定期培训；

第三，设定奖罚体系；

第四，"手拉手"做营销；

第五，持续推出"高颜值"新品。

一、强化"品牌势能"

最牛的招商方式一定是被动的，等待别人主动上门。品牌商疯狂投广告

---

① 快招公司是指在短时间内利用各种手段包装、打造出一个"爆品"品牌，然后大规模快速招商，以获取巨额加盟费等利益，但完全没有后期服务和支持的公司。

获取客户资料再一个一个拨打客户的电话推动交易成功，在2024年之前是可行的。但从2024年开始，品牌商的招商方式主要是客户主动找到品牌商，精准成交。客户为什么会主动找品牌商？客户为什么要做加盟，主动给品牌商"送钱"？

因为客户认为，成为品牌商的加盟商可以获利。客户为什么会这样认为呢？要么因为品牌商的产品具备独特的无法复制的口味，要么因为品牌商的品牌拥有绝对领先的"品牌势能"。独特的无法复制的口味，是可遇而不可求的，我们可以暂不考虑。我们需要考虑的是品牌商的品牌如何拥有绝对领先的"品牌势能"。

我们可以把"品牌势能"分为两个部分。第一部分是品牌已有的"势能"，已有"品牌势能"的老品牌是通过十几二十年累积出来的，需要用时间慢慢熬，这是"新餐饮人"无法复制的；第二部分就是能够通过线上营销把品牌影响力在全国快速铺开，在"自媒体时代"，年轻人大多通过短视频了解餐饮品牌。

在我知晓的众多公司中，有一家公司非常棒，那就是重庆亚特餐饮发展有限公司（简称"重庆亚特"），旗下有卤校长火锅、萍姐火锅、长安亭院重庆火锅等品牌。

这家公司的创始人之一范迪十分舍得在品牌建设方面投资。很多餐饮品牌商"只进不出"，而重庆亚特在品牌建设的前期就会花费几百万元甚至上千万元邀请头部的短视频达人，通过他们宣传，为品牌走向全国做"背书"。这让很多想成为重庆亚特加盟商的餐饮人看到总部在投钱做"品牌势能"，可以帮助加盟商树立很强的信心，认为成为重庆亚特的加盟商肯定利大于弊。因此，很多餐饮人成为重庆亚特的合作伙伴，并且取得了很大成功。这些加盟商按照总部要求的方式做营销，不是成为当地细分领域排名第一的门店就是在成为当地细分领域排名第一的门店的路上，这让重庆亚特的"品牌势能"更加强大。加盟商取得了成功，品牌商也取得了成功。

还有一部分加盟商选择加盟品牌的原因是对未来的憧憬。很多初创的品牌可能没有那么多预算，无法投入几十万元乃至上百万元的营销费用持续给品牌做宣传。在这种情况下，我建议品牌商一定要做到单店持续"爆店"，持续位居平台排行榜前列，持续获得曝光的机会。

有很多餐饮人没有好的办法招商，还停留在买客户资料打电话的阶段，结果效果很差。毕竟，投资一家有一定规模的餐饮店需要几十万元甚至几百万元，依靠传统的电话销售的方式肯定很难促成交易。很多餐饮人非常苦恼：明明自己的门店经营利润很不错，模式很好，每个月都能赚不少钱，为什么就没有多少人愿意做自己的加盟商呢？因为你没有展现自己最优秀的特征，开店赚钱这件事大部分品牌商都是可以做到的，就算你说你挣得多也只是你自己说的，在没有合作的时候，潜在的加盟商不一定会信。但是如果你的门店每天"爆店"，有很多消费者排队，你的门店在大众点评的榜单上长期排名靠前或者位居第一，这些是潜在加盟商看得见的。尽管你没有花费几百万元做品牌宣传，但是你能把自己的门店经营得那么好，那么你作为总部可以帮助加盟商做好经营工作就顺理成章了。加盟商对于未来的美好憧憬的基础是总部本身就很优秀。如果你的门店在各大平台的榜单上排名不靠前，也没有多少品牌广告预算，还没有"爆店"，那么你最好能够研发一款让人吃完就感动得痛哭流涕的产品。如果你也做不到这一点，那么你还是老老实实做单一门店运营工作比较好，连锁经营、发展加盟商不适合目前的你。

做品牌连锁，如果总部经营得不够好，那么加盟商就一定会有很多"奇葩"的想法，甚至加盟后生意不好也会认为是因为总部的模式、口味等方面有问题，进而自己改变总部的要求，导致品牌形象、口味等不统一，让消费者感觉很"乱"；如果总部经营得很好，那么加盟商就容易严格按照总部的要求开展运营工作。

二、定期培训

很多餐饮品牌的总部只是定期提供一些关于产品的培训，或者进行督导巡店，其实这是远远不够的。餐饮人都说餐饮行业越来越"卷"，这不仅包括口味、价格、服务、"颜值"，也包括营销。餐饮行业和其他行业有很多不同之处，门店选址不同，运营方法就不同；门店所处商圈不同，营销策略就不同。即便是同一个品牌，不同的门店也很难用同一套方案运营。有一定规模的餐饮品牌总部，不可能帮助每一个加盟商制定个性化的营销方案。但是如果总部不对加盟商的营销工作提供指导，那么加盟商自己做营销往往是投入了大量营销资源但效果不理想，甚至会被代运营商"忽悠"，因为加盟商在营销方面的专业知识不足。"授人以鱼不如授人以渔"，总部应该设法提升加盟商对营销的认知水平，加深加盟商对"流量"的理解，辅导加盟商正确使用各种营销工具。

我们目前推荐总部采用"4 + 2"的培训方案：总部每年给加盟商提供4次线上培训的机会和2次线下培训的机会。通过培训，总部可以了解加盟商遇到的具有普遍性的问题，再通过总部直营门店的实战案例向加盟商展示营销方案的执行结果，帮助加盟商更好地开展营销工作。线下培训可以促进加盟商和总部之间的了解，也可以真正帮助加盟商提升自己的运营水平。通过培训，加盟商不仅可以提升赚钱能力，还能系统性提升自身对餐饮行业的理解。加盟商对于这样的总部怎么能不爱呢？

三、设定奖罚机制

很多总部认为，自己已经将方法论告知加盟商了，可是加盟商执行不力，导致很多不错的方案没有取得应有的效果。总部认为加盟商"不给力"，加盟商认为总部的指导有问题。

其实，这个矛盾并不是很难解决。加盟商是总部精挑细选出来的优秀合作伙伴，总部需要对加盟商进行考核，设定奖罚机制。我见过很多加盟商，有单店投入上千万元的，也有花几万元开小餐饮店的，在他们眼里，荣誉很重要。

很多加盟商认为，总部给的指导好坏与否是没有客观标准的，而且全力执行总部的方案后，也是总部的收益最大，和自己关系不大。因为很多加盟商有这样的想法，所以很多优秀的方案无法落地。对于这个问题，最好的解决方案其实就是"多奖少罚"。

我们在完成每次培训后，都需要给每个门店制定下一阶段的目标，比如常见的目标包括大众点评的评分、星级等。如果加盟商不知道具体方法，总部可以手把手教，但是如果加盟商没有严格按照总部提供的方法执行，那么总部就需要采取一些手段了。因为加盟商的门店评分提升不仅可以提升加盟商门店的营业额，还可以提升品牌形象。如果品牌的100家加盟店都是大众点评的五星商户，那么无论是从消费者的角度来看还是从潜在的加盟商的角度来看，品牌的形象都是非常棒的。

四、"手拉手"做营销

总部应该和加盟商"手拉手"做营销，比如在总部推出新品的时候，单一门店做推广哪怕预算再多也很难达到理想的效果，但是如果100家加盟店每家店投3万元，总部再拿出200万元，那么加在一起就有500万元的预算，可以做一次大规模的全国性的营销活动。某个区域的门店也可以联合起来做营销。从单店的角度来看，投入一两万元营销费用可能不会起到多少作用，但是多家门店共同投入营销费用，累积起来就会有很好的效果。那么到底让达人在哪家门店拍摄视频呢？会不会存在消费者都到拍摄视频的这家门店消费，而其他门店没有受益的情况呢？其实是不会的，因为存在连带效应，只要这个品牌有一定的流量，那么这个品牌的所有门店都会受益。

五、持续推出"高颜值"新品

我们无法判断未来餐饮行业的流行趋势，但是纵观连锁品牌近些年的发展情况，都离不开通过营销打造"爆品"，也无法避免消费者最终对产品"审美疲劳"。因此，加盟商未来一定要将通过营销主推新品、"爆品"的工作常态化，营销的重点不是环境、服务等方面，而是餐饮的本质——口味、产品。对于长期经营的品牌来说，需要有源源不断的"高颜值"产品和高性价比的产品吸引消费者。虽然有很多"一招鲜，吃遍天"的餐饮企业，但是一旦这些企业在进行连锁化扩张后，这些餐饮企业的产品就不再是稀缺的了，那就需要考虑消费者会不会对产品、口味产生"审美疲劳"。很多品牌的加盟店在开业第一年的生意非常好，但是在好不容易收回开店投资后，营业额就开始下降，原因就是这个品牌不具备持续推出让消费者有新鲜感的新品的能力，导致流量下降。

第八章

"餐饮小白"与传统餐饮人
做营销的核心理念

　　因为做餐饮营销培训，我每年都会见到2000多位餐饮企业的老板，其中大多数是"餐饮小白"和传统餐饮人。"餐饮小白"刚刚进入餐饮行业，能来参加培训，说明他们是对餐饮行业有敬畏之心的。他们要做的就是积蓄力量、积累经验。越来越多其他行业的优秀人才进入到餐饮行业，我认为这是一件令全体餐饮人感到高兴的事情。有很多人曾经认为餐饮行业是低端行业，随着这些新鲜血液开始做餐饮，餐饮行业的创业潮也达到了一个顶峰。我发自真心感谢所有加入餐饮行业大家庭的"餐饮小白"。

第一节　"餐饮小白"做营销的核心理念

在我看来，"餐饮小白"面临的最大问题就是对餐饮行业有着美好的幻想，但是对困难准备不足。对于"餐饮小白"来说，在"后疫情时代"进入餐饮行业，时机并不好，因为现在是餐饮行业竞争最为激烈的时代。我在餐饮行业有10多年从业经历，虽然不算长但是也经历了口味为王的"传统时代"、"千团大战"的"低价时代"、移动互联网兴起的"红利时代"和现在的"高维竞争时代"。

现在进入餐饮行业的"小白"面临的第一个大问题就是"资金"。如果没有充足的资金准备，我不建议"餐饮小白"在没有任何经验的情况下直接开餐饮店。现在，餐饮行业已经进入了"高维竞争时代"，需要雄厚的资金支持才可能在激烈的竞争中胜出，甚至可以说，餐饮行业的市场竞争是有钱人的投资游戏。很多人对开餐饮店有误解，认为开餐饮店就是租间店面，装修一下，买点儿食材，请个好厨师，就可以开业了。他们不理解：为什么要花很多钱才能开餐饮店呢？餐饮行业不是门槛很低的行业吗？

一、"餐饮小白"创业面临的五个问题

我认为，"餐饮小白"创业往往会面临五个问题。

第一，选址不听劝。90%的"餐饮小白"创业失败的原因在于选址，"口味为王"的时代已经彻底过去了，现在的餐饮店必须各方面都很优秀才可能取得成功。不管你在任何一个城市开店，如果你想提高自己创业的成功概率，你就必须在城市核心商圈的核心位置开店。这些地方的转让费、房租都是非常高的。很多人"餐饮小白"认为：自己在稍微差一点儿的位置开店，但是自己的店口味好、服务好、价格低，难道不可以吗？答案是：不可以。有这样观念的"餐饮小白"创业开店，大概率是要倒闭的，因为很多店的菜品都很好吃，但是你很难让消费者知道你的店的菜品口味很好。

第二，门店定位不清晰。有些"餐饮小白"开店，既想做辣的口味让消费者记住，又想做酸的口味，还想做麻的口味，酸甜苦辣全部有。如果你问他为什么要有这么多口味，他往往会回答："万一到店的消费者不吃辣，那就可以吃酸口味的菜。"这样的"餐饮小白"开店，定位不清晰，产品乱而杂，在设计上基本也是以自己喜欢的风格为中心。他们这样做不是为了取悦消费者，而是为了取悦自己，毕竟大部分"餐饮小白"都喜欢表达"我认为××"而很少倾听消费者的声音。

第三，不留预备金。很多"餐饮小白"认为，自己一旦开店，很快就会盈利，马上就有现金流了。但是，当门店开业出现预料之外的情况后，运营节奏就乱了。餐饮店的试营业期短则7—15天，长则一个月。门店的运营团队需要在试营业期磨合，调试工作流程。因此，在试营业期间，门店的营业额并不会特别多，很多门店在试营业期间都是亏本的。如果你没有准备充足的资金，新店开业直接正式运营，必然会出现很多问题，引起消费者不满，进而导致失去回头客，那就得不偿失了。

第四，不懂营销。很多"餐饮小白"在自己的门店开业后发现，生意远不如自己想的那么好，就开始病急乱投医，听别人说直播卖货有用就去找达人直播卖货，听别人说餐饮人一定要会做短视频就不好好做门店运营而是

"装疯卖傻"拍短视频引流，结果"一顿操作猛如虎，定晴一看原地杵"。眼看还是没生意，这些人就尝试打价格战，原价100元的团购套餐卖50元、40元，甚至30元。生意有些起色但是不赚钱，那就把价格提高一些，谁知道一旦价格提高，客户就没了，只好继续打价格战，这样反反复复折腾，在生死边缘徘徊。

第五，不懂市场、不懂产品、不懂人性。大部分餐饮从业者都具备优秀的品质，但还是存在极少部分餐饮从业者有些小心思，特别是在老板为"餐饮小白"的情况下，他们就会想尽办法"搞事情"。

我认识一位中餐连锁品牌的创始人，他告诉我，在他的门店里，有些在后厨上班的小伙伴比较"顽皮"，如果你对他们特别好的话，就很容易受到伤害。我一直认为，团队成员应该互相尊重、互相学习、互相帮助，共同成长。在我自己经营餐饮店的时候，有个别员工做了一些小动作，令我伤心不已。我问他们："我对你们这么好，为什么你们会这样做？"其中一个小伙伴说出的话让我非常震惊，他说："我以后不会这么做了，再说你的店也少不了我啊。"

当时，我感到非常困惑，我问过很多餐饮企业的创始人是否遇到过类似的情况，他们都很平淡地告诉我，这种情况是难免的，习惯以后就好了。

我曾在电视上看过一档美食综艺节目，一位著名歌手开了一家主营泰国菜的餐厅。他本人品尝了餐厅所有的菜品，然后告诉厨师这道菜太甜了，那道菜太酸了……这令我感到非常震惊。我相信很多"餐饮小白"也有类似的行为，把个人的口味变成餐厅的口味。这是非常危险的，除非你对餐饮、对美食有非常深入的理解，不然就不要对厨师提供关于口味的建议……

我建议"餐饮小白"借鉴别的餐饮店已经成熟的产品，借鉴经过市场检验的产品，不要天马行空，说自己要做出一个可以"惊天地，泣鬼神"的产品。一定要先借鉴，再超越。

二、从"餐饮小白"到优秀餐饮人

说到"餐饮小白",我就会想起了一个人——余平。在刚进入餐饮行业的时候,他是典型的"餐饮小白",但在短短几年时间里快速成长,取得了不错的成绩,是我非常钦佩的餐饮人。我在2019年认识余平,他当时刚刚从广告行业进入餐饮行业。他聪明好学,在江西九江的庐山市把自己的餐馆经营得非常好,他刚进入餐饮行业就知道口味再好也要做营销。他的餐馆离旅游胜地庐山很近,他在刚开始经营餐馆的时候就明确自己的定位,主要客户群体是外地游客,因此他在大众点评和美团重点发力。在2019年,大多数在庐山市这样的县级市开店的餐饮老板还只知道通过发传单吸引消费者。因此,余平的餐馆的生意风生水起。不久后,他在庐山上开了一家餐馆"望庐说"。望庐说在开业后很快就位居大众点评庐山热门榜、好评榜排名第一。望庐说所在的街上有几十家餐厅,很多餐厅门口都没人,唯独望庐说有很多消费者排队,排队时间有时甚至长达两三个小时。其他餐厅的老板很奇怪:自己的餐馆菜品的味道不比望庐说差,价格、环境也差不多,为什么消费者宁可在望庐说门口排队也不愿意来自己的餐馆消费呢?很多餐饮同行甚至拿着自家的菜单去望庐说门口拉客。为什么一个"餐饮小白"在进入餐饮行业后,在短短一年时间内就如此厉害呢?答案就是:经营理念。

在过去,整条街的餐饮商户都是坐等消费者上门,有些餐饮商户会安排员工沿街叫卖、发传单。这些吸引消费者的方法在当时是非常有效的,因为消费者获取餐饮商户信息的渠道很少。站在门口大声叫卖,消费者就容易接收商户的信息。

但现在已经是"自媒体时代"了,消费者可以通过各种社交平台获取信息,知道哪家餐饮店好吃、什么景点好玩、哪里有"坑"。很多爱分享信息的消费者会把自己真实的消费体验做成"攻略",供其他人借鉴。很多怕麻烦的消费者看见好的"攻略"就直接"抄作业"。

余平深知庐山是一个著名旅游IP，深受湖北、安徽、江苏、浙江、上海等地的消费者青睐，这些消费者大多使用大众点评、小红书和抖音，因此如何在这些平台上获取流量就成为餐饮营销的关键。余平的目标是望庐说成为大众点评庐山热门榜、好评榜第一，那就需要按照大众点评的规则，提高访客量、交易量和评价量等数据。很多餐饮人为了提高利润，不想让大众点评等平台赚交易费用，就让用餐的消费者尽量在线下进行交易，而余平规定消费者在望庐说结账时，必须通过大众点评进行交易。对于没有大众点评的消费者，余平要求服务人员耐心帮助消费者注册大众点评的账号，并告知使用方法，通过线上交易。

很多餐饮人看到余平的做法，非常不解，生意好的时候应该快速翻台，怎么还有时间做这些事情。这就是餐饮老板不同的经营理念。"长期主义"的经营理念的关注点在未来的收益，而不是看重眼前的利益。余平是从长期的角度考虑问题的：对于餐饮营销工作来说，平台支持是十分重要的，因此餐饮商户就必须让每一位到店的消费者在平台上做出互动行为，可以是"打卡"、收藏，也可以是交易，还可以是写好评等，因为这些与商户有关的互动行为可以产生符合平台需要的"数据"，所以平台会给商户更多流量支持。有了更多流量，商户的生意就会越来越好。消费者在旅游时，最担心的事情之一就是"价格不透明"。余平通过邀请达人，在很多旅游笔记、旅游攻略以及与庐山相关的旅游文章中，加入了"消费透明""好吃不贵"等关键词，并且望庐说的价格也的确很实惠，真正向消费者让利，真正发自真心给消费者提供好的服务。

望庐说的成功让余平看见了江西菜的大好前景，他后来又在武汉继续深耕江西菜的市场。作为一个江西人，我有非常浓厚的家乡情结。我认为江西菜是被严重低估的，目前没有优秀的江西菜品牌走向全国，我对此常常深感遗憾。余平在武汉开出全新的江西菜品牌"万松小院·鲜辣小炒"。 万松小院·鲜辣小炒的产品定位、定价和场景都非常棒。万松小院·鲜辣小炒开业不久就成为大众点评武汉热门榜第一，成为整个武汉餐饮行业的焦点。余平在我写第一本书《大众点评精细化运营》时是一位取得了一定成绩的"新餐饮人"，我在《大众点评精细化运营》中也介绍了他的望庐说。我在本书中再次介绍他，他也已经从刚进入餐饮行业的"小白"成为一位优秀的餐饮人，并且已经有十几家直营店，搭建了自己的团队。我相信这位热爱学习的餐饮人再经过五年时间成长，他一定会取得更大的成绩。我计划在那时，写我的第三本书，在书中再次介绍余平。

专栏 余平复盘"万松小院·鲜辣小炒"

我是"80后"，五年前凭借热情投身餐饮行业，一路跌跌撞撞，有很多"踩坑"的经历，这也促使我不断学习。回望过去的五年，我经历过门店关闭的苦闷，也经历过开店生意火爆的喜悦。面对规模超过万亿元的餐饮市场，这五年的收获也只是让我摸到了餐饮行业的门槛而已。我把自己对餐饮行业一些不是很成熟的见解分享给大家。

一、品牌定位

品牌的作用主要是告诉消费者三个问题的答案：我是谁？我和其他品牌有什么不同？何以见得？

对于第一个问题，我认为品牌的核心是有一个让消费者记得住的好名字，好记是关键，一听就懂，便于传播。品牌名称要避免谐音和生僻字。

对于第二个问题，我认为关键是品牌传递的价值，例如万松小院·鲜辣小炒是以辣味为基础的特色江西菜馆，在武汉的餐饮市场中具有显著的差异化特点。有句话叫"与其更好，不如不同"。餐饮商户只有具备差异化价值才能吸引特定的消费群体，否则将会被卷入无尽的价格战之中。价格战的根本原因是大家提供的价值趋同，部分经营状况不好的餐饮商户为了生存，采用低价策略。但是，低价策略不是长久之计。因为低价策略无法让餐饮商户获取利润，所以从长期来看，低价策略是一个很难持续的策略。

对于第三个问题，万松小院·鲜辣小炒是我们在江西以外开的第一家门店，品牌得名于门店地处武汉市核心商圈万松园区域，鲜辣小炒是品类特点。我们选用了"一顿饭了解江西辣"作为我们的口号，辣到极致，辣到让用户记住我们。

二、营销

我不断迭代了很多核心营销策略，现在的营销平台主要是大众点评、小红书、抖音三大平台，不同平台客群的需求不同，需要有针对性地按照不同的营销策略进行营销。

餐饮商户在大众点评上需要做的事情就是快速冲榜，榜单就是流量，排队就是流量。小红书上所有营销策略的根本逻辑都是一样的，即传递差异化价值，一条视频能让用户没见过、没想到，且有感觉，就是一条优秀的"流量内容"了。

万松小院·鲜辣小炒开在空间有些局促的居民楼下，用巨大的绿色门脸呈现了超强的视觉反差，拍照的出片就很容易"出圈"，这可以大大减少我们投放的营销费用。因此，想要做好一个"爆品"的前提是它本身就具有"爆点"，这样才能事半功倍。

三、经营策略

餐饮市场是一个规模超过万亿元的大市场，进入的门槛很低，但想要经营好餐饮门店并不容易。尽管如此，餐饮行业也是目前草根创业，实现人生理想的可靠途径，餐饮企业可以规模化、品牌化。

新时代的餐饮竞争是全维度、全领域的竞争，品牌定位、产品设计、空间落地、营销获客、产品交付、用户流程、模式迭代等各方面都需要专业的知识，学习是我们获取知识的有效途径。

餐饮是一门讲究效率的生意，餐饮门店服务的客群主要是周围3千米范围内的消费者，要设法维系良好的客户关系让用户长期持续复购。万松小院·鲜辣小炒坚守自身的品牌承诺，一切从消费者的角度出发，一切都是为了消费者的体验。一家没有食客的餐饮门店完完全全是负资产。经常光顾且主动帮我们宣传的忠实的粉丝是我们最重要的资产；每天辛勤工作、提供热情服务的员工是我们最宝贵的财富。餐饮门店的经营团队一定不能忘记要对用户好，一定不能忘记要对员工好。

五年的餐饮创业经历让我有了一些积淀。我认为，一个餐饮人要永远保持对餐饮行业的热爱，对客户的敬畏之心，深深扎根在日常运营工作中，不断复盘、迭代、优化各项环节。

五年来各种"踩坑"的经历告诉我，开一家挣钱的门店远比开很多家不怎么挣钱的门店要舒服得多，我们切不可贪多求大。展望未来，我们要保持学习的热情，保持独立思考的精神，保持稳定的心态，保持一切以消费者为中心的初心。

第二节　传统餐饮人做营销的核心理念

虽然"小白"做餐饮的成功率低，但是他们愿意学习的态度是非常值得认可的。在我每年见到的2000多位餐饮老板中，有一群人非常"难搞"。我认为自己口才出众、逻辑缜密，介绍的案例很生动，可是依旧很难转变这群"餐饮老兵"的观念。他们拥有十几二十年餐饮从业经验，有些人曾经取得过巨大的成功，但是因为没有紧跟时代的脚步而错失了互联网带来的"红利"，导致他们的企业现在陷入经营困境。他们对餐饮行业的理解非常深刻，从产品到运营，从管理到绩效，无一不精通，可是他们现在开店就是赚不到钱，无法重现曾经的辉煌。在他们眼里，通过互联网做餐饮营销都是鬼把戏，餐饮的核心就是口味，其他的都是"浮云"。

一、转变观念

他们也会尝试借助互联网做餐饮营销，但是发自真心看不起那些通过互联网了解餐厅信息然后来消费的年轻人。他们认为自己开的餐厅各方面都很好，以低价套餐吸引消费者，自己很没有面子。

我认为，如果这些"餐饮老兵"不转变思想观念，那他们大部分也就只能再干两三年了。因为他们当年确实赚了不少钱，还可以让他们在一段时间内继续维持餐厅运营。这些餐饮行业的前辈身上有很多优点值得餐饮行业的后辈学习。他们"内功"深厚，运营管理能力很强，如果他们做一些小改变，正确面对环境变化，正确看待线上营销，大部分"新餐饮人"是很难和他们竞争的。

我给大家分享一个真实的案例。"芈重山老火锅"是一个在北京非常有名的品牌，连续四年上榜"大众点评'必吃榜'"，经常有几百桌消费者排队，营业额很高。

其实，在2018年以前，芈重山老火锅的马总对线上营销一无所知。他当时已经在餐饮行业有20多年的从业经历了，但因为完全不懂线上营销，所以错失了很多机会，门店也持续亏损，陷入困境。

马总从2018年开始重视线上营销，他曾经对免费来店里体验"霸王餐"的用户嗤之以鼻，但因为转变了餐饮营销理念，他对体验"霸王餐"的用户的态度也发生了180度转变，从极度排斥到笑脸相迎。在体验"霸王餐"的用户到店后，他不仅赠送小礼物，还为吃不完的用户免费提供打包盒。哪怕体验"霸王餐"的用户写了差评，他依旧微笑对待。很多人不明白：为什么免费请这些用户体验，马总还要以非常好的态度服务这些用户？为什么这些用户给马总的门店写差评，马总还要如此客气？

答案就是：马总理解了今天年轻消费群体获取信息的渠道。年轻消费群体从互联网平台上获取信息，因此餐饮商户需要优化自身在互联网平台的评价、人气、评分等数据。这样才能让更多消费者看见自己，进而到店消费。

没有人喜欢低声下气给别人服务，但是身处当今时代，我们需要这样做顺应形势。这样做了之后，我们门店的生意更好了，利润提升了，员工的收入提高了，股东的分红增加了，品牌影响力也提高了，我们何乐而不为呢？

在你的品牌没有影响力的时候，你应该低头耕耘，放低身段。当你的品牌有了一定的影响力之后，你就有选择权了，你可以设定人均消费额，进而定位自己服务哪个消费群体。但这一切的前提是，你必须有流量和影响力。在你有好的"内功"以后，你想要自己的门店的生意火爆其实非常简单，只要"满足消费者的需求"，"发自真心对待每一位消费者"，然后"让各大平台的用户都知道你在做这些事"，这就足够了。

二、勇于尝试新鲜事物

贵阳市"黔渔翁豆花渍鱼"的创始人高斌，是我非常欣赏的一位传统餐饮人。黔渔翁豆花渍鱼连续四年上榜"大众点评贵阳'必吃榜'"，多年位居大众点评贵阳热门榜第一。高斌告诉我，他从15岁就开始进入餐饮行业，在餐饮行业已经有20多年从业经历了，是名副其实的"餐饮老兵"。

我和他相识于2019年。当时，美团在成都举办了一个两天一晚的培训。他说他在培训结束后，就开始按照培训学到的内容运营他的门店。当时，贵阳餐饮行业的从业者都不重视线上营销，只有高斌坚信线上营销的效果。等到大家明白线上营销的作用的时候，黔渔翁豆花渍鱼已经成为当地的热门餐厅，在贵阳的餐饮行业打出名气了。

高斌乐于尝试新鲜事物，并且有点儿"傻"。贵阳餐饮行业的营销水平在全国来说算是比较落后。在2019年，贵阳当地的餐饮商户的营销方法还是传统的那些东西。高斌愿意花钱去成都参加培训，并且坚定不移地相信培训的内容，坚定不移地执行相应的营销方案。他刚开始在贵阳做"霸王餐"的时候，很多人无法理解：让用户免费吃饭就是营销吗？很多人看不懂"霸王餐"的逻辑和目的。我相信，高斌当时也不一定完全理解，他应该也有感到迷茫的时候。但是，他坚定不移地选择相信，这让黔渔翁豆花渍鱼成为贵阳的"网红品牌"。

我在2018年的时候去过贵阳和凯里。当时，有一个贵阳的头部餐饮品牌，据说这个品牌的创始人带动了整个地区的餐饮行业发展，取得了非常大的成功。后来，这位创始人退休了，"创二代"接班。与创始人相比，按说"创二代"应该有更加开放的思维，更容易接受新鲜事物。我在2018年就和这位"创二代"说，贵阳未来一定会越来越好，他应该提前布局小红书和大众点评，先抢占流量平台的制高点，一旦今后贵阳当地年轻消费群体崛起，他的品牌将迎来大爆发的机会。但是这位"创二代"的观念非常保守，他还想按照20年前的方式做餐饮运营。于是，拥有几十年历史的老品牌没能抓住互联网的"红利"，现在已经逐步陷入困境了。

虽然高斌是厨师出身，但是他不认为餐厅只需要做好口味就行了。他的第一家店开在一条小路边，位置很差，可是在他的运营管理下，不仅几个月就回本了，更是连续四年上榜"大众点评贵阳'必吃榜'"，成为贵阳餐饮行业的名片。

我遇到过很多思想保守的传统餐饮人，他们非常怀念过去辉煌的时刻，抱怨现在的竞争对手没有底线，埋怨今天的自媒体平台弄虚作假，认为今天的消费者不懂什么才是真正好吃的菜品。在我看来，如果这些传统餐饮人不转变观点，那么他们的门店最终很可能会倒闭，因为我们必须不断学习，才能适应环境变化，跟上时代发展的脚步。对于餐饮创业者来说，这是最公平的时代，只要你有好的产品、好的服务、好的营销理念，就算你资金不多，就算你没有背景，你依旧可以成功！

有些人问我："你介绍的案例都是小品牌的案例，你的学员都是小人物，是不是你的理念只适合这些规模小的店呢？你的这套理论适用于大品牌的发展路径吗？"面对这样的问题，我都会这样回答："第一，大品牌的成功和他人无关，和任何经营理念无关，只与品牌创始人自身的能力有关，大品牌诞生于特定时代的特定场景之中，很难复制；第二，大部分餐饮品牌都是从单个门店开始起步的，也许五年、十年之后它们就是大品牌了；第三，国内绝大部分餐饮品牌是中小餐饮品牌，我的这套方法、策略更适合中小餐饮品牌。"

三、理解消费者的心理

我有一位学员在上海开店，他的个人能力非常强，他的门店生意非常好，800多平方米的门店每个月都能做到300万元实际收入，算得上"神店"了。我在和他交流的过程中，聊到如何让消费者有更好的体验并且愿意自发给餐饮店写下真实评价，他向我分享他的打法。

很多餐饮企业都想方设法降低退菜率，一旦退菜率高了就对店长或者厨师长进行处罚。但是他要求店长每天退菜的金额必须达到一定数额，不然就处罚店长。我当时百思不得其解，按照大多数餐饮人的想法，菜品不好吃消费者才会要求退菜，因此我们必须抓好出品环节，严控菜品质量，他为什么和其他人反着来呢？

他说，在他的门店，店长巡视桌台，只要发现有客人没怎么吃的菜品，都会主动过去询问客人："你好，我看你们××这道菜没有怎么吃，请问是不是因为这道菜不好吃所以你们没怎么动呢？这道菜我帮你们退掉，好吧？"还没等客人说好吃还是不好吃的时候，店长就已经完成退菜流程了。在大多数时候，客人因为点的菜多，所以有些菜还没来得及吃，客人往往会再三沟通说菜的味道不错，因为点多了，还没来得及吃，所以剩得多。在这种情况下，店长会跟客人说："没关系，我先帮你退掉这道菜，如果你觉得这道菜还不错，吃不完的话我可以帮你打包。"

我非常好奇，按照他说的做法，他的店每天至少要损失几千元营业额。此外，如果让客人养成习惯，也许会有人经常贪便宜，就指望退菜了。可是他的话就让我改变了看法。他说，他的店原本生意并不好，熬了五六年，生意还是不温不火，他甚至一度有关门的想法。后来，他在大众点评和小红书做了一些营销活动，没想到一下成为黄浦区的"网红店"，甚至曾经在上海美食榜排名第一，生意非常好。可是在生意好了之后，他的店里总会出现服务不好或者出餐有问题的情况，毕竟出餐是手艺活儿，难免会出一些问题。他的店在生意好了之后，差评也越来越多，因为客人都是抱着很高的期望值来用餐的，排队等位时间也很久，再加上出餐有时候会出一些问题，所以差评就多了起来，客人也经常抱怨。在这种情况下，后厨、前厅的员工都非常忙碌，大家都很辛苦。有一次，有一桌客人因为上菜出现一些小问题而向他投诉，他在赔礼道歉后退掉了一道菜并且送了一箱小橘子，客人本来是非常生气的，反而因为他诚恳的态度，给他的门店写了真实的好评。如果他当时没有处理好这桌客人的抱怨，他的门店肯定又增加两三条差评了。他没有想到，赠送了成本十几元的一道菜和一箱橘子，反而能够收获了几条好评。从此以后，不管客人满意不满意，他都开始要求店长巡场并且每天退菜金额达到一定额度。

也许有很多餐饮人不认同他的做法，觉得不应该退菜，而应该提供更好的服务、更好的菜品。他告诉我，现在的客人都喜欢占便宜，他这样做以后，客人来他店里消费频率更高了（商家可以通过办会员卡知道会员的消费频率）。他没有任何要求和引导，这些客人也愿意给他的店写真实的好评。他每天因为退菜而付出的成本在一千元左右，但这些客人给他创造的价值远远超过了成本。

我在听完他的话以后，认为他非常厉害，完全掌握了消费者的心理，大部分客人都是好说话的，大部分客人也都希望能"占点儿小便宜"。我并不是要鼓励大家模仿他的做法，但是我觉得这个案例非常有意义。今天是互联网时代，互联网时代的餐饮营销涉及用餐体验、用户评价。为什么有些餐饮店无法获得消费者真实的好评呢？他们服务很好、环境很好、菜品也很好，为什么消费者不愿意主动写好评呢？这个问题值得大家深入思考。

第九章

餐饮营销实战方法论：
打法、策略和节奏

　　前文介绍了很多关于餐饮营销的理论和实践方法。从总体来看，我认为"餐饮营销梭哈论"的关键在于三个方面：打法、策略和节奏。

餐饮营销梭哈论

打法

怎么打？是做线上还是做线下？营销平台是抖音还是小红书或是美团和大众点评？是做老客户还是做新客户？是做一二线城市还是做"下沉市场"？是做加盟店还是做直营店？是做商场店还是做街边店？

策略

是以场景为中心还是以"爆品"为中心，或是以"新奇特"产品为中心？是以服务为中心，还是以营销为中心？是以产品为中心，还是以文化为中心？一定要梳理卖点！

节奏

是直接"梭哈营销"，一步到位，还是稳扎稳打，慢慢"发育"？是快速"变现"以当下赚钱为中心，还是梦想未来以品牌发展为中心？

第一节　打法

我们在开始做营销之前，一定要确定自己的打法，这样才能在营销工作遇到问题的时候从容不迫。我认为，打法一般可以分为八类。

一、以线上为中心

如果你的打法是以线上为中心的，那么你需要了解每个平台的流量结构，熟悉每个平台的规则，知道不同平台的用户需求。如果你想让到店的消费者像滚雪球一样越来越多，你的产品就必须有很高的复购率。选择了全域营销，你会比其他餐饮品牌获得更多的机会，但你的经营状况就在更大限度上由平台决定。

景区餐饮店是非常适合做线上营销的。大部分景区餐饮店几乎没有复购，而且也不需要复购，主要就是看谁更会获取流量。景区餐饮店其实在严格意义上做的不是餐饮生意，而是流量生意，餐厅只是"变现"的一个载体。同样适合做线上营销的，是选址相对较差的餐饮店，因为没有充足的自然客流量，因此就要想方设法吸引更多外部流量，而线上营销是获取流量最好的办法。

如果你的产品没有优秀到能够让复购率很高，也玩不转线上营销，看着空荡荡的餐厅，想着每天都要支出的房租、人工，还有食材损耗，你多半会陷入焦虑之中。就线上营销而言，你的竞争对手不仅包括隔壁商户，还包括方圆几千米范围内的所有餐饮商户。对手更多、排名不断变化、平台规则不断变化……平台可以给你流量，但也因其必然存在的"不确定性"会让人更加焦虑……

我们反复强调要"拥抱变化"，但因为我切身实践过餐饮品牌深度捆绑线上流量的打法，所以我知道这样的打法会让人非常痛苦和焦虑。如果你选择了这种打法，请接受无法改变的事实，并利用你对平台流量的认知，多做尝试。想要以小预算撬动销售额大幅增长，不是只给平台付费就够了，要转变传统的流量思维，学会依靠好的内容，撬动平台的流量。在餐饮类所有输出内容中，产品"种草"是到店转化率最高的方式。

在产品上增加具有吸引力的内容，可以唤醒对促销已经麻木的消费者。现在常规的代运营公司在给餐饮品牌做活动的时候，门店的生意大多只能火爆几天，因为他们给门店带来的流量是通过低价策略获得的，到店的消费者大多是复购率较低的"羊毛党"。但是好的内容带来的销量，更容易让消费者和餐饮店产生情感连接，并让消费者有很好的就餐体验。只要消费者对餐饮商户和产品有黏性，复购率和自传播的概率都会大大提升。会算账的老板肯定知道，邀请探店达人到店宣传低价团购套餐，减去邀请达人的费用和折扣的支出后，基本没有利润，生意火爆的场面往往只是虚假繁荣。当一些餐饮商户还陷于价格战中时，我们团队服务的客户已经开始通过场景搭建、"流量品"配置，让营业额创开店近10年以来新高，且折扣率在5%以内。因此，在营销过程中，如果你想让花出去的每一分钱都物有所值，那我建议一定要调整产品，在找到适合你的流量产品后再尝试撬动流量。

那么，什么是流量产品呢？

如果现在你已经"刷"了30分钟小红书，能吸引你点开并浏览，甚至让你愿意互动的产品，就可以算流量产品了。

我相信你现在已经对流量产品有了大概的想法。其实，流量产品往往具备五个特点：冲击感、大、"颜色攻击"、新奇、话题度和社交属性。

（1）冲击感，就是产品在视觉上让人感到震撼。

（2）大，就是产品仅仅通过放大摆盘、等比放大尺寸等方式，抓住了消费者眼球。

如果你在第一眼看到产品时感到惊讶：怎么这么大？！这就对了。

（3）颜色攻击。这是指同色系产品充斥着屏幕，溢出屏幕的绿色，特别是用的还是让人又恨又爱的香菜、折耳根，遇到这么"变态"的图片，谁不想评论一句"我要在全世界种满香菜"呢？

现在，网络上流行"颜值即正义"的说法，这在餐饮圈同样适用。在"高颜值"产品的评论区一定会有这样的评论 "好好看，这是哪家店呀" "@××，我们周末去这家吧"。

"高颜值"就是招人喜欢。很多消费者习惯通过在朋友圈、小红书、微博、抖音发布内容获得更多关注。如果你的产品足够好看，你的产品就可以成为他们的素材，他们就可以成为免费且主动帮你传播的KOC。

"黑红也是红，丑到极致就是萌"。一些餐饮人用让人皱眉的产品进行搭配，走上了一条看似宽敞的"歪路"。我们应当明白，我们需要平台给我们提供流量，然后转化为消费者到店消费的行为，如果做不到至少也要让用户记住我们。

更改菜品排列方式和拍摄角度可以让常规菜品给人带来不一样的视觉冲击。

一些视频、笔记中特地展示了裹满红油、酱汁的肉，专门选择在深夜发布，这让众多"饿人"将其"恶狠狠"地分享给朋友，大家一起"受苦"。

（4）新奇。很多地方都有当地的特色菜品，尤其是云贵川等地。地大物博的中国和会享用美食的中国人，让我们有尝试不完的新奇食材和神奇吃法。

（5）话题度和社交属性。香菜、会激发"密集恐惧症"的菜品、"@需要大补的××"的食材等都具有很高的话题度和较强的社交属性。关于这些产品的内容的实际转化率或许并不是很高，但都有很大的流量，所以会有很多品牌曝光的机会。

对于现在的消费者而言，他们消费的重点不仅包括产品本身，也包括产品的内在属性。当一个富有冲击感、话题度、社交属性的产品出现，对消费者来说，这个产品不仅可以果腹，还能带来感官冲击。只要消费者的情绪价值被满足，你的品牌就可以跑赢别人了。"情绪价值+社交价值+优秀的产品力"，便是流量产品让你的门店火爆起来的钥匙。

大家可以思考一下：为什么每每提到餐饮"出圈"单品，楠火锅"出圈"的雪花冰到现在都会被频繁提到呢？

因为当其他餐饮人还在等客人上门的时候，楠火锅已经通过在火锅店里卖雪花冰吸引了一批客人，开启了餐饮的新时代；当一些餐饮人开始纷纷模仿楠火锅卖雪花冰的时候，楠火锅已经开始卖超大的雪花冰了。

餐饮老板聪明吗？非常聪明。

因为他们不需要多少研发成本，会借鉴就行。一线城市餐饮店一个月前火爆的产品，二线城市餐饮店借鉴一下，继续火爆。把二线城市火爆了三个月的产品投放到"下沉市场"，依然可以火爆。

楠火锅的经营者聪明吗？非常聪明。

他们知道雪花冰太容易被模仿了，因此他们不断创新、不断迭代、不断"输出"，才能用好流量带来的"红利"。

当你站在风口上的时候，你要做的就是张开翅膀，让自己飞得更久些、更远些。

我们已经处于餐饮行业非常"内卷"的时代了，不管你是景区餐饮店、位于巷子深处的餐饮店，还是位于一线商圈一线位置的餐饮店，每位餐饮人都想要更多消费者到店和不停攀升的营业额，他们都看到了线上营销的"红利"，甚至越来越多"下沉市场"的餐饮人也在学习、在行动。要玩转流量，除了要懂流量外，还要有超强的执行力，和能上战场、能打胜仗的团队持续配合。

二、以线下为中心

有很多餐饮品牌是以线下营销为主的，在刚开业的时候做一次大规模营销活动，然后每隔一段时间再做一次营销活动，引导消费者进入自己的私域流量池①中，开展营销工作。选择这样的营销策略的商户要思考建立会员营销体系。中高端餐饮商户或极具特色的餐饮商户可以选择这种策略，"营销获客"只是获取客户的渠道之一，并不是命脉。这样的商户不在乎"新奇

---

① 私域流量池是与公域流量池相对的概念。公域流量池是指抖音、小红书等拥有庞大流量资源的平台。企业通过在这些平台上投入预算，可以获取新用户。但是，随着通过公域流量池获取新用户的成本越来越高，企业转向挖掘老用户的价值，通过私域流量池与用户直接联系。私域流量池包括公众号、小程序、微信群等，让企业与用户直接联系，从而提高用户满意度和忠诚度，进而提升用户价值。

特"的流量产品，也不在乎平台排名带来的流量，主要依托老客户带新客户。

三、以抖音为中心

如果你今天在"下沉市场"，比如四线及四线以下城市开餐饮店，那么你可以不关注其他流量平台，只需要在抖音平台上做好营销就行了。不过，如果你所在的城市是旅游热门城市的话，那另当别论。商户所处的城市不同，营销策略和重点发力的平台也就有所不同。在四线及四线以下城市，大部分人都使用抖音，因此抖音是最有效的营销工具。

餐饮人可以选择自己出镜拍摄。如果你的性格外向，表达能力强，那么这种方式就很适合你。现在，大部分"下沉市场"的消费者偏好使用抖音。只要你能大方出镜拍摄，介绍你的产品和门店，哪怕你没有获得多少流量或者剪辑视频的水平不太好，也可以取得不错的效果。因为"下沉市场"的城市规模小，消费者可以很快到店，他们的消费行为有很强的即时性。只要你在视频中表述清晰，再加上团购链接，团购套餐的销售额和核销率都会不错。

但是，还有很多餐饮人并不适合自己出镜，因此我更加推荐大家付费邀请达人拍摄视频。这样可以节省自己的时间，餐饮商户的负责人应该把时间主要放在产品、运营和管理工作上。你可以找达人拍摄视频协助你做营销工作，你只需要和达人沟通好细节即可。大家要切记，在"下沉市场"，在抖音以外的流量平台做营销效果都不好，抖音是营销的核心平台。

四、以小红书为中心

小红书的用户以高收入女性为主，这些用户大多身处沿海地区的一二线城市。小红书是以"高颜值"和"新奇特"内容为中心的平台，西餐、日料、融合菜、创意菜等品类适合在这个平台做营销。因为小红书的用户往往有比较好的教育背景，他们的平均审美水平和消费水平比其他平台的用户高。现在，小红书在部分江浙沪的"下沉市场"的渗透率逐步提高。位于"下沉市场"的商户布局小红书可以精准获客，因为整个城市的小红书用户并不多，一旦你的产品在小红书上获得较多流量，那么就会有很多精准转化的消费者。

五、以大众点评和美团为中心

大众点评的用户大多生活在一二线城市。在三四线城市，使用美团的人更多一些。在大学城附近，美团的用户往往多于大众点评。如果你在一二线城市开店，那么你必须在大众点评上做营销。

在大众点评上营销的核心包括六个方面。我把餐饮商户在大众点评上做营销的方法称为"六脉神剑运营法"。

商户在大众点评榜单的排名靠前之后，就有了在消费者面前曝光的机会，这样消费者才会点击商户的页面查看商户的信息。如果消费者觉得商户各方面情况都不错，就会"转化"，到店消费。如果消费者到店消费后感到满意，就会愿意给商户写一条真实好评。这样形成良性循环，商户的复购率就会比较高。商户可以每天查看数据，根据数据优化自己的运营工作。大众点评的热门榜排名的核心指标为：访客量、交易量和评价量。

美团的运营方法相对简单，因为美团是以团购为核心的，所以需要关注交易行为。商户在美团平台的运营重点共有三项：

第一，优化好团购套餐，让消费者有购买欲望。团购套餐要多元化，覆盖不同的客户需求，要有单品、单人套餐、双人套餐、四人套餐等。

第二，如果消费者在消费后感到满意，那么我们就可以请他写下真实的用餐体验。美团只有两个榜单：一是人气榜，按照近一周的真实团购销量确定排名；二是好评榜，按照商户的好评数量确定排名。

第三，在人气榜和好评榜取得靠前的位置后开"推广通"。

商户在美团上的运营工作不涉及精细化操作，因为美团的客户群体以价格为中心。相对而言，大众点评的用户消费能力更高，更加看重内容。平台不同，用户特征不同，因此商户的运营方法也不同。

六、以发展加盟商为中心

如果你做营销的目的是发展加盟商，那么我强烈建议你要把"品牌势能"做起来。如果你没有非常强的"品牌势能"，加盟商为什么选择加盟你呢？加盟商的核心诉求就是品牌商提供的品牌价值和品牌服务，把配方和操作流程分享给加盟商。因此，以发展加盟商为中心的餐饮品牌一定要理解"餐饮营销梭哈论"，不要计算广告的投资回报率。在我看来，计算广告的投资回报率是没有深入理解营销的表现。如果你通过计算确定投一元钱在某个渠道做营销能赚两元钱，那么这个渠道根本轮不到你投放，会有很多人愿意花钱。餐饮营销有一定滞后性，消费者在看到商户后，可能只是收藏起来，但不是马上到店消费，而是准备过段时间再去消费。在这种情况下，我们如何评估营销的效果呢？广告给消费者留下的印象和品牌曝光度又该如何计算呢？以发展加盟商为中心的餐饮品牌的打法就是以压倒性的"梭哈打法"，在短期内快速曝光，快速突围，形成强大的"势能"。此外，品牌商要总结一整套营销方法论，并且教会加盟商。有很多餐饮品牌的总部生意很好，但加盟商的生意很差，这对吸引加盟商来说也是极为不利的。

七、以直营连锁体系为中心

　　餐饮品牌的直营门店是否优秀，最简单的评估方法就是看大众点评的评分。对于餐饮品牌而言，直营门店的"内功"强不强、管理好不好，根本不需要去门店考察，只需要看门店在大众点评的评分即可。如果门店的评分低于4.8分，那就说明门店有非常大的提升空间。也许有很多人会问："难道这些评分不能作假吗？"答案是：不可能。目前，大众点评评价体系的反作弊机制已经非常成熟了，因此评分是无法作假的。我见过很多餐厅品牌的老板说自己的门店的产品味道很好、门店的服务很好，各方面做得都很好，我打开大众点评一看，他说的门店的评分只有4.5分。餐饮品牌评估自己的门店，可能因为各种因素很难有一个客观的标准，但根据消费者的评价综合而来的大众点评的评分是客观的。在加盟连锁体系中，因为每个加盟商的实际经营情况不同，总部很难把控每家店的细节和评分。但是在直营连锁体系和联营连锁体系中，评分高是营销的前提和基础，评分可以反映消费者真实的满意度。对于以直营连锁体系为中心的餐饮品牌，我建议门店的运营工作考核指标应该以大众点评的评分为主、流量排名为辅。

八、以选址为中心

　　"凡用兵，贵先知地形。知远近，则能为迂直之计；知险易，则能审步骑之利；知广狭，则能度众寡之用；知生死，则能识战散之势也。"在打仗时，要了解地形，根据不同的地形选择不同的作战方法。我们今天做餐饮营销也应该借鉴古人的智慧，根据门店的位置选择相应的营销方法。

位于街边的门店，适合建设品牌影响力，培育强大的"品牌势能"，以有大量消费者排队为目标。位于社区的门店应该以获取利润为中心，长期经营。位于商场内的门店要考虑合适的定位，避免出现因为客单价过低而无法盈利的情况。

古人的智慧博大精深，根据不同的地形选取不同的作战策略。今天餐饮行业的市场竞争的道理也是一样的，选址不同，打法不同。

第二节　策略

在确定打法后，我们需要通过策略将打法落地。策略就是梳理流量的卖点和"出圈"的内容。

一、以场景为中心的营销策略

以长安亭院重庆火锅为例，它的场景在除西安外的所有城市都是极其稀缺的，把"大唐风"演绎到接近完美的程度。在吃火锅时，消费者换上大唐风格的服饰，化上相应的妆容，就可以拥有沉浸式体验。因此，长安亭院重庆火锅的环境就拥有了自传播的属性，它的营销工作就可以从场景下手。文和友在前期也是以场景为中心进行营销传播的。

从实战策略来说，如果你的场景不是非常稀缺，只是相对不错，那么你是不能实施以场景为中心的营销策略的。因为现在同质化装修很严重，绝大多数餐饮商户的环境并不是稀缺的，只是稍微有些特色的环境并不能打动消费者，进而有很好的传播效果。只有在你拥有了极度稀缺的场景后，你实施以场景为中心的营销策略才能取得很好的效果，毕竟今天的消费者见多识广。前几年，"破烂风"的场景非常流行，"一破就火，一烂就爆"。很多城市的餐饮店开始流行做旧、做烂的环境布置，但是这样低成本装修出来的场景，只有在这个城市极少有这种风格的餐饮店的时候才会有比较好的效果。一旦竞争对手开始模仿这种风格后，大家都以这种风格为卖点进行营销，营销效果就会非常差。因为这样的场景只有一次"打卡"的属性，对于消费者来说，新鲜感一旦过去就不会再去这家店了。

二、以文化为中心的营销策略

我们可以在营销策略中加入有文化底蕴的内容作为卖点，比如"非物质文化遗产""老字号""传承33年""三代人坚守"。我们要在营销内容中把制作手艺、古法工具等一一展现出来。今天的消费者已经被外卖、料理包、不新鲜的预制菜"包围"了，他们更愿意看手工现场制作的产品。很多餐饮品牌为了加快出品的速度，很少能在现场展示产品的全部制作过程。年轻消费者对于这些他们之前没怎么接触过的场景很好奇，这些有一定历史的东西对年轻消费者来说极具吸引力。因此，商户可以制定以文化为中心的营销策略，尽量展示具有稀缺性的内容。我建议大家可以让达人拍摄从原料到成品的产品制作全过程，深挖在制作过程中具备流量属性的细节。

第三节　节奏

我从自己十几年的餐饮营销实战经历中发现了一个巨大的问题：很多开店倒闭或者创业失败的餐饮人，失败的主要原因不是项目选择有问题，而是节奏有问题。

中国人做事讲究天时地利人和，其中"天时"是排在第一位的，什么时候开始做营销、什么时候不应该做营销、什么时候要"梭哈"、什么时候要"快打"、什么时候要"慢打"，这都是有节奏的。我们不能一拍脑门或者是机械地参考一些调研公司提供的数据来决定自己的节奏。我们应该知道自己准备实施的营销策略、营销方法是不是适合自己的门店，是不是适合自己目前的状况。有的餐饮人在开店前期为了做好供应链管理而忽视产品的口味，导致生意惨淡；有的餐饮人在"品类红利期"没有抓住机会，在"品类红利期"结束以后才开始发力；有的餐饮人在"内功"还不扎实、团队还不成熟时直接做"梭哈营销"，自身无法应对大量消费者到店的情况，最终影响口碑而失败。这些案例数不胜数，他们其实在其他方面都没有错，只是节奏错了。这就像跳舞，如果你的动作很优美，但是你没有跟上音乐的节奏，也会贻笑大方。

一、"快打"

"快打"的目的就是快速取得理想的业绩，这就必须采用"梭哈营销"。有些品类本身具备"网红"属性，或是很容易复制，没有很高的壁垒。如果你做这些品类的话，那么你根本没有时间慢慢做、慢慢熬。等你觉得自己各方面都成熟的时候，往往战斗已经结束了。

我不建议大家在事业的起步阶段就立志要做百年品牌。中国有这么多企业，但是百年品牌凤毛麟角。如果你现在的生意都不是很好，那你最好脚踏实地做好眼前的事情，别着急畅想未来。所有品类都有自己的生命周期，因此就算我们创办了一个短命的"网红店"也没关系。比如盘盘麻辣烫这个品类，从2019年开始出现，2020年就开始火爆起来。从商业的角度来看，这个品类很不错，是全新的麻辣烫呈现形式。在中国，麻辣烫有着巨大的市场空间，和传统麻辣烫相比，盘盘麻辣烫的呈现方式有很大差异，"颜值"更高、口味更好，而且操作简单、投资小、容易复制，是一个非常适合发展加盟商的品类。我有一个朋友，她在2019年就开始做盘盘麻辣烫了，甚至可以算是盘盘麻辣烫的开创者之一。她在中国最适合做餐饮加盟品牌的城市——成都。每年有很多餐饮人去成都考察项目，然后选择品牌，做加盟商。这位朋友当时认为她的工艺、流程还需要优化、迭代，她精益求精，慢悠悠地打磨产品的口味和呈现形式。到2020年底，她突然发现市场上有几百个盘盘麻辣烫的品牌，头部品牌已经有上千家加盟商了。如果她在盘盘麻辣烫刚刚火爆时就快速抢占市场，通过"梭哈营销"投放资源扩大影响力，快速成为行业第一的品牌，然后边发展边优化，她的品牌也许也已经有上千家加盟商了。

在创业过程中，营销节奏、发展节奏是非常重要的。一步慢会导致步步慢。如果我们做的是容易复制并且壁垒不高的"网红产品"，那我们就应该先抓住流量的风口快速发展壮大，再强化自身的"内功"，不断优化、打磨产品。

二、"慢打"

我在2021年看上了一个地域性的麻辣烫品类——南昌水煮。因为我是做餐饮营销的，所以我认识很多优秀的餐饮人，他们在一年就能开几百家连锁店，我认为自己做餐饮的话，开店的速度应该比他们还快。我当时的目标是第一年开200家门店，在两年内开500家门店。我选择在杭州开始创业。南昌水煮不是大众化的餐饮品牌，属于南昌特色美食。

人们对于这种地域性美食肯定很好奇，但是因为消费者对于地域性美食并不了解，因此做这种地域性美食的餐饮品牌需要先向消费者介绍地域性美食的基本信息，投入一定的"教育成本"，消费者才会到店。做地域性美食的餐饮品牌还需要不断去优化口味，适应当地消费者的偏好。

南昌水煮的口味很辣，外地人基本很难适应。但是我当时狂妄自大，认为一年不开出200家门店就不算成功。因此，我根本没有时间迭代、优化口味，只追求开店的速度。我们在3个月内就开出近60家店。在刚开业的时候，因为南昌水煮对消费者来说有一定新鲜度，加上总部大力投入资源做营销，这些店的生意都非常火爆，有的合作伙伴甚至刚刚开出第一家店就立即要开第二家店。

但是因为我们的节奏太快了，没有时间优化口味和调整经营策略，所以复购率很低。很多店的生意在前三个月火爆后就快速变差，再加上新开的门店比较多，分散了客流量，很多合作伙伴的店生意非常差。

我们后来复盘失败的原因，通过调研发现，虽然江浙沪地区的年轻人已经开始吃辣了，但是南昌水煮的辣度太接近南昌的口味，对于江浙沪地区的消费者来说，南昌水煮实在是太辣了。这导致复购率很低，所有门店都是靠营销吸引新客户才能维持生意。我们在仓促之中调整口味也很难符合消费者的偏好。这个项目最终失败了。

这个品类本身是一个新的细分领域，在短期内并不会有竞争对手。如果我们当时能慢一些，不断优化口味，等产品比较成熟以后再加快开店的速度，那么南昌水煮的发展也许会是另一种局面。

三、社区店

有些开在社区的餐饮门店，在刚开业时生意并不理想，运营团队非常着急。竞争对手每天的营业额都能达到几千元甚至几万元，自己的门店每天的营业额只有几百元，运营团队常常会感到非常奇怪。但其实，这些竞争对手是在这个社区已经营业很多年的老店，因此没有可比性。

运营团队找各种原因，反思是不是口味存在问题、是不是环境存在问题、是不是营销工作存在问题，然后设法找到解决问题的办法。他们最终往往认为问题出在营销工作的力度不够上。于是，他们设法让更多人知道自己，花钱拍抖音视频、推出低价的团购套餐、打折促销等。等这一套组合拳打完以后，他们往往会发现生意还是没什么起色，"营销一停，立马清零"。

其实，他们既没有明白社区店的特点，也没找到自己的节奏。开在社区底商的餐饮门店，主要消费群体都是小区的住户，而这些消费群体是要慢慢培养的。社区店的营销节奏就应该是慢慢打、慢慢做，花时间培养客户。

四、品牌商

有些准备发展连锁加盟商的餐饮品牌，在核心商圈的核心位置开店，每个月的租金高达几十万元。在这样的情况下，因为固定成本很高，这家门店需要一个月的营业额达到100万元甚至200万元才能实现盈亏平衡。但是很多这样的餐饮品牌犯了同一种错误：慢慢熬，想以时间换空间！

我们要明白，能够慢慢熬的店一定是运营成本很低的店。如果你在核心商圈的核心位置开店，不能通过"梭哈营销"快速取得业绩的话，那么你就浪费了拥有这么好的位置的优势。在一线城市，有很多类似的情况，开店的位置和成本就决定这些门店的营销节奏一定要快：快速取得业绩，快速占据平台排名靠前的位置，快速积蓄"品牌势能"，快速吸引加盟商。在核心商圈核心位置的商户，如果想要通过慢慢熬培养客户，那是很难取得成功的。因为成本高导致这些商户无法采用拉长战线的策略，因此营销节奏必须快。

我们在具体实施营销策略投放营销费用的时候，也需要注意自己的节奏。比如试营业的时间是否要延长；达人投放营销内容的节奏，是"'大号'开路破冰，'小号'补充流量跟上"，还是达人一起发布内容；是快速"爆店"占据排行榜靠前的位置还是稳扎稳打、慢慢发展。我们只有找到适合自己的节奏，才能取得理想的经营成果。

打法是定方向、定战略的基础，我们要知道自己想要的是什么、自己的终极目标是什么。有了确定的目标，我们才能明确我们的策略。策略是辅助打法落地的具体执行方案，打法是确定的，策略是变化的。我们要根据实际经营情况和市场环境变化调整策略，根据竞争对手的变化而变化。节奏可以把控策略的执行进度，并且决定策略成败。

在不具备天时地利人和等因素的情况下，即便我们有好的策略，执行出来的结果也不会理想。生活也好，开始创业也好，每个人都有自己的节奏，我们既不用羡慕别人，也不用轻视自己。

互联网上有一段话很有意思：有人花三分钟泡面，有人花三小时煲汤；有人订的外卖已经送达，有人才刚刚切好辣椒和肉；有人选择种小麦，有人选择种玫瑰；有人20岁就结婚了但生活过得一团糟，有人30岁还是单身但活成很多人想要的样子。每个人的生活节奏不同，重要的是当你选择了一个方向，那就坚定地走下去。

"人生是一道开放性试题，没有标准答案，做你认为对的事情便好。"

我很认同这句话。

很多人开店创业其实没有把控好节奏，看见对面或者隔壁的门店生意非常好，自己的店半死不活，非常着急，就用各种办法试图让生意好起来，结果把自己的节奏打乱，自己每天忙得精疲力竭却还是赚不到钱，最后把自己的激情和心气儿消耗殆尽。

有些人刚刚开几家生意火爆的店，取得了一些成绩，就想做到"千城万店"，疯狂发展加盟商，在根基不稳的情况下发展过快，导致原来大好的经营局面变得越来越差。其实，有时候，我们选择慢慢经营就会越来越好，"慢即是快"。

从多年餐饮营销和创业的经历中，我发现打法是可以学习的，策略是可以借鉴的，唯有节奏是很难把控的。大部分人只看见竞争对手的生意好，没有看见他们深耕了多少年、流了多少汗、付出了多少心血。凭什么自己刚开业投入了一些费用做营销，自己的生意就一定能超过竞争对手呢？

每个人取得成功的背后都有适合自己的节奏，开店如此，营销如此，生活也如此，我们一定要找到适合自己的节奏。

第十章

餐饮营销团队建设与管理

第一节　餐饮营销团队存在的问题

随着餐饮企业创始人的认知水平整体提升，越来越多餐饮企业开始组建自己的营销团队，希望能让营销团队承担餐饮营销的相关工作。我在接触了很多餐饮营销团队后发现，这些营销团队往往存在三类问题。

一、创始人干涉过多，营销团队形同虚设

如果餐饮企业的创始人曾经取得过巨大的成功，那就往往会出现创始人对营销团队的工作干涉过多的问题。不少创始人曾经取得过辉煌的业绩，尽管他们的思维方式已经跟不上时代发展的脚步了，但他们往往还是会在自己不懂的领域里指手画脚，而负责营销工作的员工肯定需要听从创始人的指示。创始人瞎指挥导致最后营销工作没效果，责任却要由营销负责人承担。

有一家餐饮企业在营销方面舍得投入，组建了专业的营销团队，但是一旦门店开始做营销活动，负责营销的员工就要去门店帮忙，有时甚至需要帮助门店的服务员完成打扫卫生等工作，专业营销人员的特长没有充分发挥出来。

有一家餐饮企业的店长，他既要做好店长的本职工作，还要负责门店的线上营销工作。在做了几个月的营销工作后，他发现营销工作对于门店的运

营工作没有明显帮助，就认为营销工作没什么用。

很多"老餐饮人"不太懂得如何发挥专业人员的特长，不理解"专业的人做专业的事情"。营销负责人应该只负责营销相关的工作，门店店长应该做好店长该做的事情。让一个人身兼两职看似节约了人力成本、提高了工作效率，实则无法兼顾，反而产生负面影响。

我们一定要懂得一个道理：专业的人做专业的事情，取得专业的成果。如果餐饮企业创始人自己对于营销的理解和认知不够深刻，那就不要随便对营销负责人提出的方案给出自以为是的建议。

我遇到过很多次创始人粗暴干涉营销方案的例子。有些创始人在看完营销方案后，一定要加上一些自认为好的内容，比如在抖音投放的内容是以"新奇特"产品为中心进行宣传的，但创始人觉得一定要体现食材新鲜。于是，这个营销方案变成一个不伦不类的方案，投放后效果很差。创始人往往认为营销方案不行，没有想过是不是自己的建议不对。如果你是一名优秀的餐饮营销人员，而你的老板不懂营销，那就请不要在意你的老板的建议，坚持你自己的方案，勇敢对老板说"不"。

二、营销团队只懂技能，不懂策略

目前大部分餐饮企业的营销团队还停留在"只懂技能，不懂策略"的层面。他们对于某个平台的某个工具了如指掌，可是没有全面认识餐饮营销，只能从具体操作的层面看待问题，经常只能看到问题的表面，看不到问题的本质。营销工具是为营销策略服务的。我们在制定营销策略的时候必须深入了解企业开展营销活动的目的，以目的为中心策划每一个营销方案，而不是只关注如何优化推广通、怎么寻找达人等。我们要让自己掌握的所有技能、知识都服务于自己的目标。

因此，餐饮营销团队一定要学会连续提出问题：我们的目标是什么？我们为什么要实现这个目标？我们在实现了这个目标之后，还有什么目标？

如果我们的目标是占据平台榜单排名靠前的位置、拥有强大的"品牌势能"、有很多消费者排队，那么我们的策略就要以投流为中心、以"自传播"为中心，我们的打法就要全面为积蓄"品牌势能"服务。我们使用平台的工具核心就是积蓄"品牌势能"，营销方案中一切与积蓄"品牌势能"无关的内容都应被排除。

如果我们的目标是提升单店的利润，那么我们就要思考如何提高营销费用投入的效费比，制定相应的营销策略。

三、营销方案无法落地，只有好看的幻灯片

"我们的工位不在办公室，而在餐饮门店的现场。"这是我经常对我们公司同事说的话。坐在办公室闭门造车写出来的方案一定不是好的方案。门店的位置不同，适合的打法就不同。

我们要问自己：自己是否足够了解竞争对手？如果我们只通过线上的数据和评价了解竞争对手，那我们对竞争对手的认知一定是片面的。自己是否对门店的承接能力足够了解？门店承接能力的极限在哪里？门店在客流量高峰期出错率最高的环节是什么？消费者对于产品的真实消费感受如何？

如果我们不去门店实地体验，不去做深入调研，只通过表面数据分析问题，那是一定会犯错误的。数据可能会骗人，但是消费者的感受一定不会骗人。

很多营销方案无法落地的原因在于制定方案的人对竞争对手和自己都不够了解。这样的营销方案会让门店的执行者非常为难。人们常说"实战为王"，因为目前还没有哪家第三方平台能够非常准确地统计餐饮行业的各项数据。

一般来说，在营销方案确定之前，营销团队可以先做一个小规模的调

研，了解消费者是如何了解门店的信息的：是通过大众点评、美团、小红书、抖音等平台，还是老客户再次光顾，或是碰巧路过？

然后，营销团队要去看竞争对手目前的营销方案以及营销工作的成果。我们在竞争对手已经推过的产品上投流、下大力气做营销就会显得毫无新意，消费者是不会认可的。我们要把消费者的具体情况、竞争对手的打法做一个详细的统计表。

最后，营销团队要和门店的负责人沟通，确定门店有足够的承接能力面对营销后产生的"爆店"的情况，确定员工配置充足，一旦有员工离职可以迅速补充，明确哪些产品是利润多的产品、哪些产品是老客户必点的产品、哪些产品的出餐时间长。营销团队要根据门店的实际情况制定相应的营销方案，还要确定门店的员工全部经过培训，能够妥善应对客户不满意、发脾气等突发情况。好的营销方案一定要做到线上线下一条心、一体化。我见过不少公司内部互相推诿的情况，营销团队怪门店承接能力不强，门店怪营销团队没有做好沟通工作导致承接工作没有做好，等等。

我个人并不认同在做完营销工作后，根据数据简单地进行总结。我认为，这是大部分大型餐饮品牌的营销活动效果不理想的核心原因。在很多营销人员心中，数据是营销工作的业绩，比如某个达人拍摄的视频的播放量达到了上千万、点赞量有上百万等。这些数据看起来非常好，从投资效费比的角度来看也非常棒。但是没人关心门店的实际经营情况，餐饮行业和消费品行业的不同之处在于，餐饮行业有到店消费的流程，并且消费过程具有延迟性，消费者可能在看见营销的内容后没有马上来消费而是下次看见门店后来消费。但是很多消费品是标准化产品，可以即拿即买。

投放的内容是为营销策略和营销目标服务的，投放内容的数据是表面现象，并不是营销工作的结果。营销工作的结果是现场的效果而不是简单的数据。在营销工作中，很多数据是"虚"的，这并不是说数据造假，而是这些数据仅仅是数据而已。

有些餐饮营销人员为了让数据好看，把关于地域性餐饮品牌的内容在全国范围内投流，而门店的位置也不便于消费者到店消费，因此营销数据非常好，但是转化率很低，到店的消费者寥寥无几。

因此，做好营销工作的关键是贴合实际情况、贴合经营策略、贴合消费者需求。

餐饮营销团队的系统性思维是可以培养出来的，多看、多"刷"、多写，培养"网感"。

餐饮营销工作是以现场为导向的，我们要拒绝单纯地分析数字，拒绝脱离实践的理论，拒绝一切不切实际、无法落地的营销方案。餐饮营销必须注重实践、实战。

我个人的做法就是带领团队多看、多"刷"、多写。

多看

我们公司每年外出吃饭费用高达数百万元。如果我们听说某个优秀品牌的门店做得很好，我们会在第一时间组队去门店体验，并且真实感受消费者的用餐场景，到店门口排队，和排队的消费者聊天，了解消费者从什么渠道知道这家店、从哪里到这家店所在的位置、能接受排队多长时间等。我们从消费者的角度出发，和消费者共同感受这家店的口味、服务和环境。很多餐饮企业的创始人存在一个很大的问题，那就是喜欢带后厨的研发人员去竞争对手的门店体验，让后厨的研发人员品尝竞争对手的产品的味道。但是，后厨的研发人员往往只从味道、食材、工艺等角度考虑问题。

我强烈建议大家一定要重视营销团队，并且营销团队一定要参与新产品的研发工作，从"颜值"、流量、传播的角度对新产品研发提出建议。因为在今天，餐饮产品的口味是餐饮企业经营的基础，我相信如果餐饮企业的产品连好的味道都没有，那么这家餐饮企业早就倒闭了。营销团队的系统性思维不是在办公室中想出来的，不是从老板的口中听到的，而是来自现场的真实感受。

多"刷"

负责餐饮营销的员工每周必须在各大平台上多浏览与餐饮相关的文章和视频，随着你的标签越来越完善，系统会自动给你推送关于好的产品、好的呈现形式的内容。这样做的核心目的就是培养自己的"网感"。当你的"网感"十分犀利的时候，你就能很容易地抓住产品的卖点，你能准确判断哪些达人拍摄的照片、视频能成为爆款，哪些即使投流也没什么效果。每天至少拿出三小时"刷"流量平台上的内容，你的"网感"就会慢慢被培养出来。

多写

我们公司营销团队每周一都会开"写作会议"，写作会议的核心是让员工自己学会梳理关键词、内容火爆的逻辑。我们通过写作，可以加深自己对营销的理解。对于写得好的员工，我们公司还会提供奖励。我们要求员工每周分享自己看到的好的短视频、照片，并且一定要说出自己的见解、自己的思路。把自己的见解和思路说出来，一来可以加深自己的记忆，二来可以锻炼自己的分析能力。

流量大的内容是可以复制的，流量大的内容也是可以借鉴的。如果某个品类的营销策略和呈现形式不错，在平台上很火爆，我们就可以分析其火爆的原因并加以借鉴，做成符合我们自身情况的营销方案，然后执行。

"多看、多'刷'、多写"可以加深营销团队人员对餐饮营销多维度的理解，让营销团队策划出好的营销方案，而不是说起营销工作就只会找达人，对于为什么要找达人、怎么找达人、找到以后拍什么内容、怎么拍这些内容、什么时候发布内容等问题一问三不知。

第二节　餐饮营销团队的职责与绩效管理

一、单店及小型连锁品牌

如果你经营一家或多家小餐饮店，那么你的营销团队采用"1＋1"模式就可以了。"1＋1"模式非常容易理解，就是一个创始人或者一个营销负责人带一个助理，因为目前你的公司规模小，还无法支撑有一定规模的营销团队。"1＋1"模式的核心就是餐饮企业创始人，他要负责所有的营销工作，包括制定营销方案、推动营销方案落地等，助理可以起到辅助作用。"1＋1"模式就是依靠全能的餐饮企业创始人。

小型连锁品牌通常拥有十几家门店，可以支撑有一定规模的营销团队。餐饮企业创始人已经没办法事无巨细地管理营销工作了，需要组建专业的营销团队负责与营销相关的各项工作。

小型连锁品牌的营销团队一般包括四种岗位。

第一，营销负责人，负责掌控全局，作为营销工作的总负责人，制定每月、每季度、每年的营销策略、营销方案，根据营销方案安排营销人员。

第二，美工设计，负责制作营销用的物料，优化产品的平面视觉呈现形式。

第三，达人推广，负责抖音、小红书等流量平台的达人的商务对接工作，了解达人的实时报价、热门风向、拍摄档期、拍摄技巧，并且负责达人作品终稿的审稿工作，指出达人作品的优缺点，提出改善、优化建议。

第四，平台维护，负责各个平台数据记录工作，并且负责优化各平台的营销工具，如美团和大众点评的推广通、抖音的本地推、小红书的聚光平台等，根据投放营销费用前后的数据变化情况调整营销费用投放方案。

营销总监负责总体策划，确定营销方案和营销策略，根据具体的营销策略确定每次营销活动的目的以及打法。

达人推广岗的员工根据营销方案和营销策略寻找适合本次营销投放的达人，达人推广岗的员工必须对达人有清晰的了解，知道哪些达人适合推荐什么样的产品，应该在什么时候投放达人制作的内容，在内容投放后门店什么时候投流，这些都是非常关键的细节。

达人制作的内容投流后的效果会呈现在各个平台上，平台维护岗的员工需要把数据及时传递给营销负责人，营销负责人根据实际的情况做出决策，评估是否需要调整打法。

二、大型连锁品牌

如果你正在经营一个正在快速发展的大型连锁品牌，那么你一定要完善你的营销部门。相对成熟的餐饮营销部门包括七种岗位：

第一，营销总监，负责制定可落地的年度、季度、月度或大型营销活动方案，制定每个岗位的作业标准书（Standard Operating Procedure，SOP）、奖罚机制，辅助以及监督营销方案执行者完成营销方案。

第二，美工设计，负责图片美化和视觉呈现工作。

第三，文案策划，负责活动的文案策划工作，在进行推广时给出相应的关键词的建议。

第四，达人推广，负责与全国优质达人建立良好的合作关系，挑选出适合每次营销活动的达人，和达人沟通推广的细节、注意事项、拍摄手法和文案等，在达人发布内容后辅助达人投流，引导和优化达人发布的内容的评论。

第五，新品研发。传统餐饮企业的研发部门一定是由后厨负责的，但是现在，我们认为，由营销部门牵头研发是一种更好的研发新品的方式。由审美较好的人负责产品呈现形式的框架，由于他经常观看网络上"新奇特"产品或者"高颜值"的产品，他可以提出关于新品的创意，由后厨配合他完成新品的口味、形态的研发工作，这样跨部门合作就能让新品既拥有好的口味又能有好的呈现形式。

第六，执行助理，负责执行每次推广方案的落地工作，与门店进行对接，培训门店人员执行营销方案的相关辅助工作，并将情况及时反馈给营销总监。

第七，平台运营，负责各个平台的基础运营、维护工作，回复评价，收集差评关键词、竞争对手的信息，并负责推广出价等平台运营工作。

拥有一支优秀的营销团队，你只需要结合本书介绍的营销推广策略，就有希望实现成为全国餐饮头部品牌的梦想。

后 记

当你耐心看到这里的时候，本书正文的部分已经结束了。我在写自己的第一本书《大众点评精细化运营》的时候只懂营销的基础工作，因此那本书的主要内容是如何用工具做营销，以及基本的营销理念。

我从2021年开始提笔创作本书，一直写到了2024年。在这三年中，我做了三件非常有意义的事情。

第一件事情是我在2021年自己做品牌。我的目的很简单，就是写好这本书，让自己更加懂餐饮、更加懂餐饮营销。因为餐饮行业是交付流程极其复杂的行业，自己不躬身入局，只停留在理论上是无法真正懂餐饮的，也就无法真正帮助餐饮伙伴解决实际问题。我在餐饮行业从业十几年，非常感谢餐饮行业"收留"了我，让我找到自己热爱的行业，并且改变了我的命运。通过自己下场做品牌，我明白了餐饮行业实战为王的道理，理论只是理论而已，我们对餐饮行业一定要有敬畏心，我们也要尊重所有取得成功的餐饮人，因为他们都是值得尊重的人。

第二件事情是花费大量费用投流。这是我认为值得骄傲的事情，我们团队近些年每年的线上营销投流费用高达近亿元，这样的操盘体量在国内是非常罕见的。因此，我们团队可谓身经百战，我们的实战经验是用巨额营销费用"烧"出来的。我们踩过的"坑"，我们取得的丰硕成果，都见证了我们团队的成长，我希望未来我们团队的所有客户都能在我们团队协助下取得非常好的业绩。

第三件事情就是出版这本书。我希望各位餐饮伙伴在做餐饮营销感到迷茫的时候可以通过借鉴本书的内容找到新的方向，当感到缺乏灵感的时候可以通过阅读本书想到新的思路。我希望通过本书为餐饮行业做一些微小的贡献。

展望未来，我相信餐饮行业一定会越来越好。一些博主认为餐饮不能干、餐饮不好做，我不认同这些观点。如果现在连餐饮行业都不能做，那么我真的不知道还有什么行业值得我们付出热情和心血。但是，如果我们没有好的体系、好的打法、好的策略去开餐饮店，那么成功的概率是非常低的。我们要切记，做连锁品牌也好，做单店也好，我们都需要"确定性"，而做餐饮成功的"确定性"就是本书所说的三点：选址、产品和营销。

选址。一切不以好选址为中心的开店计划都带有运气成分，切勿把运气当实力。开了好几家选址差的店但有不错的业绩就认为选址不重要的人，总有一天会吃大亏。在当今时代，选址好坏的重点不在于在特定的地理位置开店，而在于开展营销活动后消费者到店的便捷性以及是否能承接大量消费者到店。便捷性是决定复购率的核心因素，承接消费者到店的能力大小决定营销工作是否能取得成果。

产品。年轻的餐饮伙伴一定要对产品有绝对的敬畏之心，"好吃"是无法衡量的，但是"不好吃"是很好衡量的。高复购率就是"好吃"的数据指标之一。如果餐饮商户的复购率不高，一直在依靠营销拉流量，那是极为痛苦的，因为未来流量会越来越贵。未来的营销打法的同质化程度会越来越高。从长期主义的角度来看，很多"网红"品牌一度生意非常火爆，可是三五年后，可能连品牌总部都倒闭了。"老餐饮人"也应当对产品保持绝对的敬畏之心，因为如果产品只是"好吃"而没有好的呈现形式，那也不符合现在的消费者对餐饮产品的要求。每个时代的消费者的需求都有每个时代的特点。"老餐饮人"可以在产品好吃的前提下找会做营销、懂流量的年轻人对产品的"颜值"和呈现形式进行调整，让产品更加完美。

营销。你只需要把本书多看几遍，基本上就能从"术"的层面完全掌握餐饮营销的基础知识。营销工具非常简单，各个平台的营销工具大同小异，但提升认知是非常难的。很多餐饮人缺乏对流量的认知，因此犯错承受了巨大的损失，或者被市场运营公司"收割"。大部分人是通过犯错后总结提升认知的，在不断犯错中逐渐成长，这是极为痛苦的过程，我们应该用他人的失败经验提升自身的认知。成功是难以复制的，成功也是难以借鉴的，但是失败的教训可以让我们避免导致失败的那些因素，比如产品不好、选址不好、营销不好等。

知识是很容易获取的，但认知是很难提升的。我希望各位读者在读完本书之后，不仅收获了关于餐饮营销的知识，还提高了自身在未来餐饮实战中的认知，也期待各位读者能在未来取得令自己满意的结果。

衷心祝福你，我亲爱的餐饮伙伴！